Scent of Hypnosis

Pieter Slagboom

DCV

Scent of Hypnosis,
2–60 Themes

Theme 2:
Breastfeeding.

Theme 3:
Baby gives birth to adult.

Theme 4:
Forming with body parts.
Body parts with animals / rats.

Theme 5:
Woman undresses while man dies.
Dead and living head.
Dead body next to living body.

Theme 6:
Body.

Theme 7:
Coitus with flies.
Coitus with in-between world.

Theme 8:
Branding.

Theme 9:
Prison.
Watching as torture.

Theme 10:
At the beach.

Theme 11:
Clay.
Molding.
Pressing in clay.

Theme 12:
Body expands to environment.

Theme 13:
Fire.

Theme 14:
Portrait.
Head.

Theme 15:
Woman and boat.

Theme 16:
Procession.

Theme 17:
Dying head surrounded by sexual stimulation.

Theme 18:
Dying penis with living vagina.

Theme 19:
Dead body clamped between multiple clitorises, penises, and animals.

Theme 20:
Dead body / dead couple surrounded by sexual stimulation.

Theme 21:
Woman exposes her genitalia to dead man.

Theme 22:
Giving birth on dead man.

Theme 23:
Multiple vaginas press on dying man's head.

Theme 24:
Birth with huge clitoris and anus.

Theme 25:
Coffin surrounded by multiple coitus.

Theme 26:
Dying person mixed with coitus.
Mixed.

Theme 27:
Dead man clamped between women.

Theme 28:
Woman holds dying penis.

Theme 29:
Female sexual stimulation on dead man.
Male sexual stimulation on dead woman.

Theme 30:
Dead man surrounded by sexually aroused women.

Theme 31:
Dead man in coffin.
Face clamped between living faces.
Dead penis touched by living vagina.

Theme 32:
Head of dying man pressed onto vagina by other women.

Theme 33:
Woman in labor stimulates vagina and penis.
Birth on dying couple.
Baby grasps genitals of the dead.

Theme 34:
Woman gives birth on coffin.
Acting baby touches dead and living penis and vagina.

Theme 35:
Dying man / dying couple with birth scene.
The dying grasp genitals of the living.
Active hands of the dead.
Active hands of the living.

Theme 36:
Birth as seen from coffin.
The gaze of a dead person.

Theme 37:
Birth.
Head of baby and of woman giving birth clamped.

Theme 38:
Birth on dying man.
Head of baby and head of living person clamped by heads of living persons.

Theme 39:
Birth on dying head.
With hands.

Theme 40:
Birth on coitus.
Birth and penetration.
Acting babies touch coitus.
Acting babies entangle with coitus.
Birth presses on coitus.

Theme 41:
Birth as seen by woman in labor.
Head of baby clamped by heads of living persons.
Societal.

Theme 42:
Birth on dying man.
Woman in labor grasps penis of dying man.

Theme 43:
(Dead) bodies and geometry.
Toddler plays with geometric forms.
Birth and geometric forms.
Geometry.
Distorted geometry.

Theme 44:
Dead person watches from coffin.
Sexual stimulation as seen from coffin.

Theme 45:
Dying man surrounded by women.

Theme 46:
Woman presses anus on dying male head.
Coitus.

Theme 47:
Women press their heads against dying male head.

Theme 48:
Dying man / dying couple touches vagina and penis.

Theme 49:
Babies building coitus.
Babies carrying genitals.

Theme 50:
Giving birth in / on dead woman.
Head of dead woman shifts in penis.

Theme 51:
Others.

Theme 52:
Ballet for a dead audience.

Theme 53:
Woman in labor presses her anus on dying male head.

Theme 54:
Birth surrounded by sexual stimulation.

Theme 55:
Babies and vagina.

Theme 56:
Dead and living genitals entangled.
Living people sit on dead people.

Theme 57:
Woman gives birth to a rock.
Woman breastfeeds a rock.

Theme 58:
Heads of dead couple pressed between heads of copulating couple.

Theme 59:
Penis in penis.

Theme 60:
Giving birth to a dying man.

Scent of Hypnosis,
2–60 Thema's

Thema 2:
Borstvoeding.

Thema 3:
Baby baart volwassene.

Thema 4:
Modelleren met lichaamsdelen.
Lichaamsdelen met dieren / ratten.

Thema 5:
Vrouw kleedt zich uit terwijl man sterft.
Dood en levend hoofd.
Dood lichaam naast levend lichaam.

Thema 6:
Lichaam.

Thema 7:
Coïtus met vliegen.
Coïtus met tussenwereld.

Thema 8:
Brandmerken.

Thema 9:
Gevangenis.
Kijken als marteling.

Thema 10:
Op het strand.

Thema 11:
Klei.
Modelleren.
In klei drukken.

Thema 12:
Lichaam breidt uit naar omgeving.

Thema 13:
Vuur.

Thema 14:
Portret.
Hoofd.

Thema 15:
Vrouw en boot.

Thema 16:
Processie.

Thema 17:
Stervend hoofd omringd door seksuele stimulatie.

Thema 18:
Stervende penis met levende vagina.

Thema 19:
Dood lichaam geklemd tussen meerdere clitorissen, penissen en dieren.

Thema 20:
Dood lichaam / dood paar omringd door seksuele stimulatie.

Thema 21:
Vrouw toont haar genitaliën aan dode man.

Thema 22:
Bevallen op dode man.

Thema 23:
Meerdere vagina's drukken op hoofd van stervende man.

Thema 24:
Geboorte met enorme clitoris en anus.

Thema 25:
Kist omringd door meerdere vrijpartijen.

Thema 26:
Stervende persoon vermengd met coïtus.
Gemengd.

Thema 27:
Dode man tussen vrouwen geklemd.

Thema 28:
Vrouw houdt stervende penis vast.

Thema 29:
Vrouwelijke seksuele stimulatie op dode man.
Mannelijke seksuele stimulatie op dode vrouw.

Thema 30:
Dode man omringd door seksueel opgewonden vrouwen.

Thema 31:
Dode man in kist.
Gezicht geklemd tussen levende gezichten.
Dode penis aangeraakt door levende vagina.

Thema 32:
Hoofd van stervende man op vagina gedrukt door andere vrouwen.

Thema 33:
Barende vrouw stimuleert vagina en penis.
Geboorte op stervend paar.
Baby grijpt genitaliën van de doden.

Thema 34:
Vrouw bevalt in kist.
Handelend kind raakt dode en levende penis en vagina aan.

Thema 35:
Stervende man / stervend paar met geboortescène.
Stervenden grijpen de genitaliën van de levenden.
Actieve handen van de doden.
Actieve handen van de levenden.

Thema 36:
Geboorte gezien vanuit de kist.
De blik van een dode.

Thema 37:
Geboorte.
Hoofd van baby en barende vrouw opeengeperst.

Thema 38:
Geboorte op stervende man.
Hoofd van de baby en hoofd van de levende persoon geklemd tussen hoofden van de levenden.

Thema 39:
Geboorte op stervend hoofd.
Met handen.

Thema 40:
Geboorte op coïtus.
Geboorte en penetratie.
Handelende baby's raken coïtus aan.
Handelende baby's verstrengelen zich met coïtus.
Geboorte drukt op coïtus.

Thema 41:
Geboorte gezien vanuit de barende vrouw.
Hoofd van de baby geklemd door hoofden van levende personen.
Maatschappelijk.

Thema 42:
Geboorte op stervende man.
Barende vrouw grijpt penis van stervende man.

Thema 43:
(Dode) lichamen en geometrie.
Peuter speelt met geometrische vormen.
Geboorte en geometrische vormen.
Geometrie.
Vervormde geometrie.

Thema 44:
Dode kijkt vanuit zijn kist.
Seksuele stimulatie gezien vanuit de kist.

Thema 45:
Stervende man omringd door vrouwen.

Thema 46:
Vrouw drukt anus op stervend mannenhoofd.
Coïtus.

Thema 47:
Vrouwen drukken hun hoofden tegen stervend mannenhoofd.

Thema 48:
Stervende man / stervend paar raakt vagina en penis aan.

Thema 49:
Baby's bouwen coïtus.
Baby's dragen genitaliën.

Thema 50:
Bevallen in / op dode vrouw.
Hoofd van dode vrouw schuift in penis.

Thema 51:
Anderen.

Thema 52:
Ballet voor een dood publiek.

Thema 53:
Barende vrouw drukt haar anus op stervend mannelijk hoofd.

Thema 54:
Bevalling omringd door seksuele stimulatie.

Thema 55:
Baby's en vagina.

Thema 56:
Dode en levende genitaliën verstrengeld.
Levende mensen zitten op dode mensen.

Thema 57:
Vrouw baart een rots.
Vrouw geeft een rots borstvoeding.

Thema 58:
Hoofden van dood paar geklemd tussen hoofden van vrijend paar.

Thema 59:
Penis in penis.

Thema 60:
Bevallen van een stervende man.

Travis Jeppesen

The Trouble with Being Born:
Some Reflections on the Drawings of Pieter Slagboom

Het probleem met geboren worden:
Enkele beschouwingen over de tekeningen van Pieter Slagboom

A baby coming out, into the world, coming out of its mother, its first gesture to thrust both arms into the wide open mouths of the two corpses lying on either side of its freshly delivered body. Moving upwards to the head of mom, who is herself surrounded on either side, not by corpses, but by two cocks: one circumcised, the other uncircumcised. Life force (sex) and death force colliding, colluding, eliciting, eliding. The grand theme, the endless cycle, or the cycle that only ends once we are no longer in a position to perceive it.

Purple live dick resting on green dead dick. Green live cunt resting on pink dead cunt. A diptych. Dicktip.

The secret to Slagboom's work, then, might be said to reside in this sameness, this new body that holds an equivalence between life and death, this body whose orifice must be plundered and probed in order to attain the sort of understanding, an understanding of the holiest order, that such work implicitly demands.

A dance, then, with the balancing forces that so often collide, elide—forging the narrative polarities of the entirety of existence. The project is grand, the grandest of all: an unseating, de-throning of the conventions of that narrative. Re-writing and re-inventing with each new work: the work being the deformative revision of existence itself. The cold naked fact of its deceptions, of its innermost dilemmas.

It gets real ugly at times, life. Let's uncover the beauty of it by putting forth new forms of beauty. Forms that have nothing to do with the old ones. De-form the old ones, seethe forth the new. Bodies that don't matter, or bodies whose only matter is their raw matter—the stuff of their substance, inviolable once bereft of life.

"Birth is violence. Or a super-orgasm." Such a characterization, when first heard, falls odd on the ears. For isn't it its opposite, death, that is more commonly associated with the specter of violence, of *la petite mort*?

Dead hands touch the genitals of the living; vice versa.

Living man sticks his penis in the enveloping foreskin of a dead man.

Woman gives birth into a dead woman's pussy.

A ballet performed for an audience of corpses...

Slagboom is able to see procreative fucking for what it in fact is: a gateway to the death drive. He is a theoretician-in-images of the barbarously dismal heterosexual reproductive matrix, fueled by fantasies of abjection occurring on a plateau we might only delineate as the beyond. These are explosive scenes, on the level of pure content. At the same time, their starkness and directness are heightened by a radical reduction inherent in his approach, positing a war against excess on the plane of meaning, even if, on the plane of execution—the artist's violently curled markings of oil pencil on canvas—we find something of the expressionist at play (were these somehow paintings, one can imagine their rendering with much drippage.)

"In my fantasy," says Pieter Slagboom, "life and death are one and the same." This fantasy, of course, intrudes upon the territory of the Real; it may be said that these drawings offer a visceral new theory of the Real, transcendent of Freudian archetypes.

The medium serves as a container: an executor of precision and restraint that proves the artist is in full control of his faculties—of his fantasies. Were he mad, there is no way this delicate balance—between the formal energy of the linework constituting the image and the violence placidly depicted—would be maintained. Or if he is a madman, then, like Francis Bacon, perhaps the only other artist to share his approach, he is a madman haunted by the specter of reason, and has been able to consistently keep himself balanced on the tightrope bisecting the two gulfs.

(Some words on Slagboom as colorist. Again, there seems to be a radical reductionism at work here—particularly in the smaller-scale works, which are nearly always monochromatic—but also in the larger-scale works, where two to three shades tend to predominate. They never aspire to or align with any known mode of realism. While it is human flesh, whether living or [newly] dead, that forms Slagboom's main subject matter, it is never rendered in traditional fleshy hues, but rather neon purples, greens, pinks, blues. This choice—which is, it must be said, distinct from the Impressionist project of deploying color to heighten some subjective inclination rooted in the artist's supposed perceptions—works to de-naturalize Nature, further separating the scenes being depicted from any aspirations toward a solid grounding in the Real. These scenes, in their altered-color universe, depict the runnings of the machinery occurring behind the Real, the true operative force of existence, those parts concealed that, even were they made more readily available, the majority of us would elect not to see.)

The coffin is the same thing as the womb. If we're to celebrate the latter for its life-delivering devicery, then we must also acknowledge its antithetical function: it delivers us into death's arms. For that is what all life is: the lead-up. Giving birth is deliverance to the void. Death is the ultimate innocence offered up by life.

When life fists you, you've gotta fist it right back: reciprocity in lieu of victimhood. Stab reason in the face before it performs a worse act of violence upon your being. Violence is everywhere, we are all both victims and aggressors—at least potentially. Slagboom splays this all out before us, this spread-legged blatancy. The blatancy of potentiality. In doing so, he flattens the effects of harm, thereby attaining yet another degree of freedom.

People eat each other. An inherent, natural trait, as anthropologists long ago discovered. "I feel my work is anti-cultural and anti-illustrative." A bluntness that is the polar opposite of that proffered by pornography.

Slagboom's figures writhe, unalive; writhing themselves into and out of existence. On paper, they become detached from him. And yet they are still a part of that grand vision. The artist sees what he sees, weaponizing this seeing so that some otherness, some other vision, might come tumbling out of the hole. The hole is more than just a void from which liquids occasionally pour forth. It is the substanceless container of all: life and death, birth and decay. We might not be able to illustrate the hole, but we can elucidate its surroundings: the container contained.

The trouble with being born, of course, is that deadness awaits. Instead of a burden, let that be a liberation. "I see my work as a kind of emancipation of death." Beyond all questions of suffering, existence is, in the end, elemental, a part of the processual organicity of the unending. Still, there are so many mysteries, and, for most of them, science has found no solution. Whether rooted in trauma or the precocious perception of some distant adolescence, what Slagboom is ultimately able to unconceal is a hidden form of truth. It is up to us to decode these findings, what they might offer, and what they deprive us of.

Een baby komt uit de moeder naar buiten, de wereld in. Als eerste gebaar steekt het kind beide armpjes in de wijd opengesperde monden van de twee lijken die aan weerszijden van het pasgeboren lichaam liggen. Dan beweegt de baby omhoog, naar het hoofd van de moeder. Zij wordt op haar beurt aan weerszijden omringd. Niet door lijken, maar door twee penissen: één besneden, de ander niet. Levenskracht (seks) en doodskracht botsen, spannen samen, lokken uit, glippen weg. Het grote thema: de eindeloze cyclus, of een cyclus die pas eindigt wanneer we hem niet langer kunnen waarnemen.

Paarse levende penis rust op groene dode penis. Groene levende vagina rust op roze dode vagina. Een tweeluik. Tweelul.

Dode handen op de geslachtsdelen van de levenden; en omgekeerd.

Levende man steekt zijn penis in de omsluitende voorhuid van een dode man.

Vrouw bevalt in de vagina van een dode vrouw.

Een ballet opgevoerd voor een publiek van lijken...

'In mijn fantasie,' zegt Pieter Slagboom, 'zijn leven en dood één en hetzelfde.' Deze fantasie dringt natuurlijk door tot het domein van het Reële; men kan stellen dat deze tekeningen een nieuwe, doorleefde theorie van het Reële bieden, een die de Freudiaanse archetypen overstijgt.

Het geheim van Slagbooms werk schuilt, zou men kunnen zeggen, in deze gelijkwaardigheid: in dit nieuwe lichaam dat een evenwicht tussen leven en dood inhoudt; een lichaam waarvan de opening geplunderd en doorzocht moet worden om tot een begrip van de heiligste orde te komen—het soort begrip dat kunstwerken als deze impliciet vereisen.

Een dans dus, met de balancerende krachten die zo vaak botsen en elkaar ontglippen en op die manier de uitersten van ons complete bestaan smeden. Het project is groots, het grootst denkbaar: een ontzetting, een onttroning van de conventies van dat narratief. Herschrijven en heruitvinden met elk nieuw werk: het werk een vervormende revisie van het bestaan zelf. Het koude, naakte feit van zijn bedrog, van zijn diepste dilemma's.

Soms wordt het leven echt lelijk. Laten we de schoonheid daarvan blootleggen door nieuwe vormen van schoonheid te laten ontstaan die niets te maken hebben met de oude. Vervorm het oude, laat het nieuwe opwellen. Lichamen die er niet toe doen; of lichamen waarvan de enige materie hun rauwe materie is—de stof van hun substantie, onschendbaar zodra het leven eruit verdwenen is.

'Geboorte is geweld. Of een super-orgasme.' Zo'n typering klinkt in eerste instantie misschien vreemd. Want is het niet juist de tegenpool, de dood, die vaker wordt geassocieerd met het fantoom van geweld, met la petite mort?

Slagboom ziet menselijke reproductie voor wat het werkelijk is: een poort naar de doodsdrift. Hij is een beeldtheoreticus van de barbaarse troosteloosheid van de heteroseksuele reproductieve matrix, gevoed door fantasieën van verwerpelijkheid die zich afspelen op een plateau dat we wellicht alleen kunnen omschrijven als 'het daarbuiten '. Dit zijn explosieve scènes, op het niveau van pure inhoud. Tegelijkertijd wordt hun grimmigheid en directheid versterkt door een radicale reductie die kenmerkend is voor Slagbooms benadering: een oorlog tegen overdaad op het vlak van betekenis. Zelfs op uitvoeringsniveau—de gewelddadig gekrulde lijnen van oliepotlood op canvas—vinden we iets van de expressionist aan het werk (waren het schilderijen, dan zouden we ze voorstellen vol druipende verf). Het medium fungeert als een omhulsel: een vehikel voor precisie en terughoudendheid, dat bewijst dat de kunstenaar volledige controle heeft over zijn vermogens—en over zijn fantasieën. Was hij gek, dan zou deze delicate balans tussen de formele energie van het lijnwerk en het sereen afgebeelde geweld onmogelijk kunnen bestaan. En als hij een gek is, dan zoals Francis Bacon—misschien de enige andere kunstenaar die zijn benadering weerspiegelt; een gek achtervolgd door het fantoom van de rede, één die zichzelf steeds in evenwicht weet te houden op het koord dat deze twee afgronden doorklieft.

(Enkele woorden over Slagboom als colorist. Opnieuw lijkt er een radicaal reductionisme aan het werk te zijn. Vooral in de kleinschalige werken die vrijwel altijd monochromatisch zijn, maar ook in de grotere werken, waar doorgaans twee tot drie tinten domineren. Ze streven nooit naar enig bekend realistisch idioom, noch sluiten ze iets uit. Hoewel menselijk vlees, levend of (pas) dood, Slagbooms hoofdonderwerp is, geeft hij het nooit weer in traditionele vleestinten, maar juist in neonpaars, -groen, -roze, -blauw. Deze keuze—die, het moet gezegd worden, wezenlijk verschilt van het impressionistische project om kleur te gebruiken als versterking van een stemming, geworteld in de veronderstelde waarnemingen van de kunstenaar—dient om de Natuur te de-naturaliseren, en koppelt de afgebeelde scènes verder los van iedere aanspraak op een solide fundament in het Reële. In hun veranderde kleurenwereld tonen deze scènes het functioneren van de machinerie achter het Reële: de ware drijvende kracht van het bestaan, de verborgen delen die de meeste mensen, zelfs als ze makkelijker zichtbaar zouden worden gemaakt, liever niet onder ogen komen.

De kist is hetzelfde als de baarmoeder. Als we de ene willen vieren om haar levenschenkende mechanisme, moeten we ook haar laatste rol erkennen: zij levert ons af in de armen van de dood. Want dat is wat al het leven is: de opmaat. Baren is overgave aan de leegte. De dood is de laatste onschuld die het leven opoffert.

Wanneer het leven je vuist, vuist je terug: wederkerigheid in plaats van slachtofferschap. Steek de rede in haar gezicht voordat zij een nog ergere daad van geweld op je wezen pleegt. Geweld is overal, we zijn allemaal zowel slachtoffer als agressor—althans potentieel. Slagboom spreidt dit alles voor ons uit: deze schaamteloosheid met gespreide benen. De schaamteloosheid van het mogelijke. Hij vlakt zo schadelijke effecten af, en bereikt opnieuw een graad van vrijheid.

Mensen eten elkaar. Een inherente eigenschap van de natuur, zoals antropologen al lang geleden ontdekten. 'Ik zie mijn werk als anti-cultureel en anti-illustratief.' Een directheid die haaks staat op pornografie.

Slagbooms figuren kronkelen levenloos; ze schrijven zichzelf in en uit het bestaan. Op papier maken ze zich van hem los. En toch blijven ze deel van die grootse visie. De kunstenaar ziet wat hij ziet en zet dat als wapen in, zodat een bepaalde andersheid, een andere blik, uit het gat kan tuimelen. Dit gat is meer dan alleen een leegte waaruit af en toe vloeistoffen stromen. Het is de substantieloze container van alles: leven en dood, geboorte en verval. Misschien kunnen we dit gat niet illustreren, maar we kunnen de omgeving ervan verhelderen: de omhulling die zelf wordt omvat.

Het probleem met geboren worden is natuurlijk dat de dood wacht. Laat dat geen last zijn, maar een bevrijding. 'Ik zie mijn werk als een soort emancipatie van de dood.' Voorbij alle vragen over lijden is het bestaan uiteindelijk elementair, een onderdeel van de organische procesmatigheid van het oneindige. Toch zijn er zoveel mysteries, en voor de meeste daarvan heeft de wetenschap geen oplossing gevonden. Of het nu zijn oorsprong vindt in trauma of de vroegrijpe waarneming van een verre adolescentie, wat Slagboom uiteindelijk weet te onthullen is een verborgen vorm van waarheid. Het is aan ons om deze bevindingen te ontcijferen en te zien wat ze ons misschien bieden, en waarvan ze ons beroven.

Travis Jeppesen is an American writer and artist living in Berlin. His books include *Settlers Landing, Bad Writing, Poems I Wrote While Watching TV, See You Again in Pyongyang*, and *Victims*. He is known as the creator of object-oriented writing, a metaphysical approach to art writing that attempts to inhabit the art object. His first major object-oriented writing project, *16 Sculptures*, took the form of an audio installation, which was featured in the 2014 Whitney Biennial, New York, and later presented as a solo exhibition at Wilkinson Gallery, London, before finally being published in book format by Publication Studio. A former editor at *Artforum* and *Art in America*, he is the recipient of an Andy Warhol Foundation Arts Writers Grant. His calligraphic and text-based artwork has been exhibited internationally. From 2019 to 2022, he served as assistant professor at the Institute for Cultural and Creative Industry at Shanghai Jiao Tong University, where he helped establish an MFA program in Curating. In 2023, his play *Ghosts of the Landwehr Canal* was premiered to critical acclaim at the Berliner Ringtheater.

Travis Jeppesen is een Amerikaanse schrijver en kunstenaar die woont en werkt in Berlijn. Hij schreef onder meer *Settlers Landing, Bad Writing, Poems I Wrote While Watching TV, See You Again in Pyongyang* en *Victims*. Hij staat bekend als de grondlegger van het objectgericht schrijven: een metafysische benadering van kunstkritiek, waarbij de auteur probeert in de huid van het kunstobject te kruipen. Zijn eerste grote project in deze praktijk, *16 Sculptures*, was een geluidsinstallatie op de Whitney Biennial van 2014. Later volgden een solotentoonstelling in Wilkinson Gallery in Londen en een boekpublicatie door Publication Studio. Jepessen was redacteur bij *Artforum* en *Art in America*. Hij ontving een Arts Writers Grant van de Andy Warhol Foundation en zijn kalligrafische en tekstuele werken zijn internationaal tentoongesteld. Van 2019 tot 2022 was hij assistent-professor aan het Institute for Cultural and Creative Industry, waar hij medebegeleider was van een nieuw MFA-programma in Curating. In 2023 ging zijn unaniem lovend ontvangen toneelstuk *Ghosts of the Landwehr Canal* in première in het Berliner Ringtheater.

Ground floor

Triptych

Work 5
Theme 56

Dead and living genitals entangled.
Living people sit on dead people.

Begane grond

Triptiek

Werk 5
Thema 56

Dode en levende genitaliën verstrengeld.
Levende mensen zitten op dode mensen.

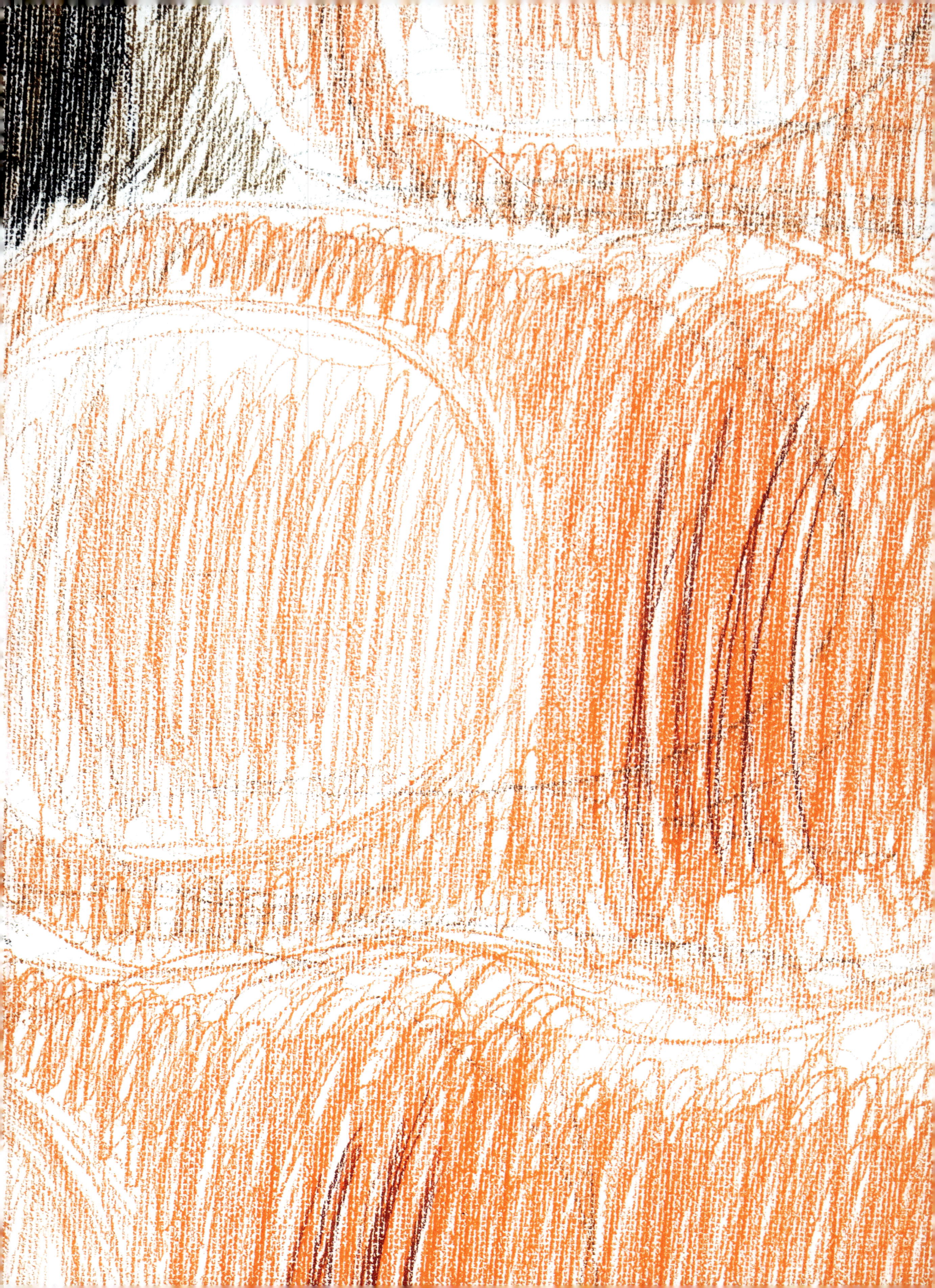

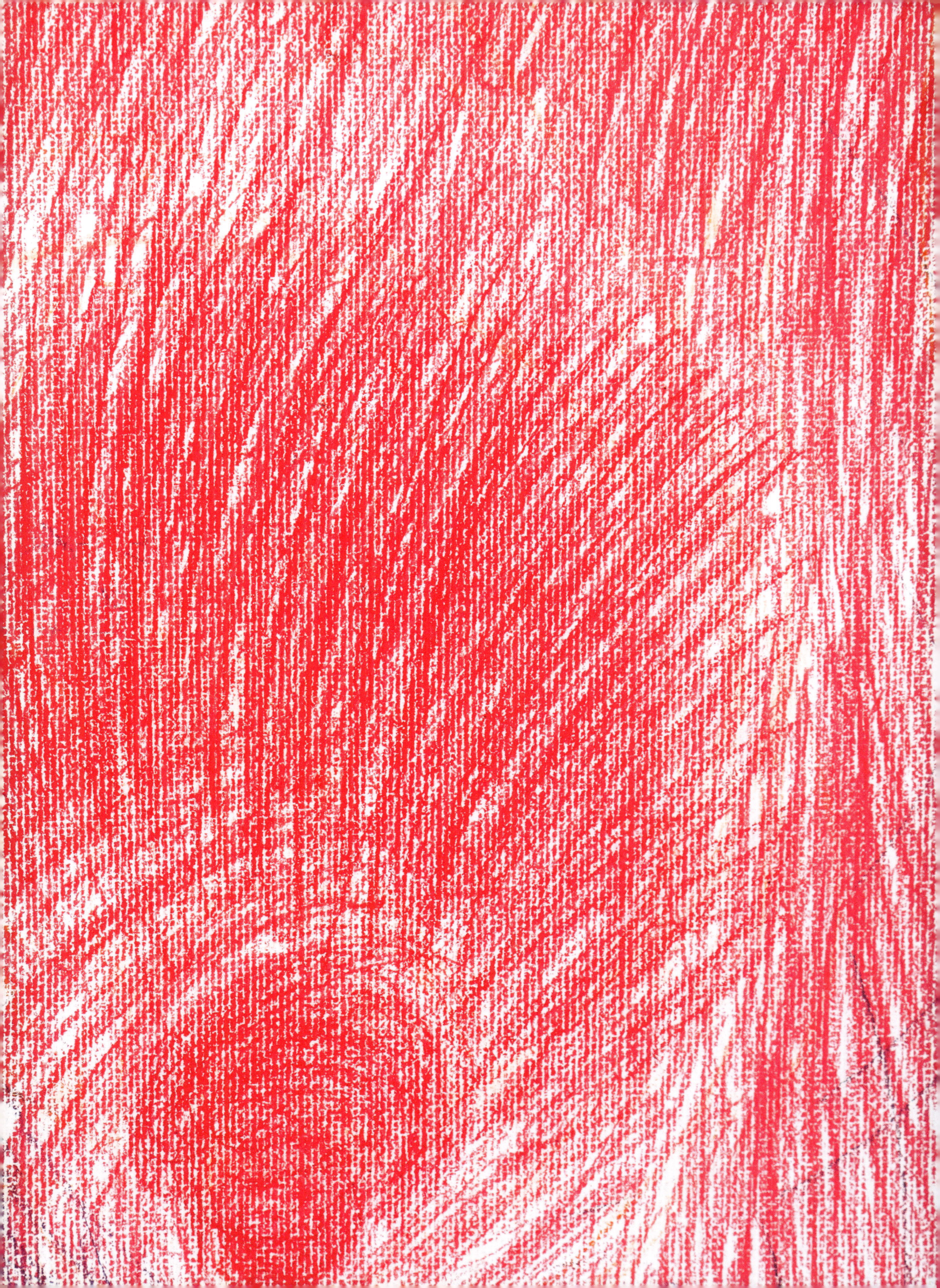

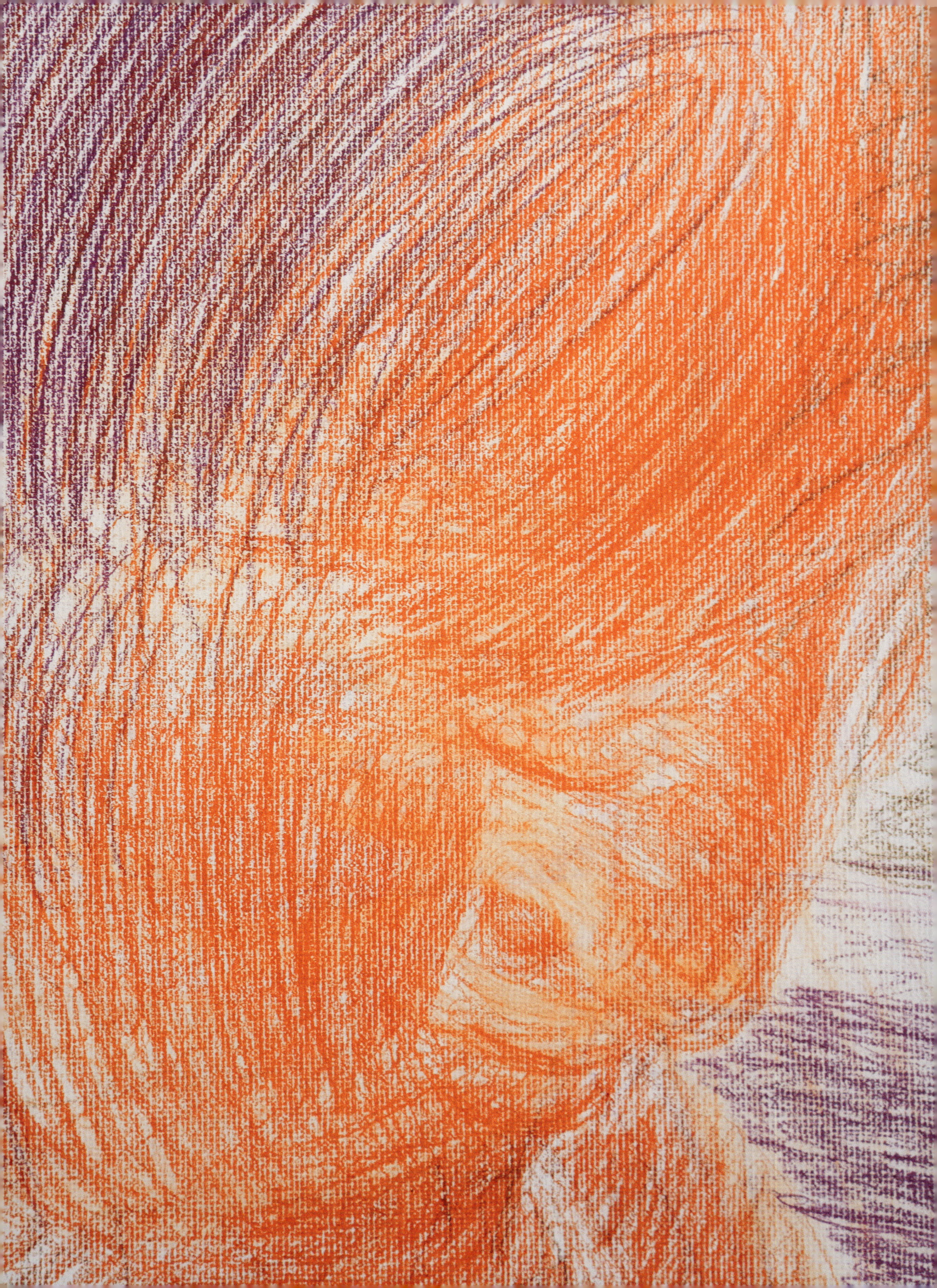

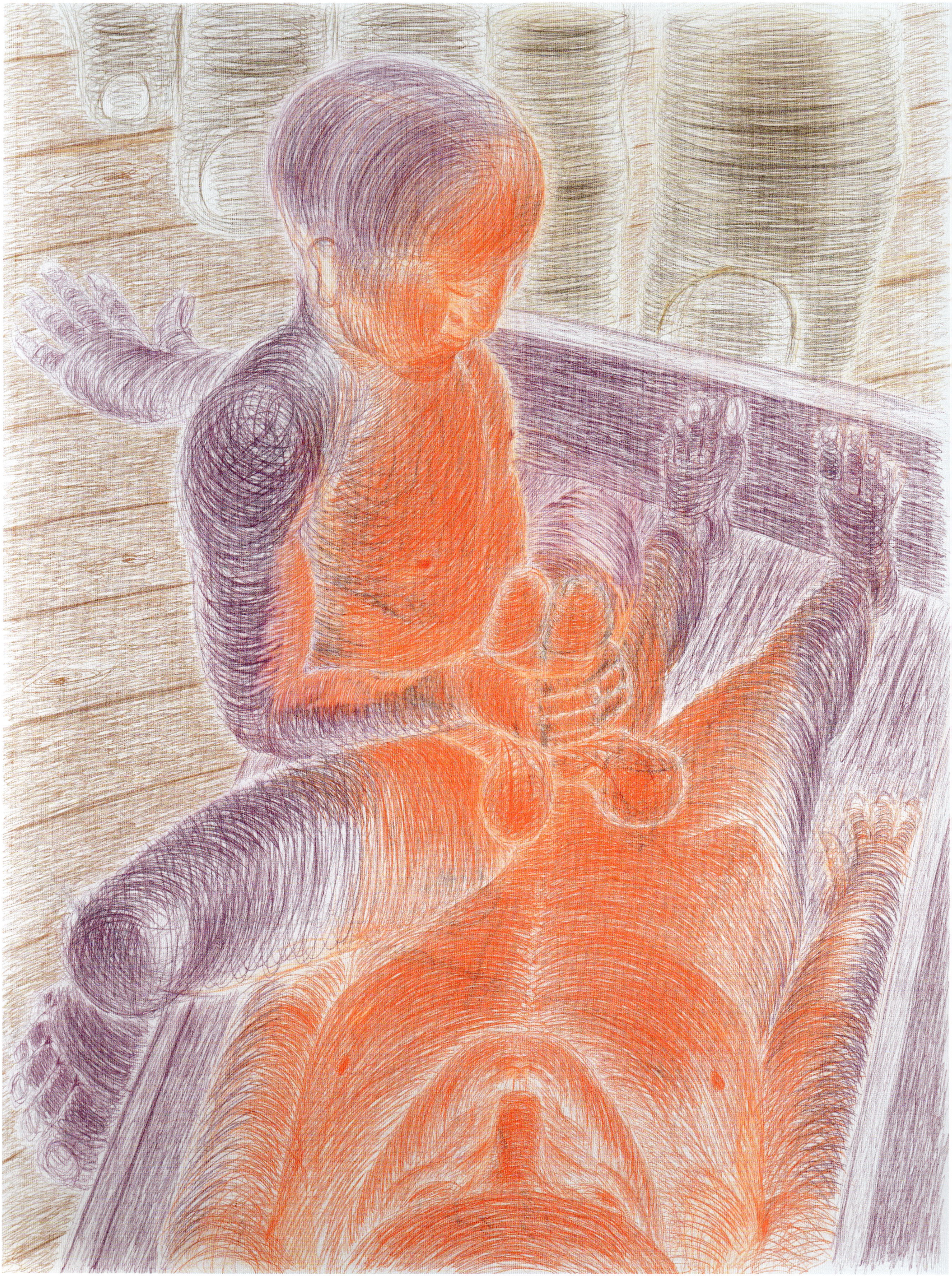

Work 5. Scent of Hypnosis. Triptych. Colored pencil on linen. 200 × 470 cm total. 2024.
Werk 5. Scent of Hypnosis. Triptiek. Kleurpotlood op linnen. Totaal 200 × 470 cm. 2024.

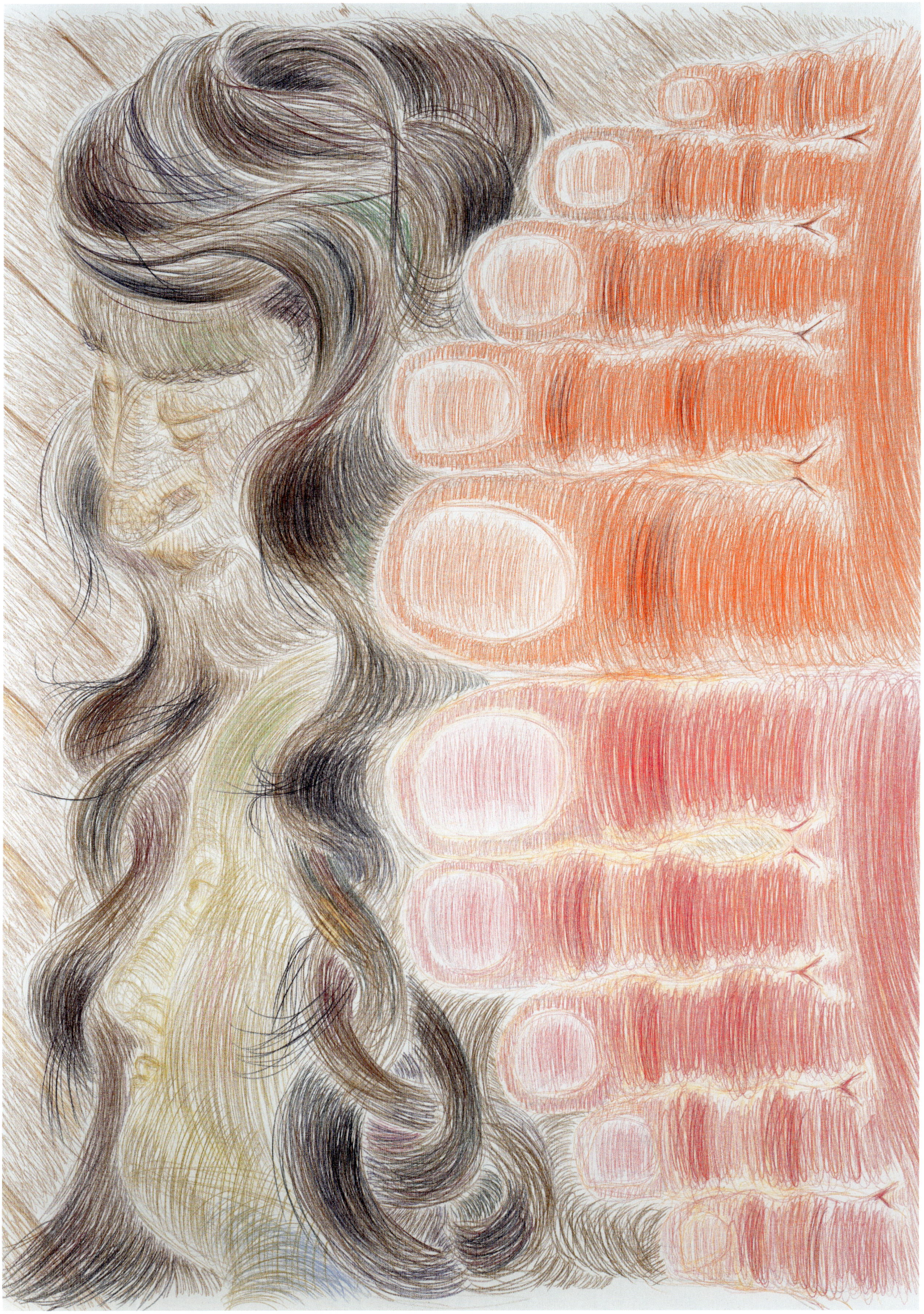

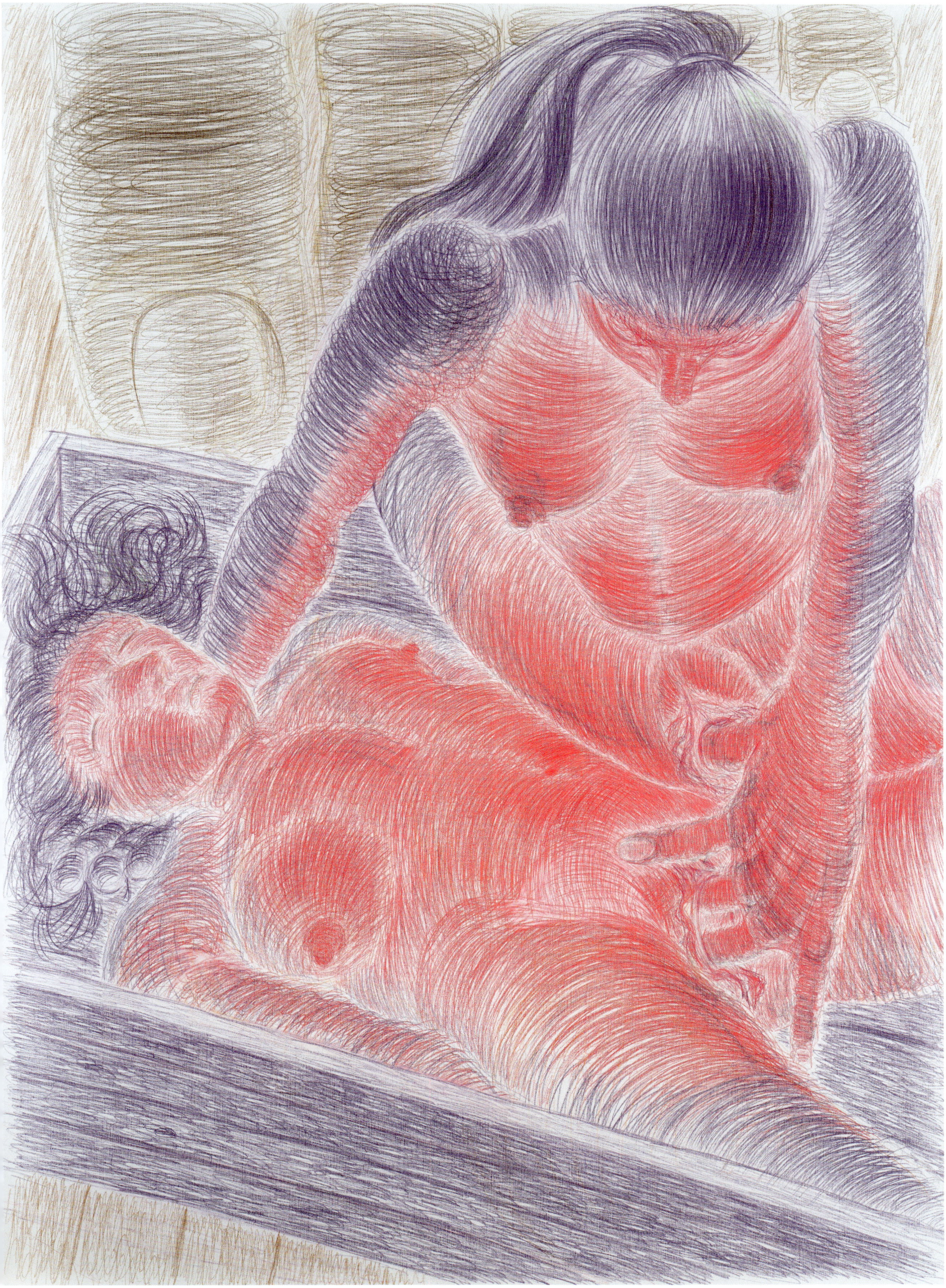

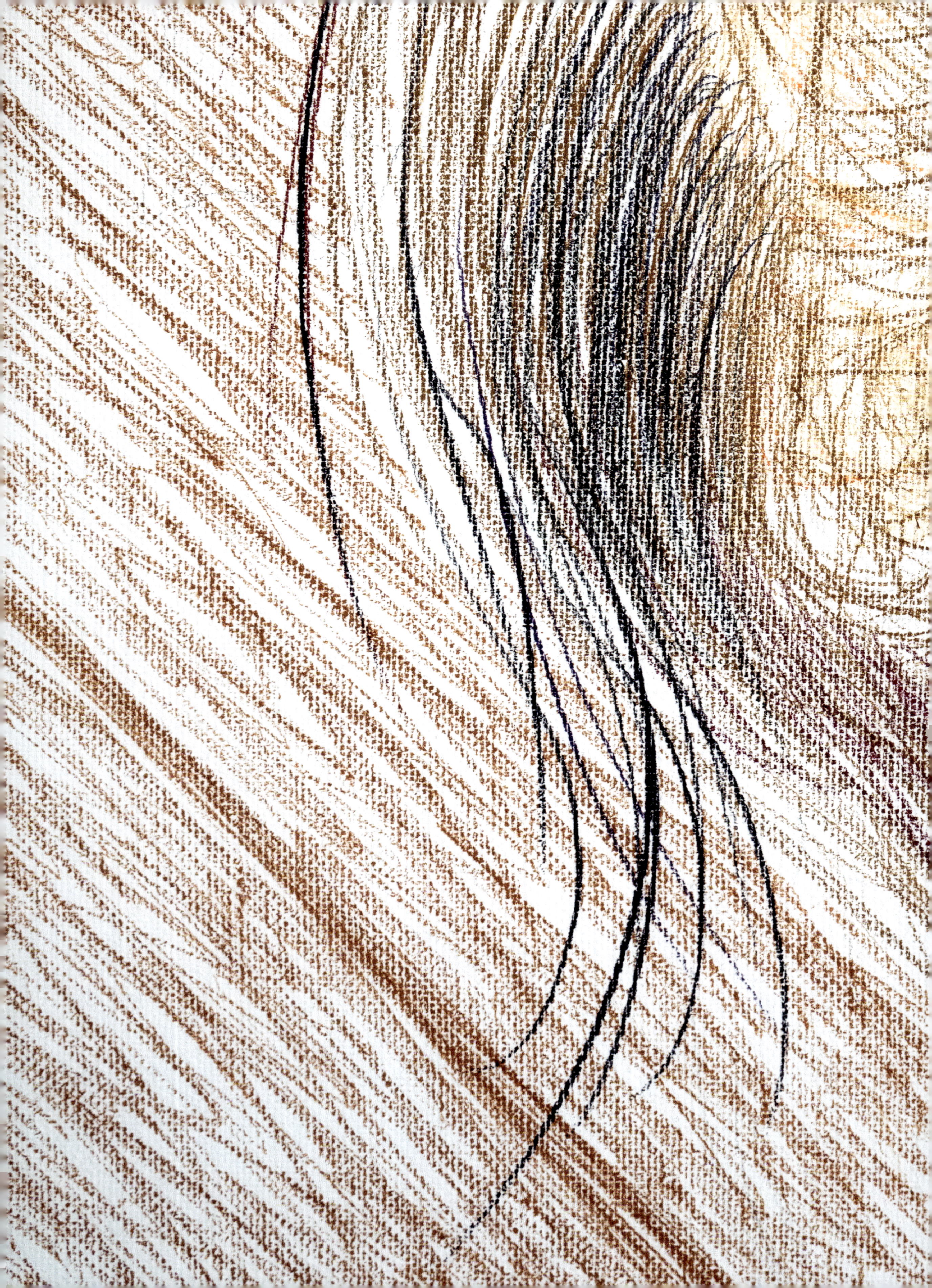

Ground floor

Diptych

Work 2
Theme 56

Dead and living genitals entangled.
Living people sit on dead people.

Begane grond

Diptiek

Werk 2
Thema 56

Dode en levende genitaliën verstrengeld.
Levende mensen zitten op dode mensen.

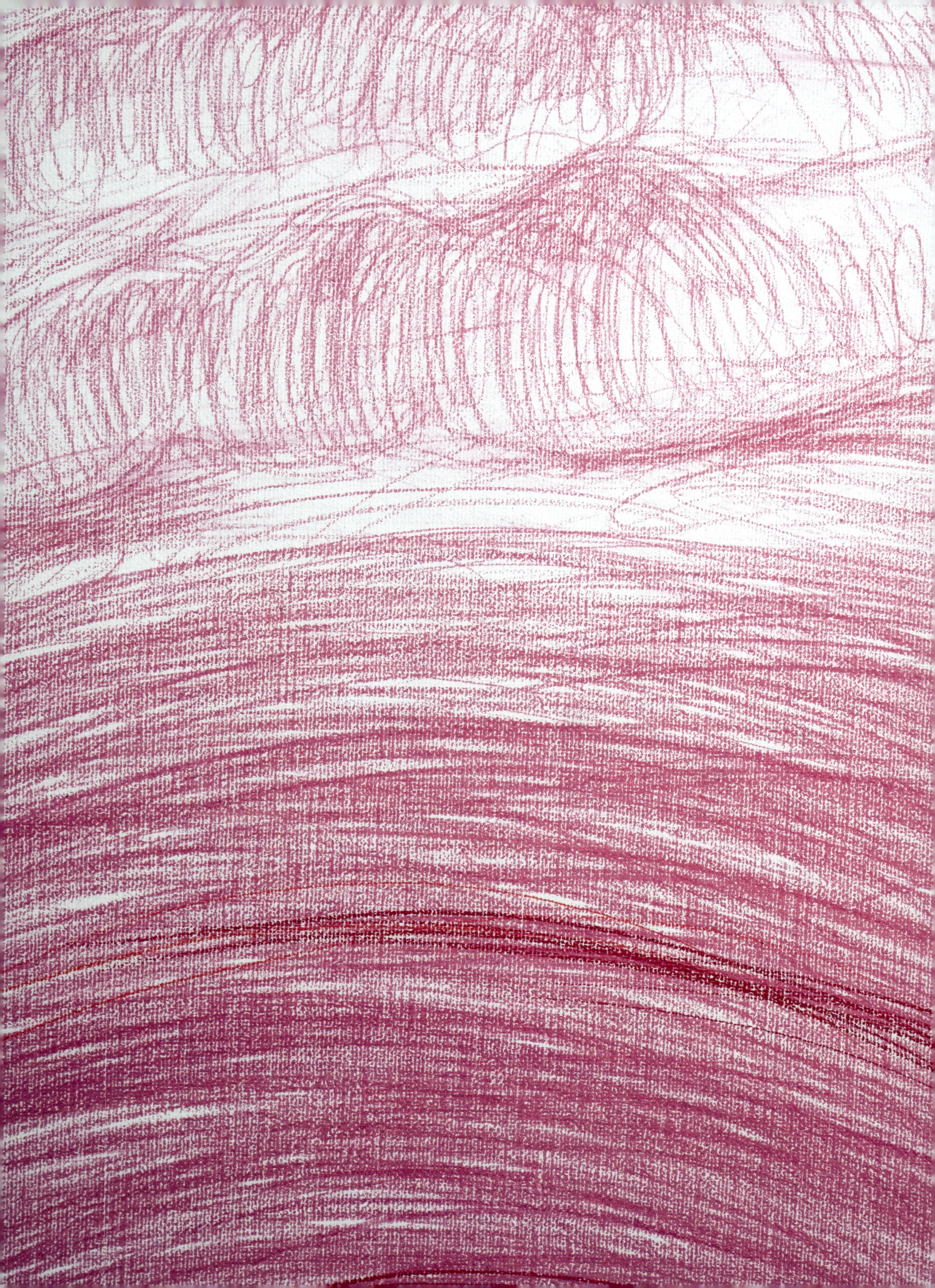

→

Work 2. Scent of Hypnosis. Diptych. Colored pencil on linen. 200 × 310 cm total. 2023.
Werk 2. Scent of Hypnosis. Diptiek. Kleurpotlood op linnen. Totaal 200 × 310 cm. 2023.

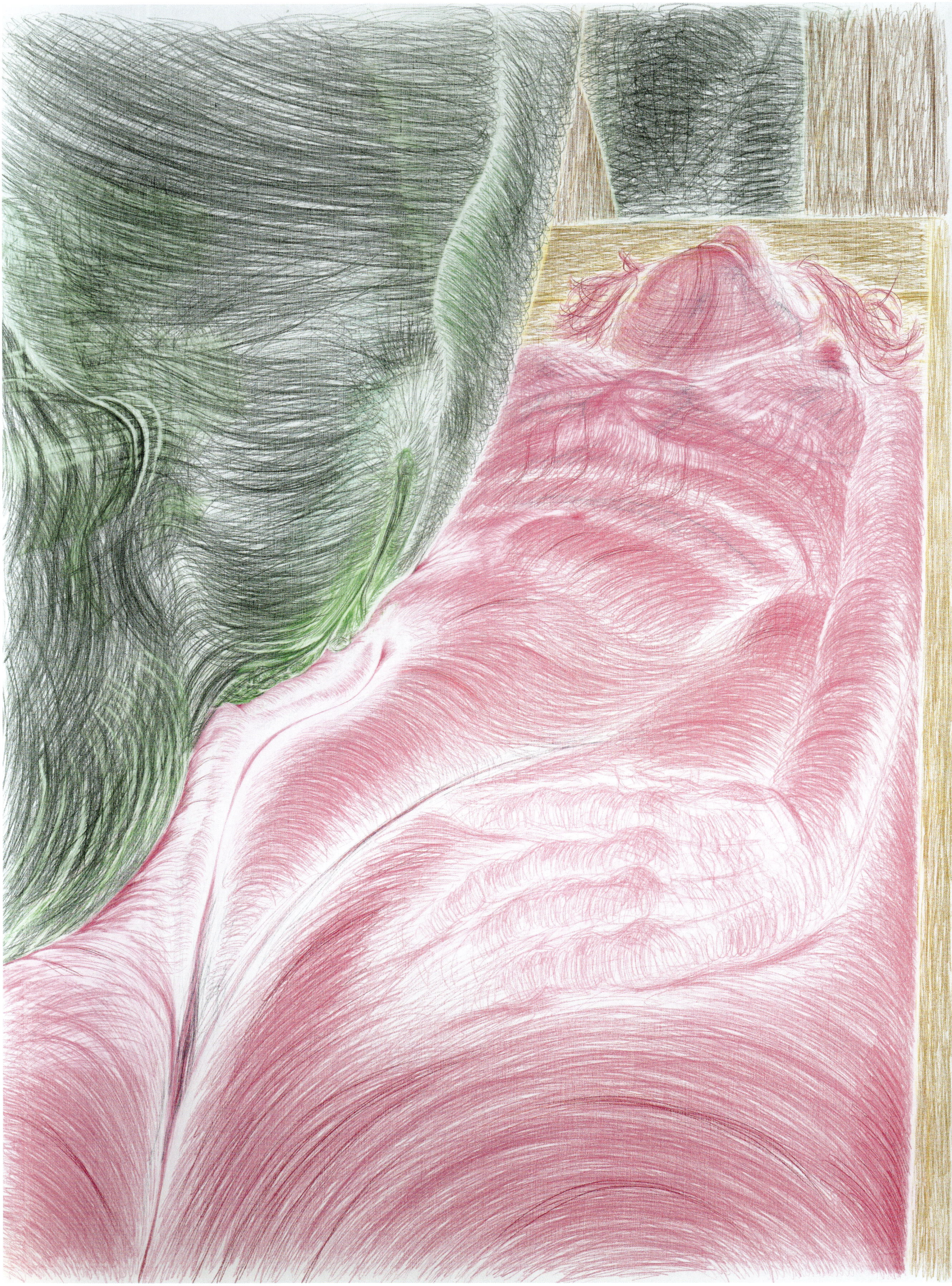

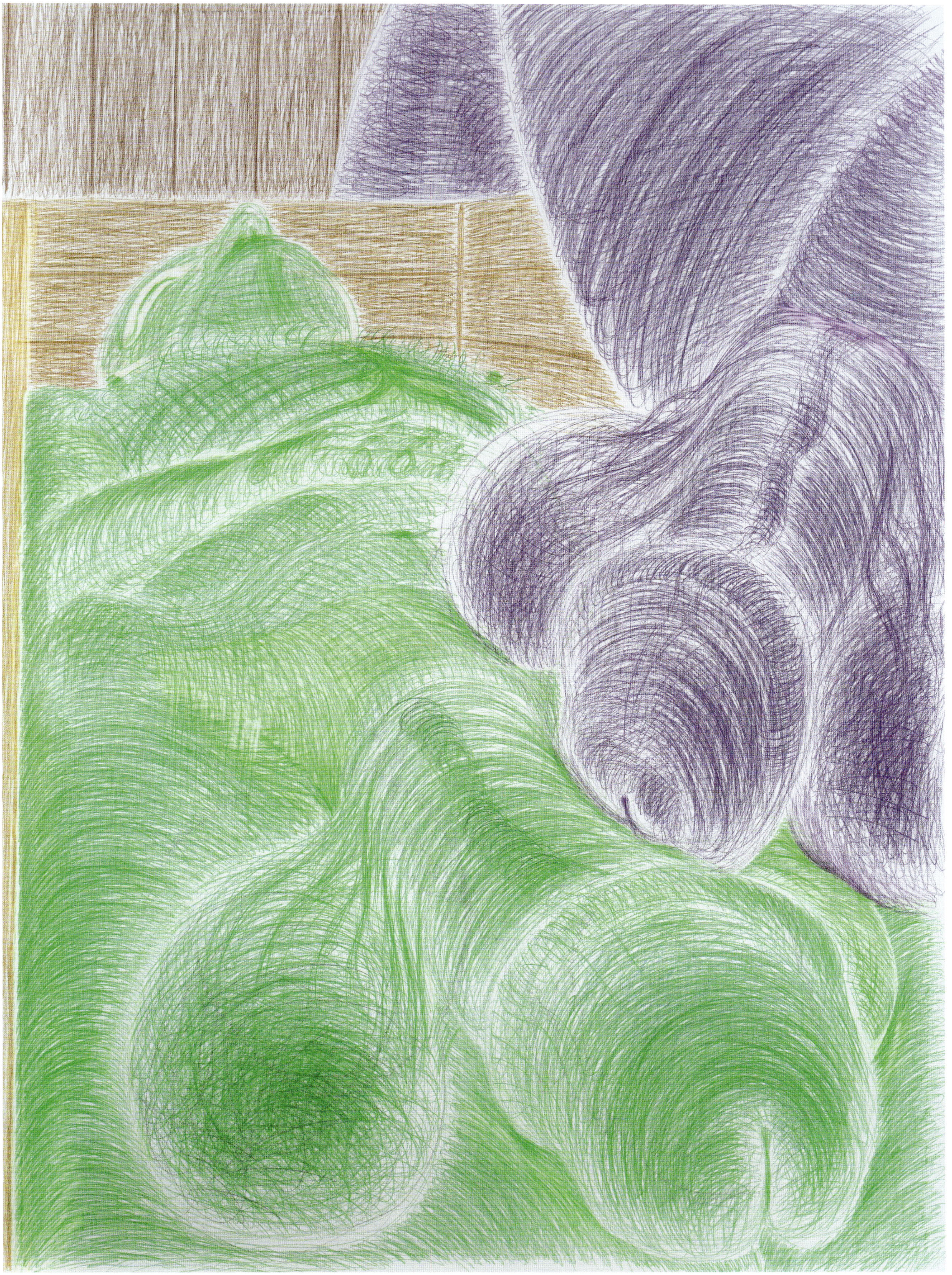

Ground floor

Large drawing

Work 7
Theme 56

Dead and living genitals entangled.
Living people sit on dead people.

Begane grond

Grote tekening

Werk 7
Thema 56

Dode en levende genitaliën verstrengeld.
Levende mensen zitten op dode mensen.

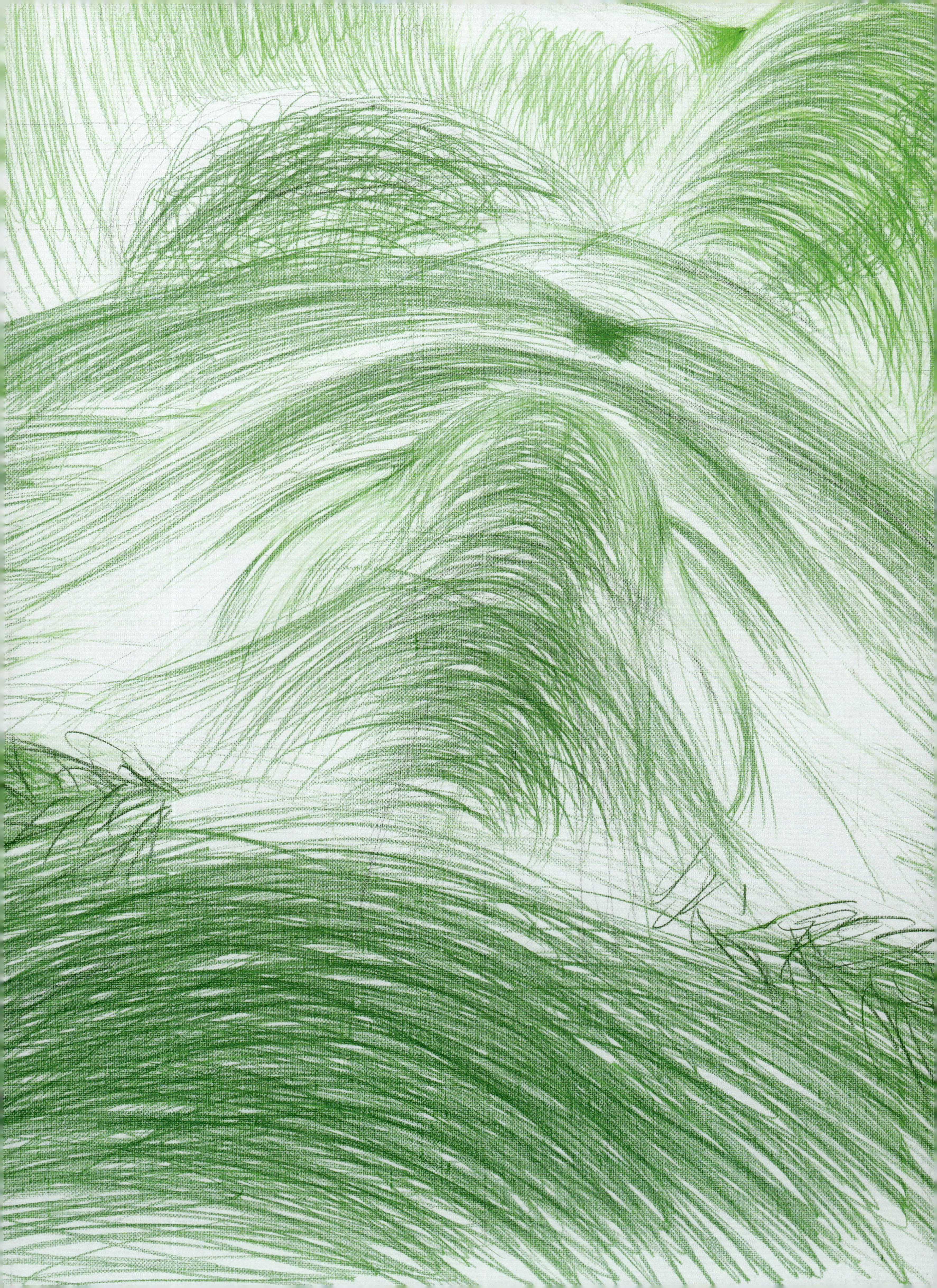

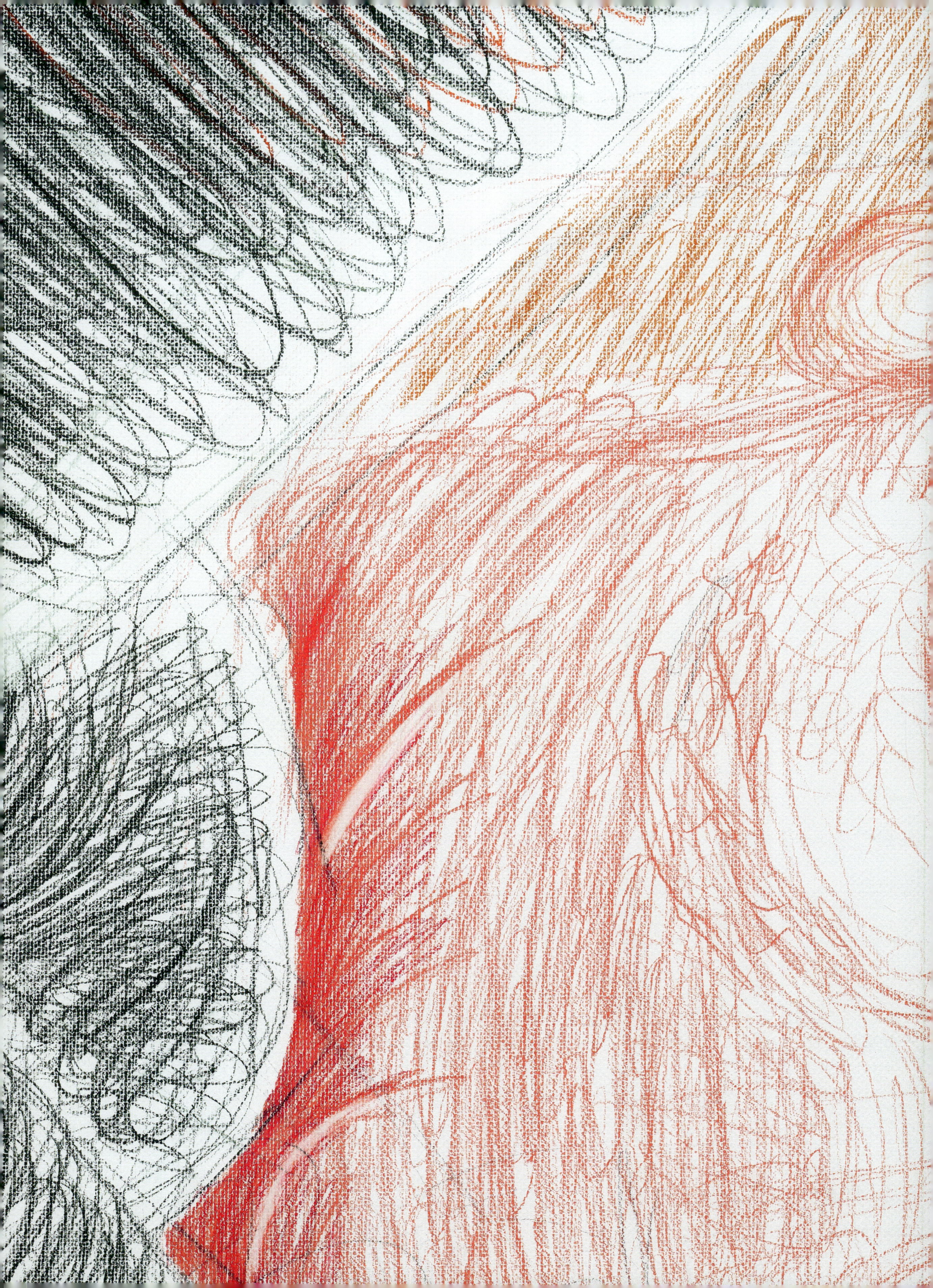

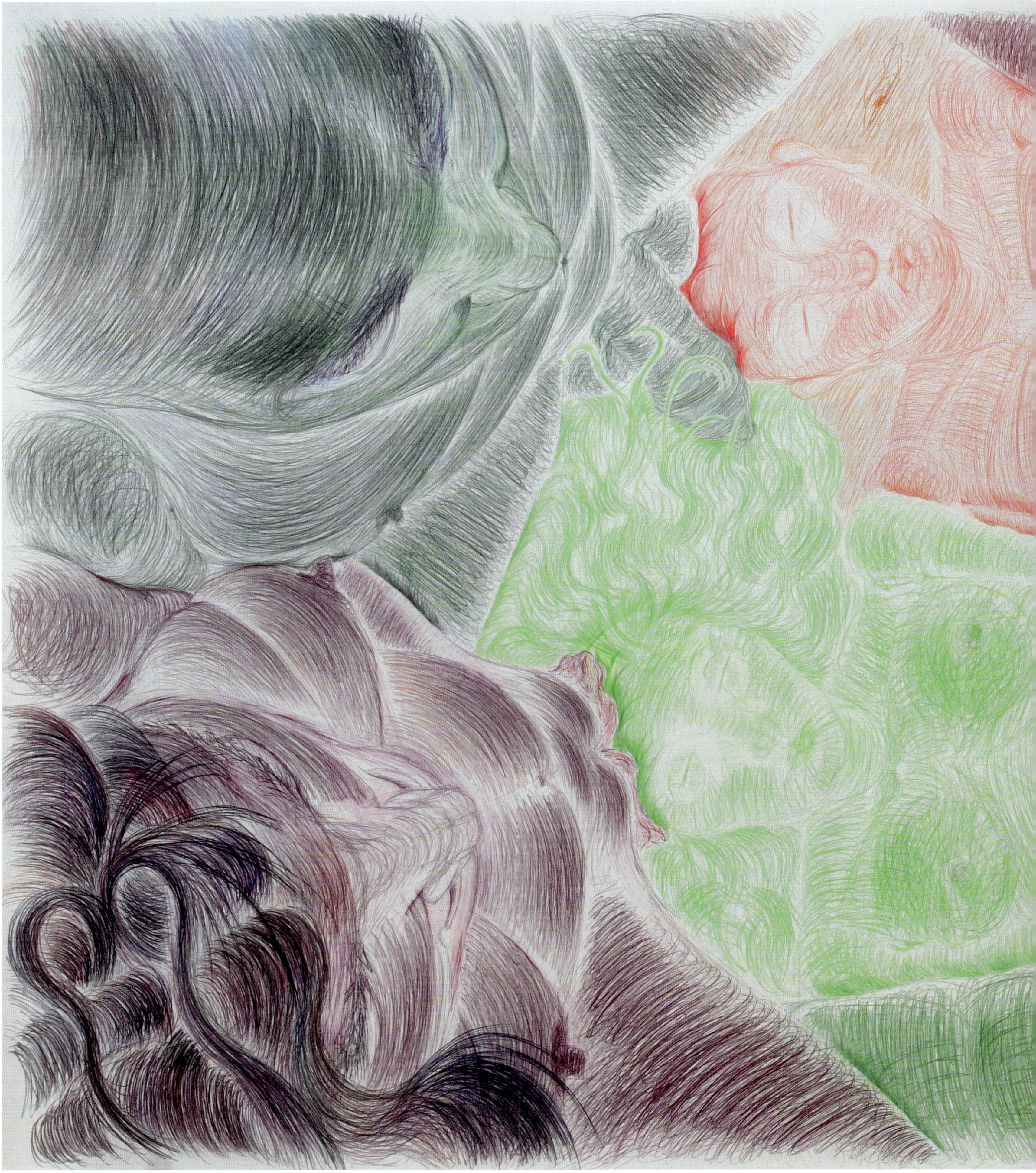

Work 7. Scent of Hypnosis. Colored pencil on linen. 300 x 800 cm. 2025.
Werk 7. Scent of Hypnosis. Kleurpotlood op linnen. 300 × 800 cm. 2025.

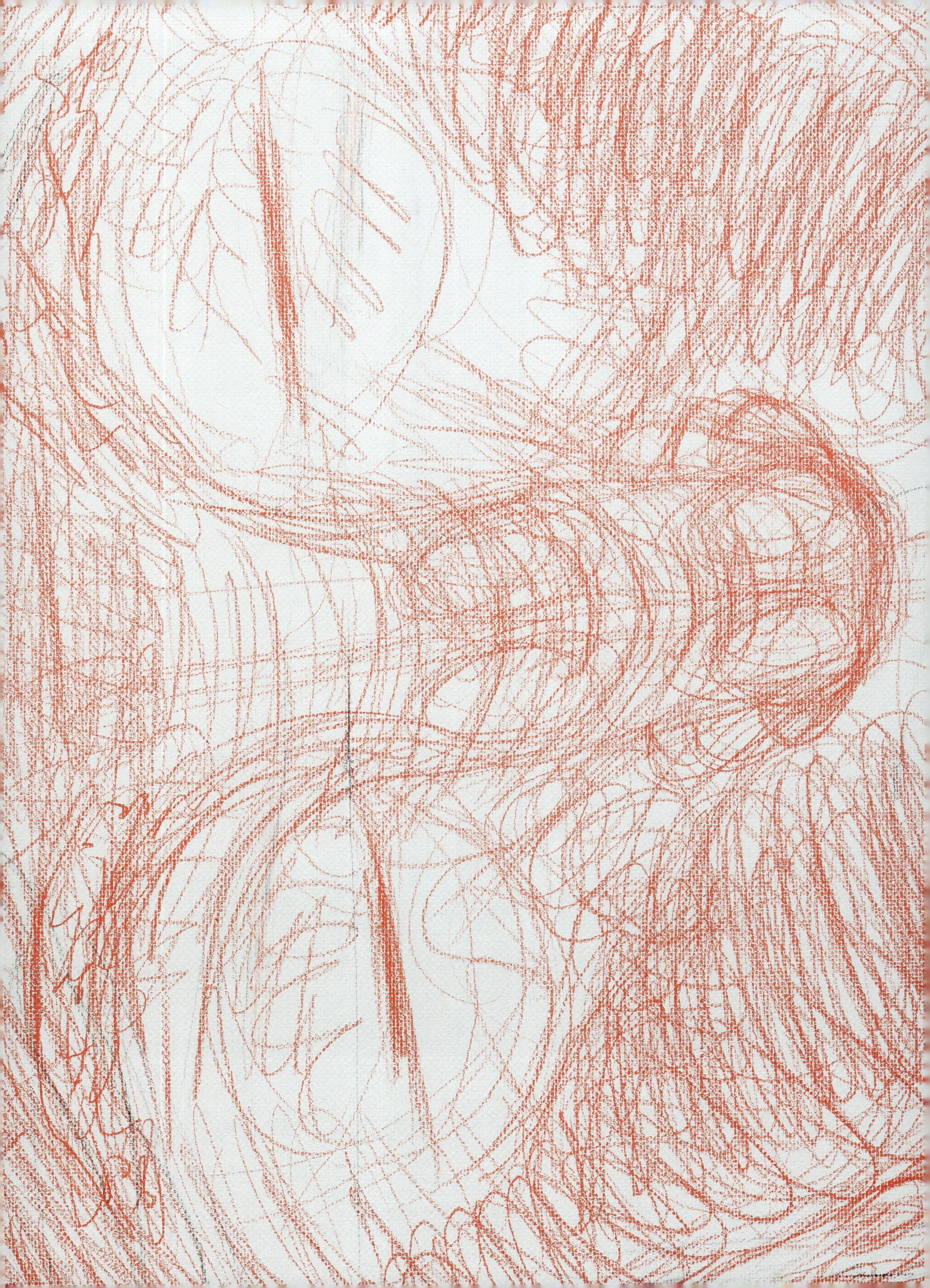

Ground floor

Three large drawings

Work 8: Theme 53
(p. 39)

Work 10: Theme 3, 40
(p. 40)

Work 9: Theme 50
(p. 43)

Woman in labor presses her anus on dying male head.

Baby gives birth to adult.

Birth on coitus.
Birth and penetration.
Acting babies touch coitus.
Acting babies entangle with coitus.
Birth presses on coitus.

Giving birth in / on dead woman.
Head of dead woman shifts in penis.

Begane grond

Drie grote tekeningen

Werk 8: Thema 53
(p. 39)

Werk 10: Thema 3, 40
(p. 40)

Werk 9: Thema 50
(p. 43)

Barende vrouw drukt haar anus op stervend mannelijk hoofd.

Baby baart volwassene.

Geboorte op coïtus.
Geboorte en penetratie.
Handelende baby's raken coïtus aan.
Handelende baby's verstrengelen zich met coïtus.
Geboorte drukt op coïtus.

Bevallen in / op dode vrouw.
Hoofd van dode vrouw schuift in penis.

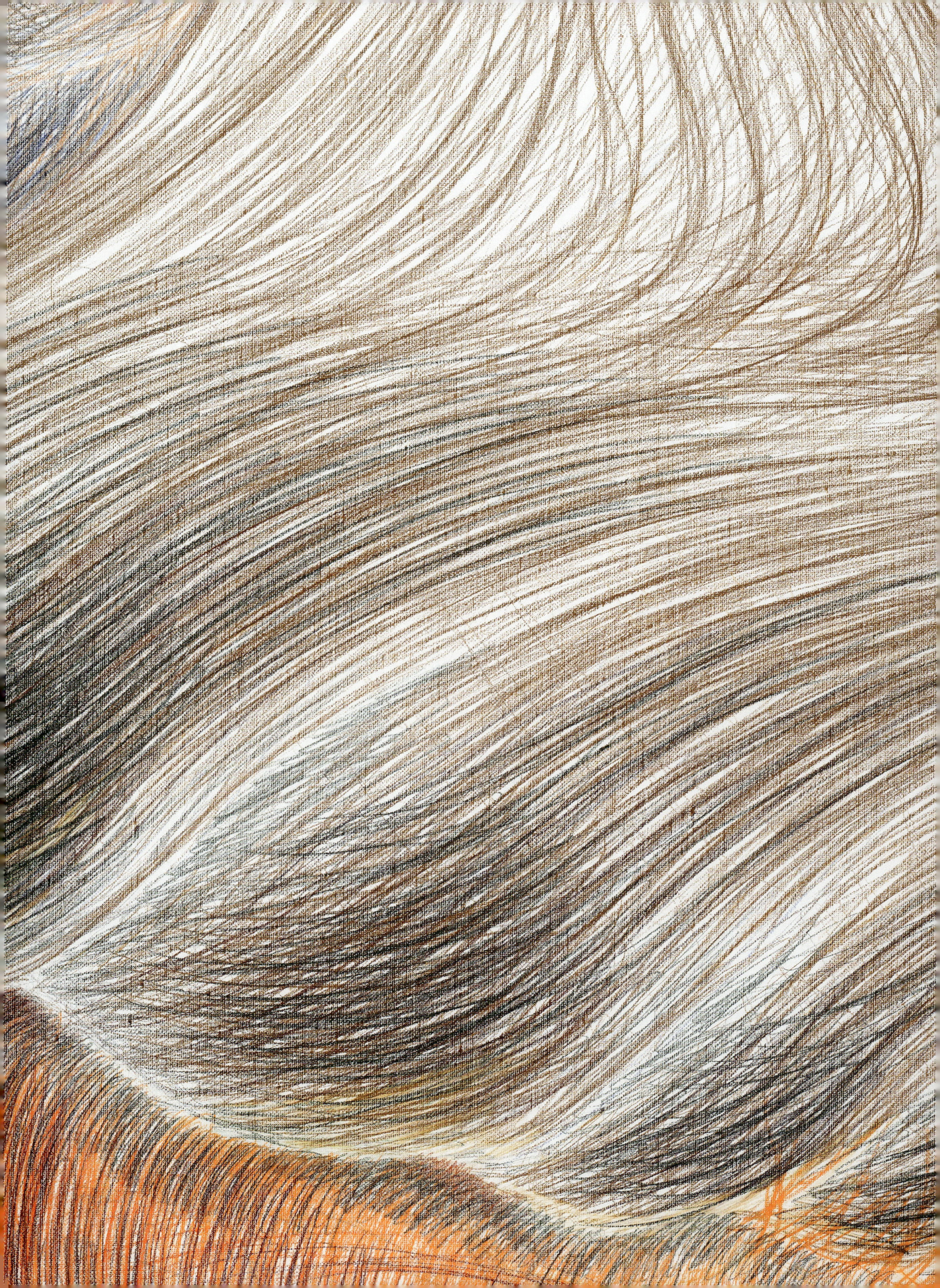

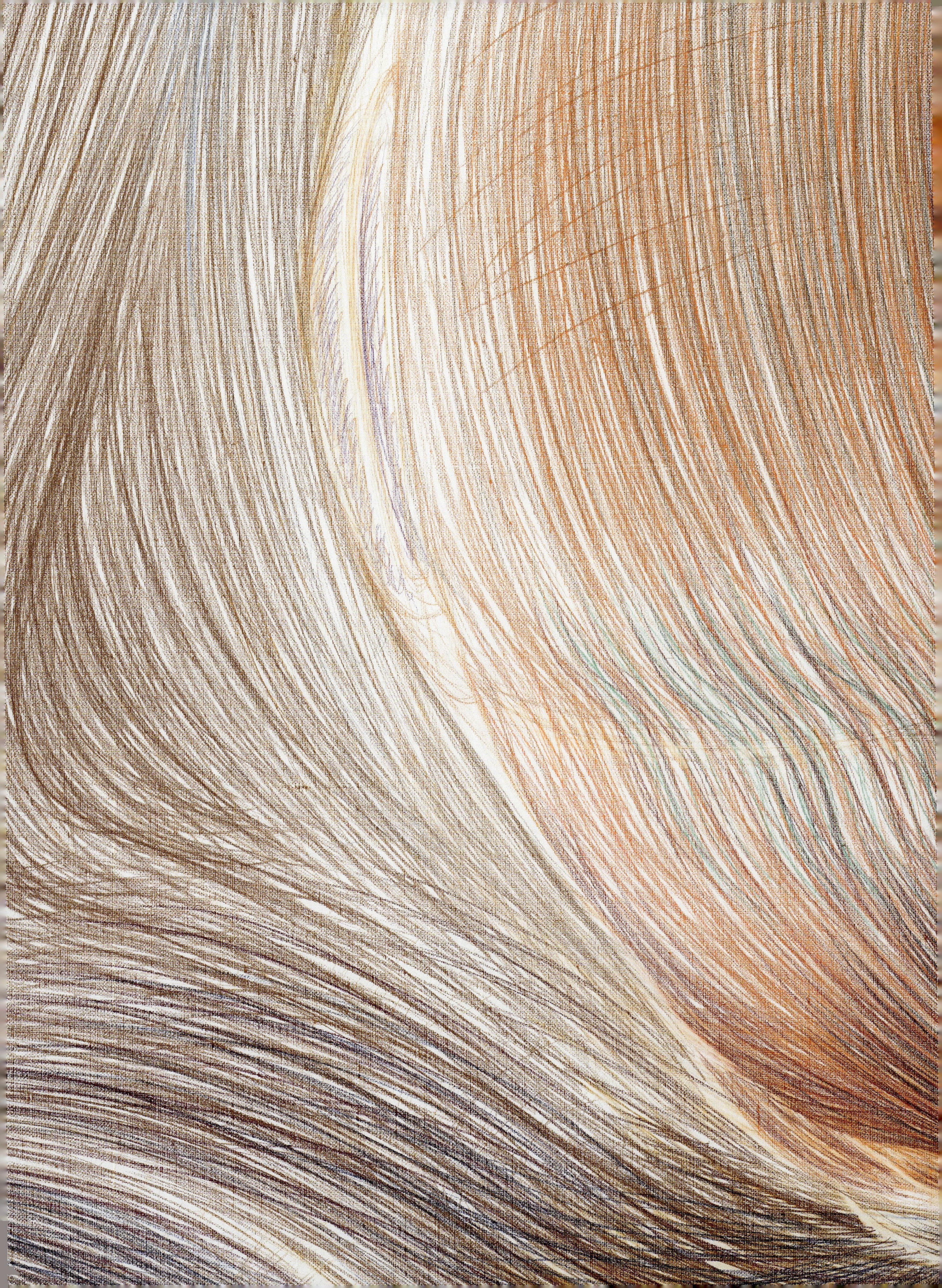

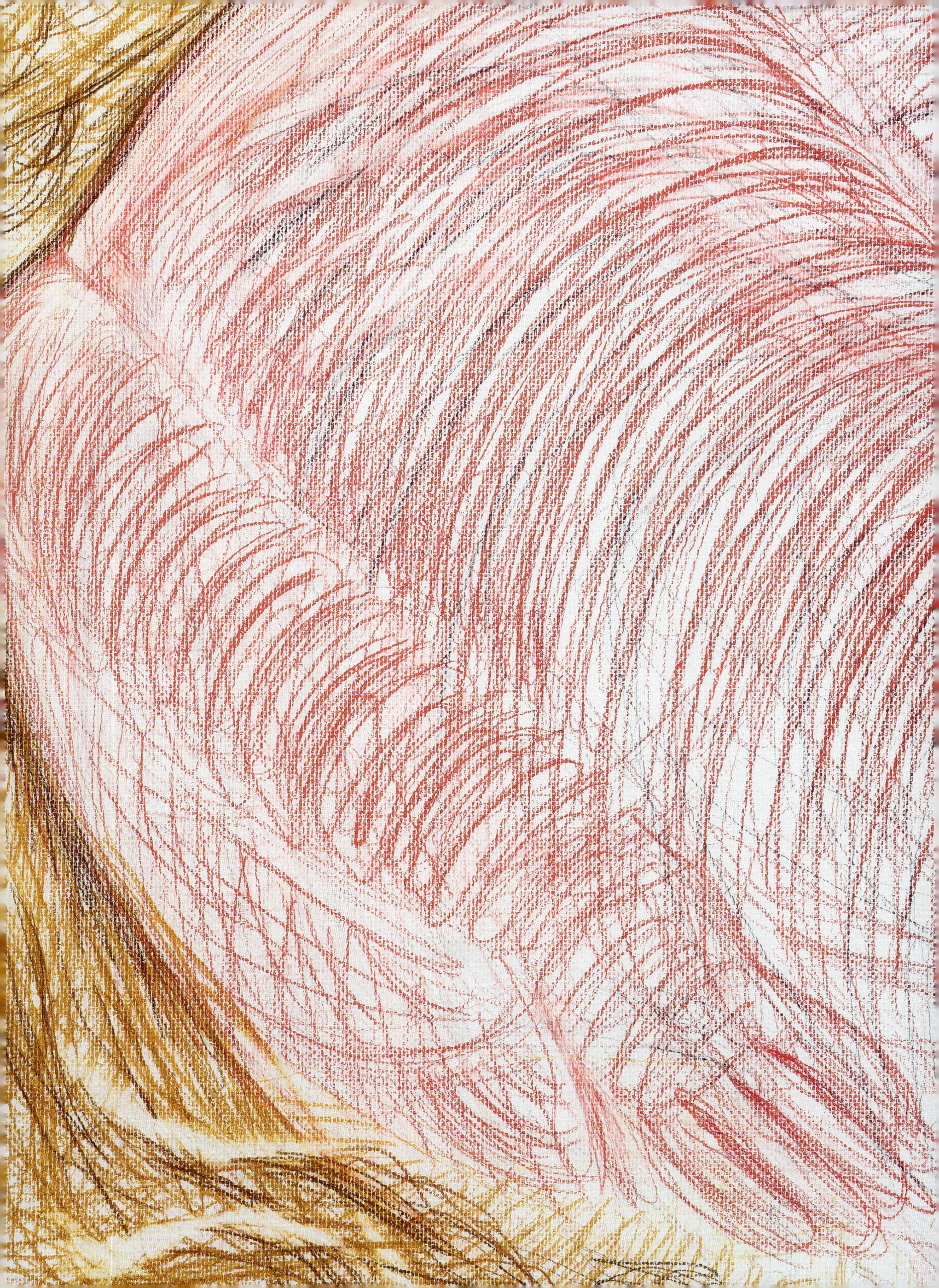

→
Work 8. Scent of Hypnosis. Colored pencil on linen. 250 × 350 cm. 2025.
Werk 8. Scent of Hypnosis. Kleurpotlood op linnen. 250 × 350 cm. 2025.

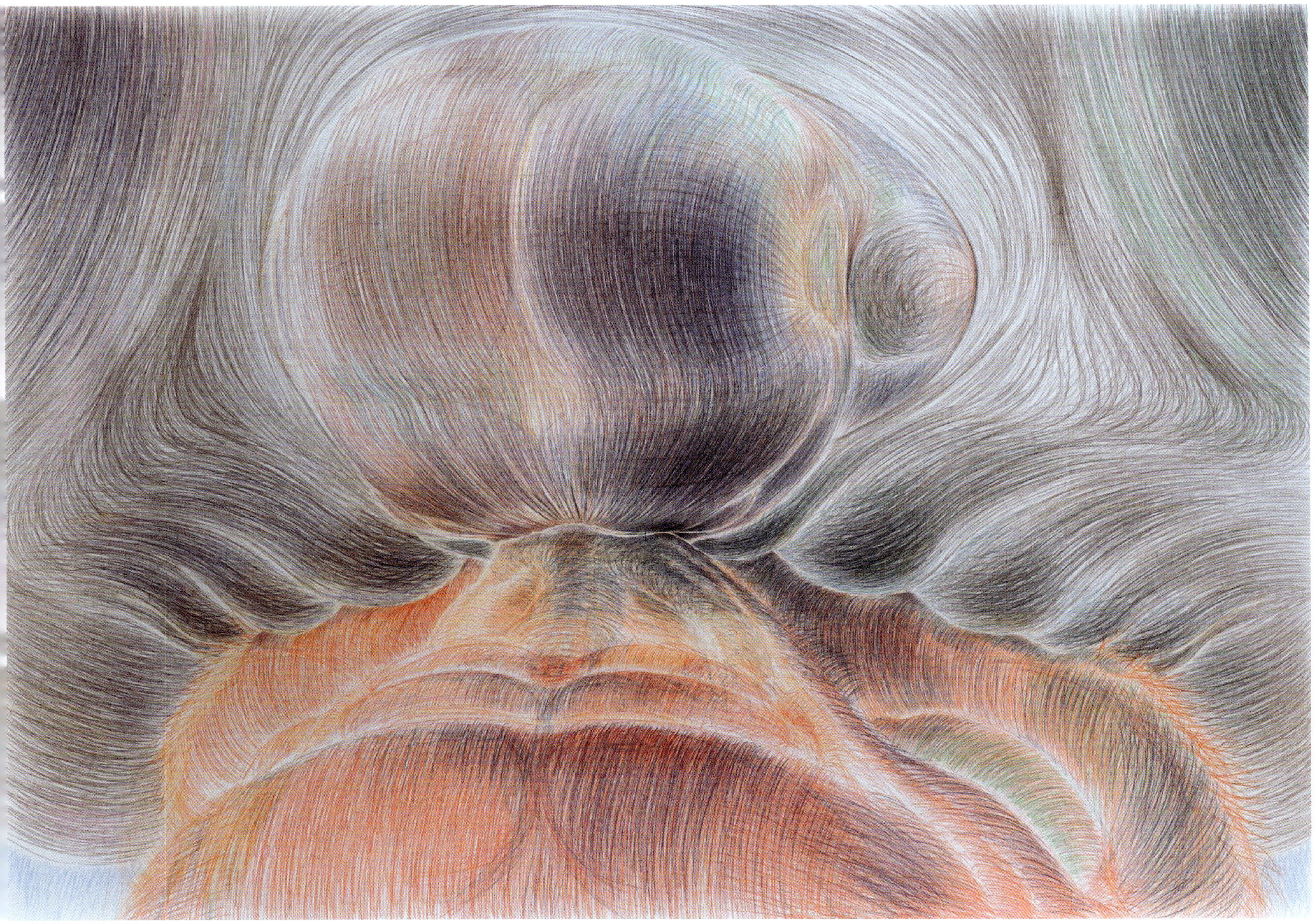

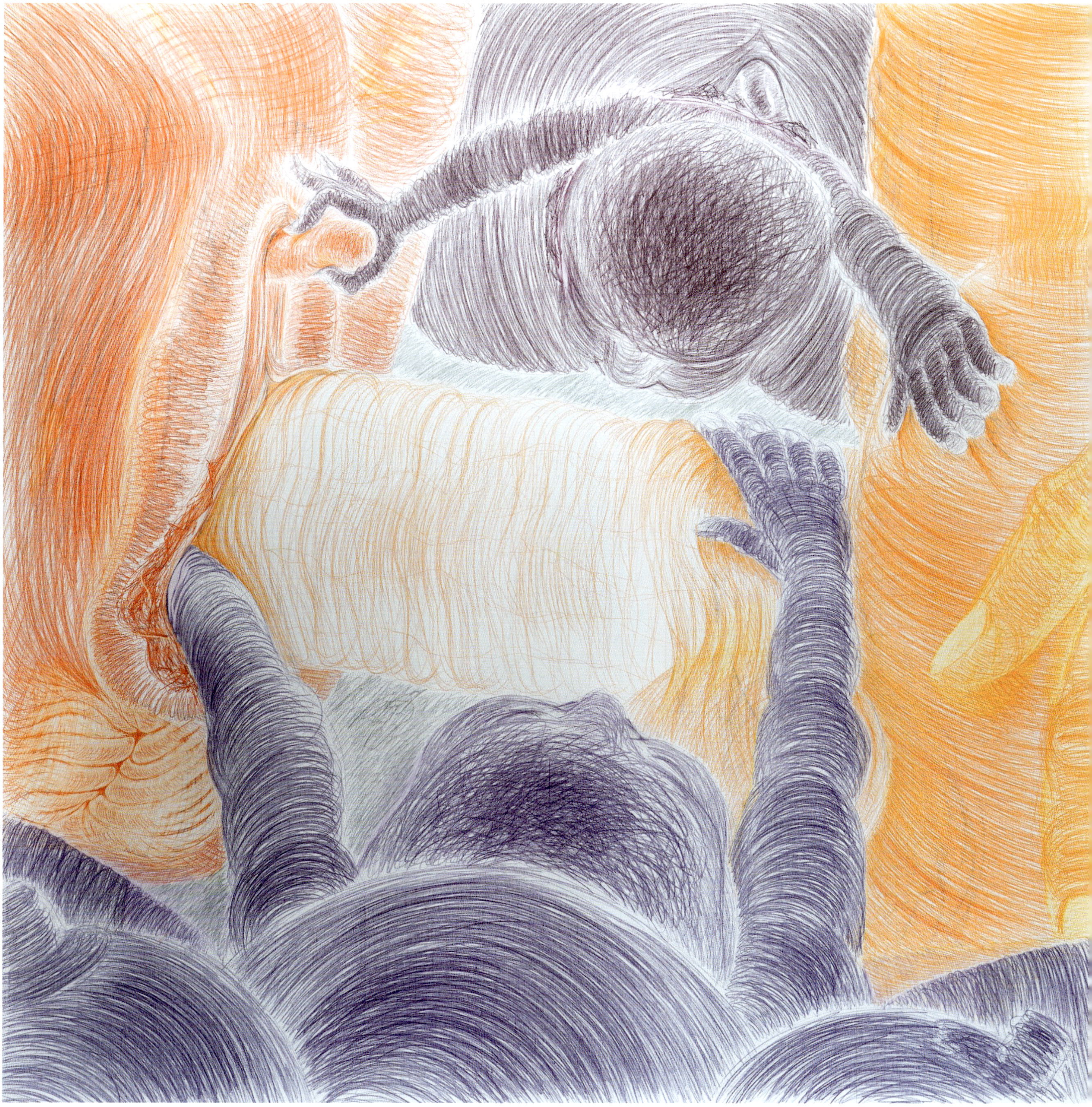

←
Work 10. Scent of Hypnosis. Colored pencil on linen. 250 × 250 cm. 2025.
Werk 10. Scent of Hypnosis. Kleurpotlood op linnen. 250 × 250 cm. 2025.

→
Work 9. Scent of Hypnosis. Colored pencil on linen. 250 × 350 cm. 2025.
Werk 9. Scent of Hypnosis. Kleurpotlood op linnen. 250 × 350 cm. 2025.

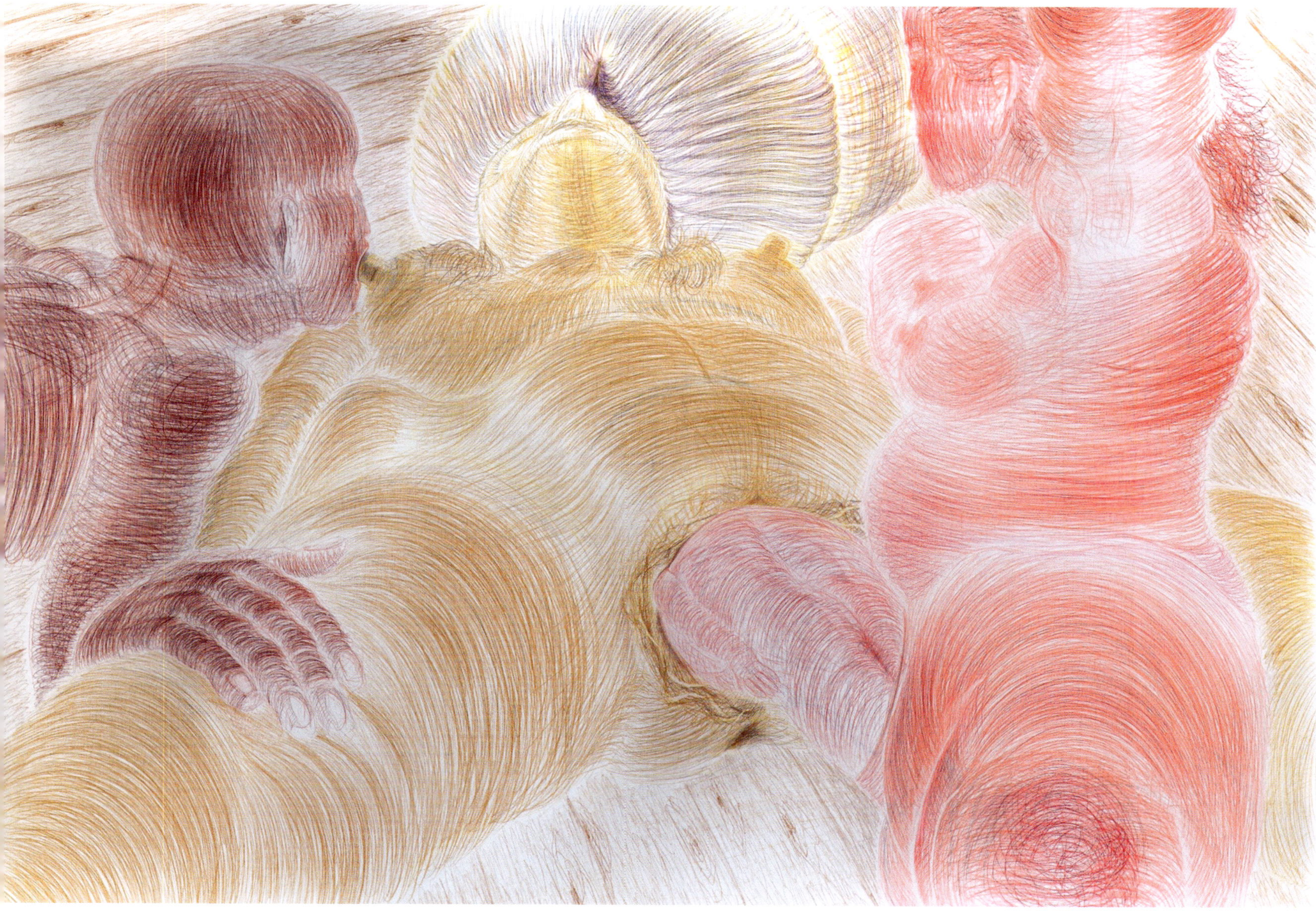

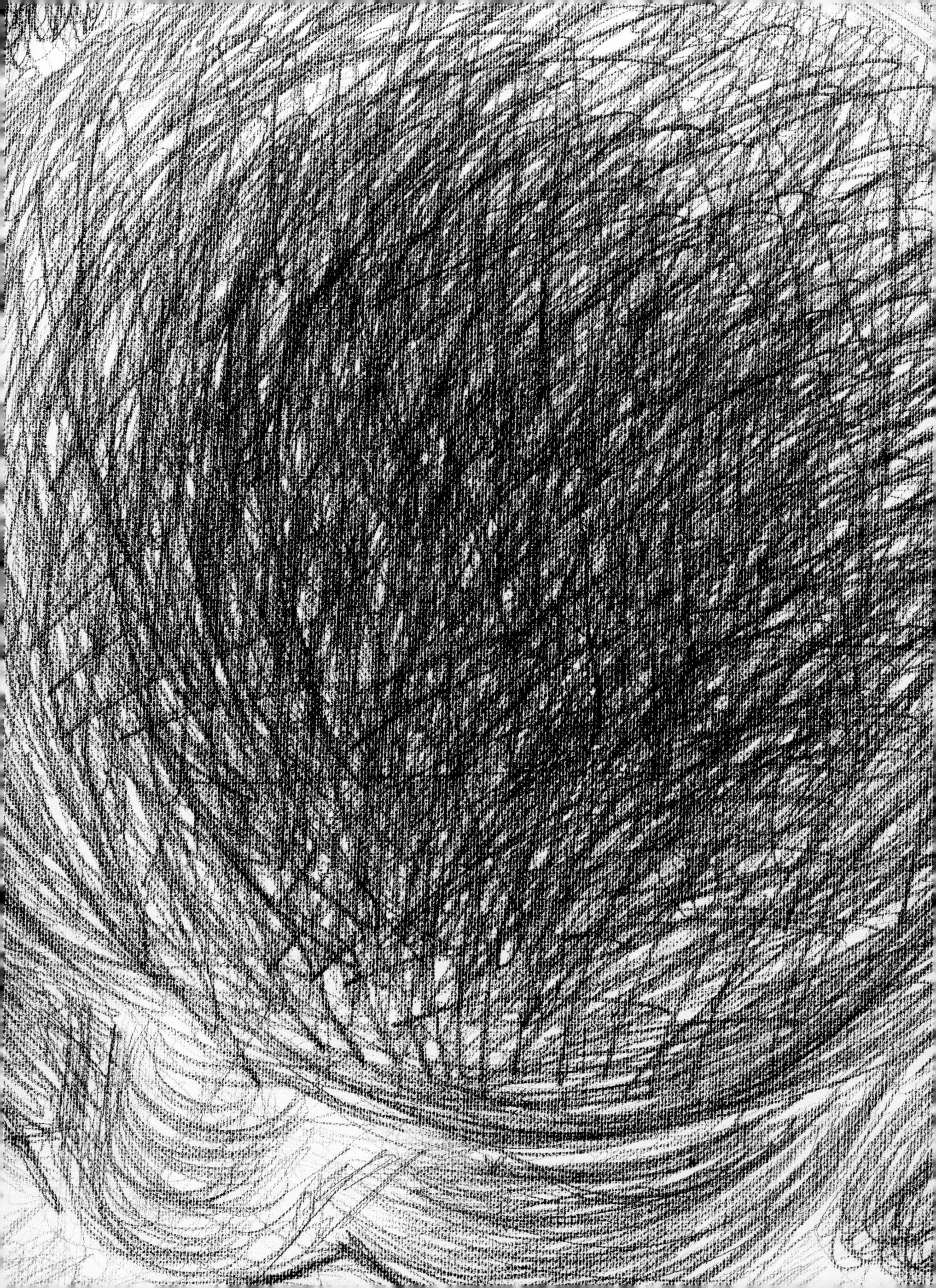

Ground floor

Three large drawings

Work 11: Theme 37
(p. 51)

Work 13: Theme 44, 48
(p. 52)

Work 12: Theme 49, 54, 55
(p. 55)

Birth.
Head of baby and of woman giving birth clamped.

Dead person watches from coffin.
Sexual stimulation as seen from coffin.

Dying man / dying couple touches vagina and penis.

Giving birth to a dying man.

Begane grond

Drie grote tekeningen

Werk 11: Thema 37
(p. 51)

Werk 13: Thema 44, 48
(p. 52)

Werk 12: Thema 49, 54, 55
(p. 55)

45 Geboorte.
Hoofd van baby en barende vrouw opeengeperst.

Dode kijkt vanuit zijn kist.
Seksuele stimulatie gezien vanuit de kist.

Stervende man / stervend paar raakt vagina en penis aan.

Bevallen van een stervende man.

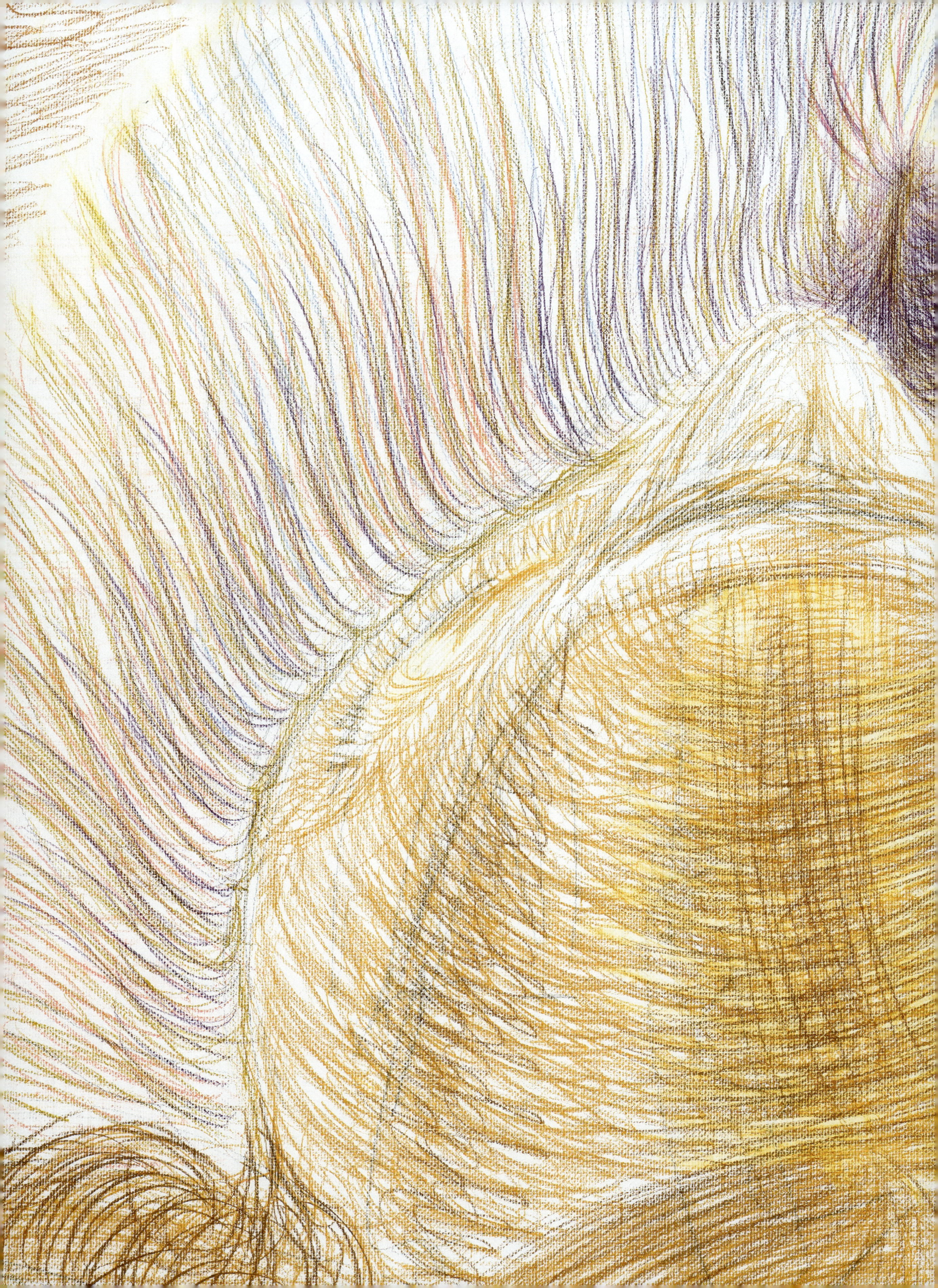

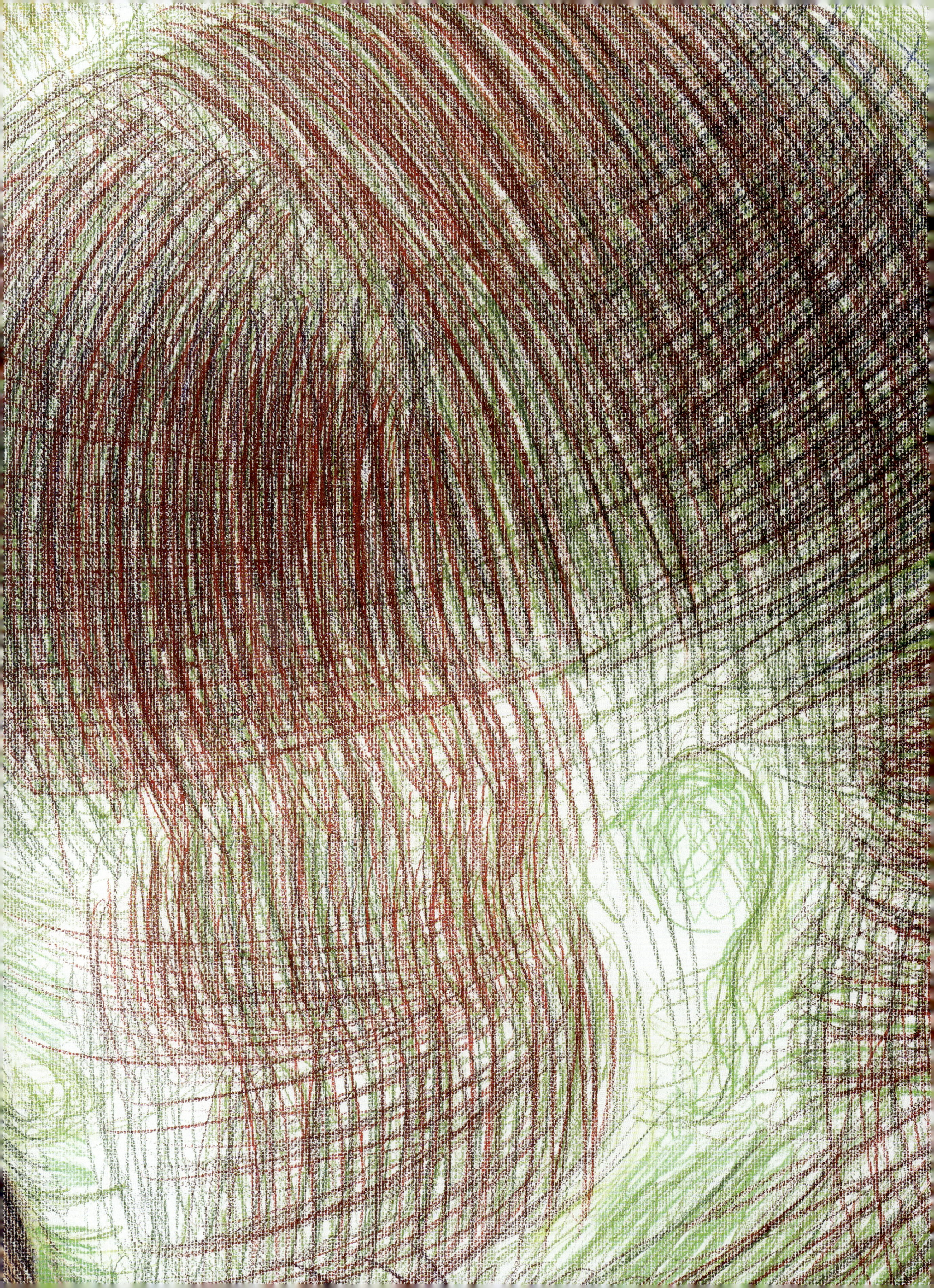

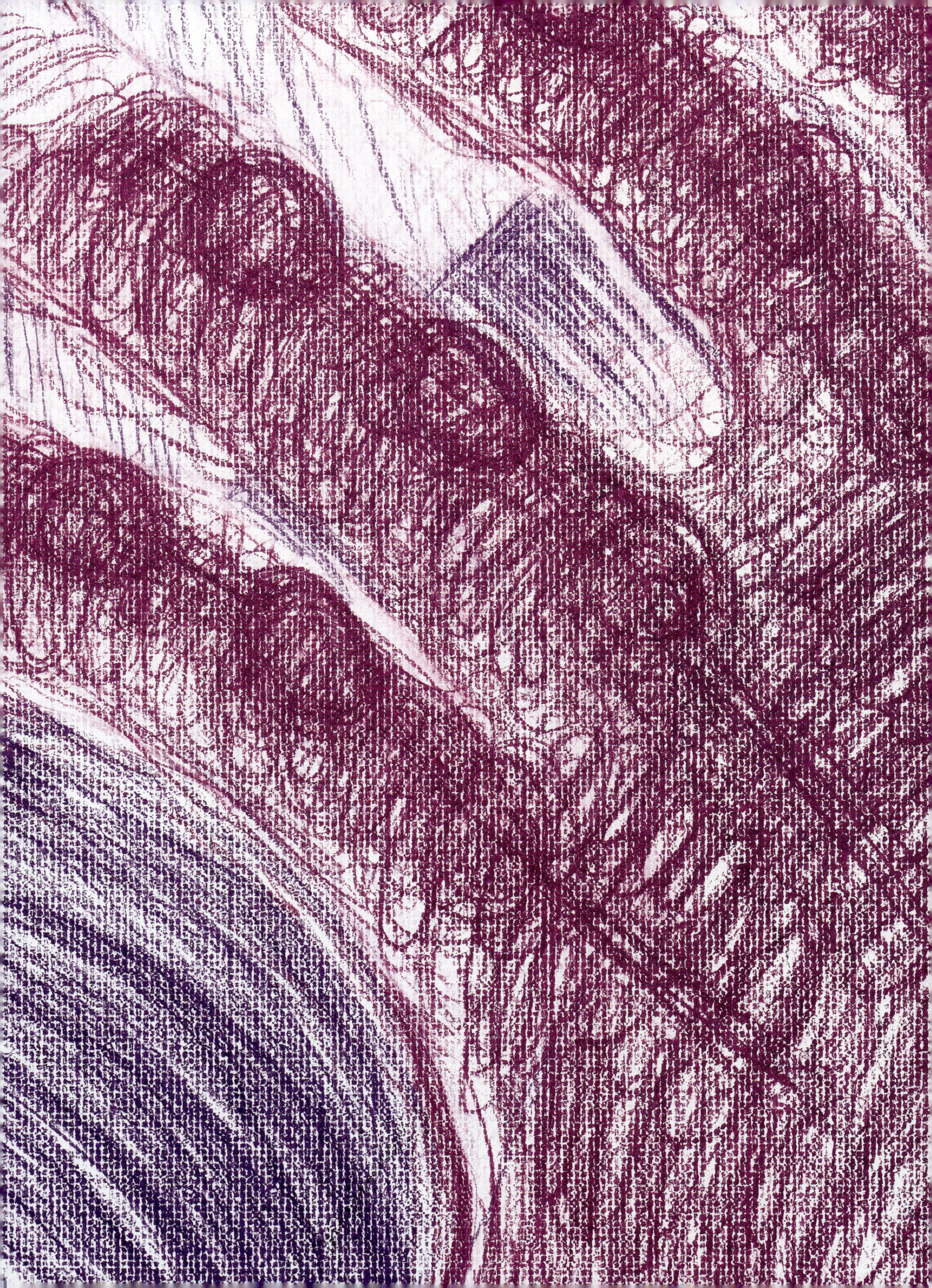

→
Work 11. Scent of Hypnosis. Colored pencil on linen. 200 × 260 cm. 2025.
Werk 11. Scent of Hypnosis. Kleurpotlood op linnen. 200 × 260 cm. 2025.

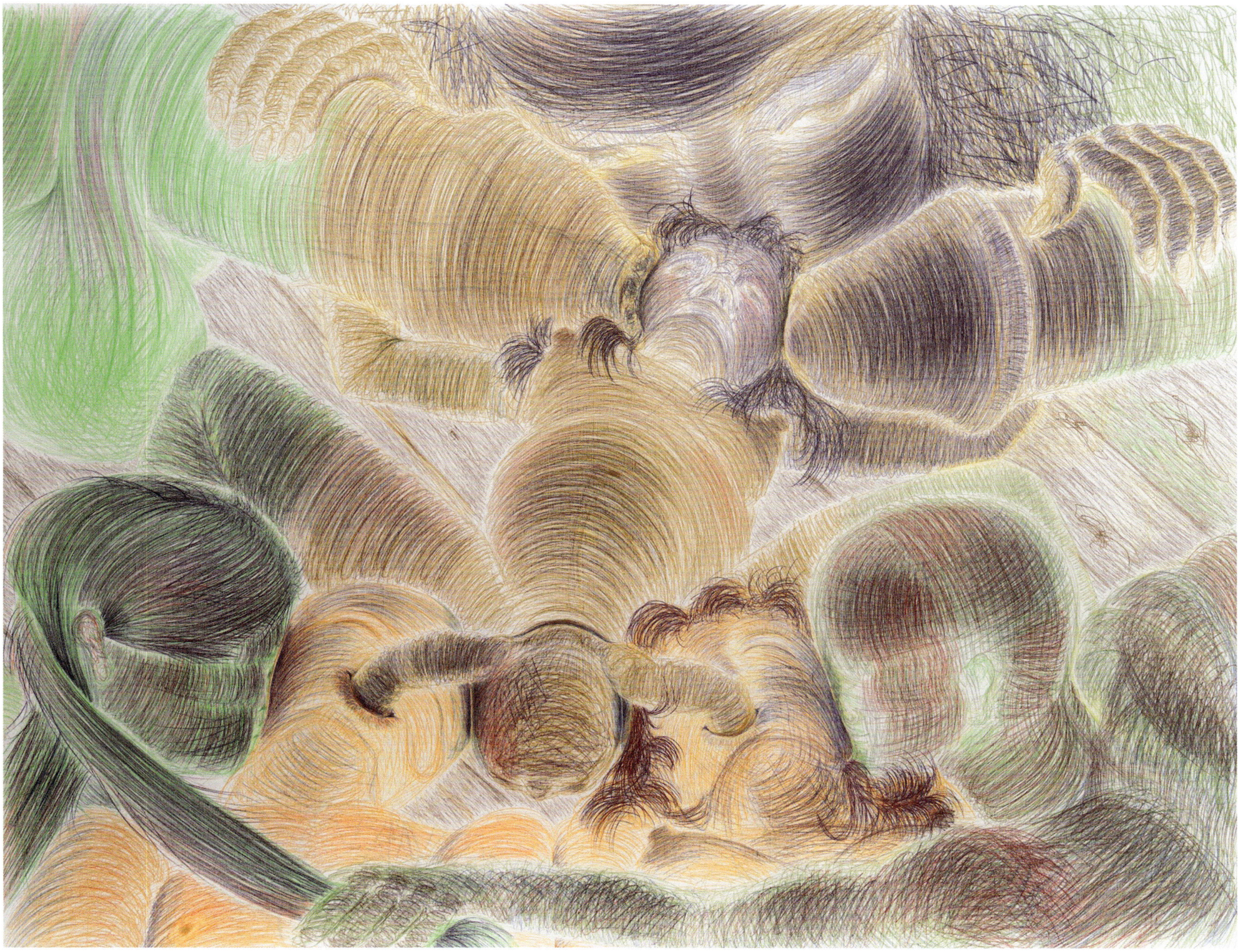

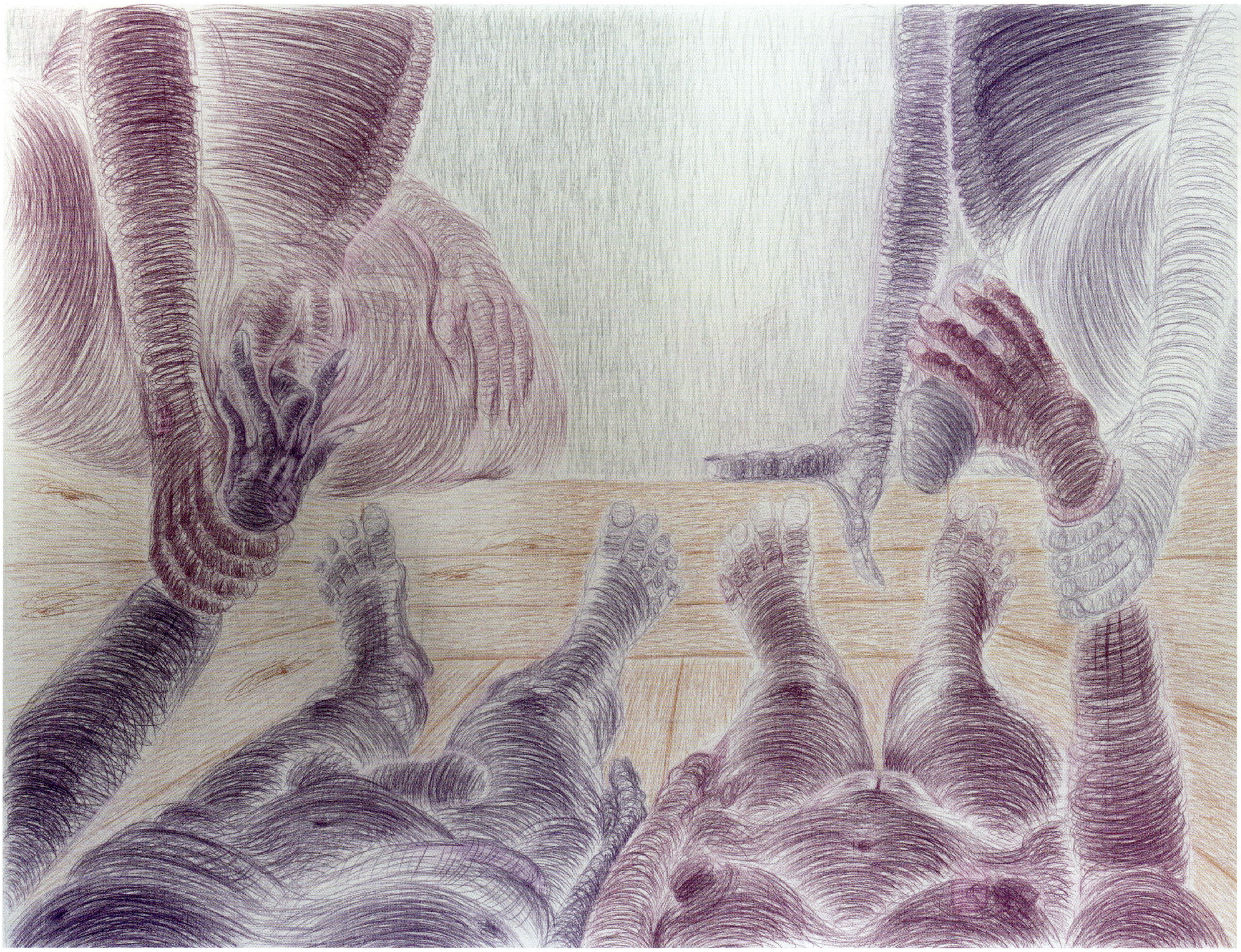

←
Work 13. Scent of Hypnosis. Colored pencil on linen. 200 × 260 cm. 2025.
Werk 13. Scent of Hypnosis. Kleurpotlood op linnen. 200 × 260 cm. 2025.

→
Work 12. Scent of Hypnosis. Colored pencil on linen. 200 × 260 cm. 2025.
Werk 12. Scent of Hypnosis. Kleurpotlood op linnen. 200 × 260 cm. 2025.

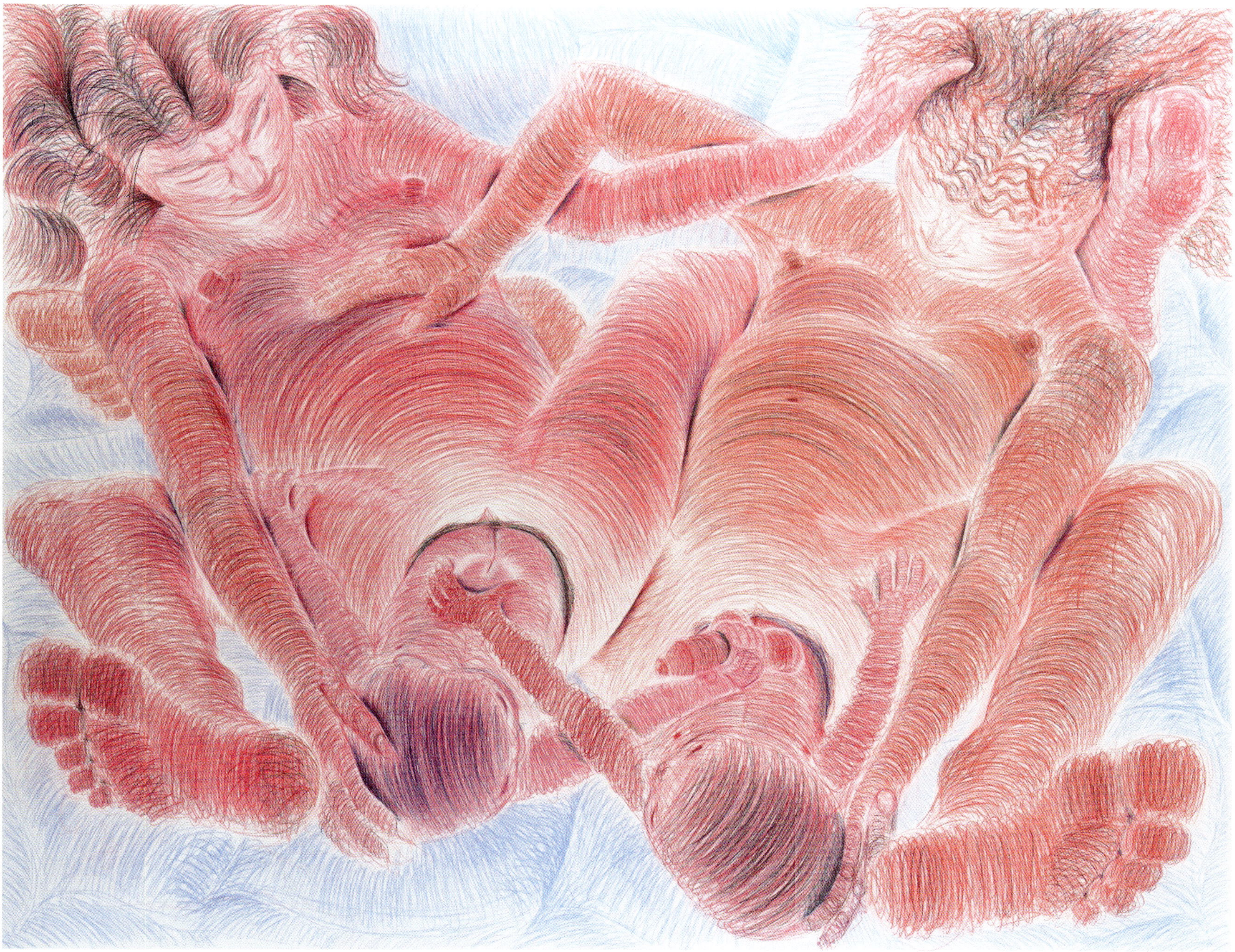

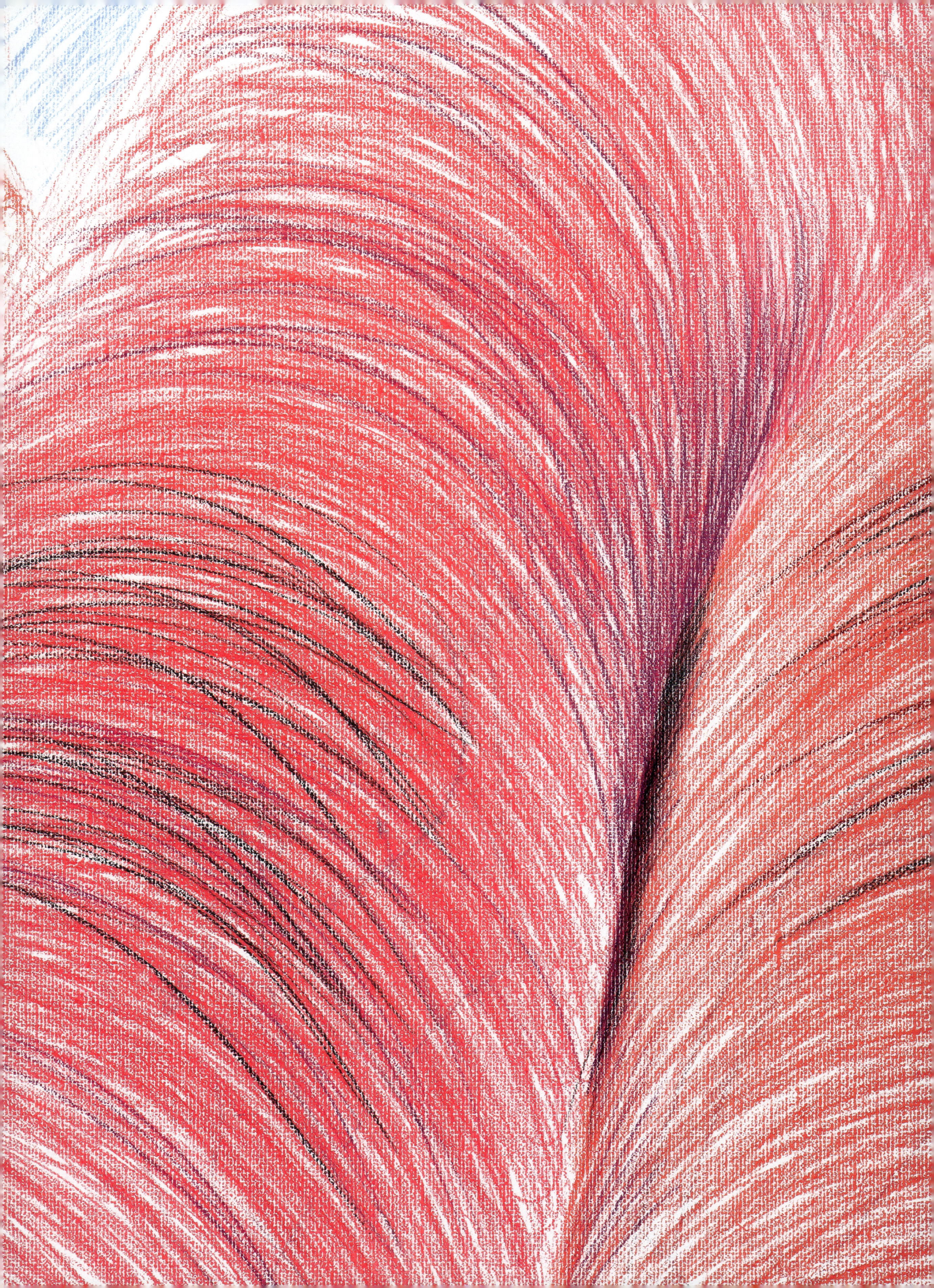

Àngels Miralda

Sensualities Beyond the Living

Zinnelijkheden voorbij het levende

Pieter Slagboom's work insists on birth, death, and eternal return as a web of unsolvable questions. These concerns reach beyond the present, speaking to something that has long lurked in human nature despite centuries of attempted erasure. The compositions in Slagboom's recent works express human physicality through active sexual organs. Bringing these to the forefront, he boldly confronts the contemporary oblivion of the primal self. The artist describes his subject matter using the terms "radical biology" and "personal anthropology"; both of these function within non-linear time and the hidden molecular archives of identity. Restless within the confines of contemporary society, Slagboom's images traverse a haunting geological and evolutionary time that spans generations and the production of a world to come.

Two cocks rub together, one of a dead man, the other alive. Gargantuan feet press onto the smashed faces of sleeping people, squeezed into wooden floorboards. Slagboom's figures take on uncanny postures as gray matter somewhere between the living and the dead. In his imaginative world, sexual play is a way of pushing life back into the corpse, of resuscitating the deceased, and of working towards an in-between of organic substance. This subject, or rather liminal state, is familiar to Dutch audiences whose historic masters shared comparable concerns during the 17th century, with the genre of *stilleven*, the still life. The French term *nature morte* perhaps points more explicitly towards the idea that the botanical and vegetal substances depicted in these canvases were often metaphors for the unpaintable. These served, in many instances, as *memento mori*—or reminders that everything comes to an end. Painters such as Pieter Claesz immortalized this genre with the dirty messiness of banquet remnants. The eaten-up platters and upended chalices were rendered with a controlled painterly perfection that contrasted with the gluttony and impermanence of the depicted objects, which were often in visible states of decay. But despite their signs of vitality, these ensembles actively omitted the human body, leaving only gestures of its previous acts, only nods toward ingestion and the timeline of decay that the human shares with flesh and fruit.

Slagboom, though, is freed from gesturing or metaphor. His surfaces are replete with the fruits of human genitalia. Composed in a full and overlapped manner, they are hoisted on platforms that encapsulate copulation within the confines of coffins or wooden floors. Like the feasts that lay dead and decaying after animating our living bodies with energy, Slagboom searches for the temporality of death and life through sexual acts. The body reaches the state of a ripe fruit, brimming with both seeds and putrefaction, neither dead nor alive, decaying and full of energetic potential.

The works presented in *Scent of Hypnosis* at the Drawing Centre Diepenheim have been developed over a long trajectory of life and work. Drawing established itself as the base of all of Slagboom's work at a later stage in his practice. His approach carries through many of the ideas on color and space that existed in his earliest spatial works. His older drawings contain references to his personal life as a parent, and to the configuration of having children and working as an artist in a society that enforces ceaseless demands. This theme slowly progressed towards an abstract reflection on identity and physicality beyond commonly explored tropes. His first major solo exhibition of large-scale drawings took place in 2019 at the Vleeshal in Middelburg, curated by Julia Geerlings. There, the works were hung from the ceiling, weaving space and scale into Slagboom's recognizable themes of sex and death. The subject of birth began to filter through his imagery in 2020 at a solo presentation at Bridget Donahue in New York. In Diepenheim, this subject has been expanded into expressions of infantile consciousness, free from societal conditioning, fresh from (or literally exiting) the vaginal canal.

The works in Diepenheim contain some of the largest canvases yet made by Slagboom. The work is physical in nature; building the colored pencil lines up across the linen surface requires pressure and movement—the tools are dragged back and forth across the studio with physical steps. Each drawing represents a months-long process of mark-making, repetition, and endurance, in which the artist unravels both physical and mental processes. One room in the exhibition contains a codex of drawings where Slagboom's ideas materialize on paper. Whatever the scale, drawing is a process for mentally reworking configurations of body and space.

Breasts, phalli, fingers, and mouths populate canvases devoid of space in which bairns push through into the light. Pressed against their mothers and against others, their neonate bodies are flung into sexual encounters with the living and the dead. After the traumatic passage from the womb, the infant takes its first breaths directly into the funereal corpse of deceased members.

Slagboom's new works take a turn into the psyche of the newborn. In these drawings, the infant's humanity exists in the lack of a so-called innocence that is typically ascribed to children by the adult world—Slagboom reminds the viewer that the body always carries genitalia, love, violence, and desire, all at once, at every stage of life. The meetings between new and dead flesh visually embody the experiments of early 20th-century psychoanalysts, who considered the missing connection between the mind and genitalia a primary aspect of their investigations. Inspired by advancements in evolutionary biology, practitioners such as Sigmund Freud, Jacques Lacan, and Sándor Ferenczi changed our understanding of identity into one that recognized the importance of our sexual organs and life events in the conditioning of the human being in terms of identity, behavior, and potential.

Swimming through Slagboom's canvases is the theory of regression—a concept in psychology in which the psyche returns to an earlier stage of development during periods of stress. Hungarian psychoanalyst Ferenczi outlined the significance of regressive tendencies in physical processes of desire in his study *Thalassa: A Theory of Genitality* (1938). There, he outlines the concepts of infantile erotism and the sexual drive as consequences of the trauma of birth that is never overcome throughout the developed stages of life. In Slagboom's figures, infant bodies emerge from the womb already in possession of their own agency. They grab and hold, participating in sexual menageries with the dead and the living, enacting an infant erotism in which "thumb-sucking, sthumb-sucking, [...] looking and being looked at, are capable of yielding complete satisfaction." Sexuality in Slagboom's work can be understood as a kind of "infant sexuality" in which gender does not yet exist, in which sexual orientation is irrelevant, and in which touch and proximity yield total satisfaction regardless of social conditioning and genital designation, as if the adult figures still inhabited a pre-gendered foetal state. With the development of the sexual organs, intercourse serves as a return to the womb-state of being, termed by Ferenczi as a "transitory regression."

The principle of physical regression has played a part in popular fiction, such as in JG Ballard's *The Drowned World* (1962). This novel imagines a scenario in which regression is not only a psychological process but a physical one, in which the human body could salvage muted archival DNA to produce gills for underwater breathing. Slagboom refers to some of the corpses he depicts as his "alter ego," which suggests that we carry multiple identities and beings within us, saved away in our complex coded biological physicality. Our DNA is a rich archive that contains parts of all of our predecessors, telling an ancient story of evolution that has been passed down to us in the form of a body—that powerful machine designed to persist at being alive, whether through the literal act of reproduction or through societal contributions that sustain life.

Slagboom's work is social by nature—no figure stands alone either in life or in death. Crowds come together with sex organs not only as a source of reproduction but to form a social–sexual conglomerate society. If Ferenczi's womb is a compact copy of a primordial ocean, and a representation not only of our own birth but of a young planet from which we all descend, the compression of space in Slagboom's drawings illustrates the feeling of the amniotic surroundings that magnetically pull the social body into a singular mass. The canvas, full with bodies and organs, facilitates the primordial state of touching and being touched on all sides by a deep-sea fluid, by an endless ocean of contact that grounds our bodies and sexualities into telluric matter.

Enlightenment rationality created an artificial mind/body split that has become central to the Western concept of the human. Slagboom rips this logic asunder, fiercely opposing any polarity of identity through his compositions. Every notion of the Western self, including distorted and political hypersexualizations, are reformulated into a holistic intergenerational whole. This whole is neither good nor evil, neither innocent nor violent, but is a full acceptance of coexisting selves. All-encompassing flesh becomes a landscape of body and radical sensuality, formulated through a decentralized understanding of the living, the infant, and society. The soul is not expressed through eyes, expression, or the proximity of the head, but through a horizontal and enfleshed social being that invokes our most primal and ancestral selves. Evading categorizations of gender, sexual orientation, or any caliber of societal correctness, Slagboom's "radical biology" posits our future as the expansion of these boundaries into an unknown. The works in *Scent of Hypnosis* are a spiritual reconnection and a tender agency—a radical expression of each of our biological eternities.

Geboorte, dood, en de eeuwige terugkeer hangen in het werk van Pieter Slagboom samen als een weefsel van onoplosbare vraagstukken. Ze overstijgen het heden en appelleren aan iets dat, ondanks eeuwenlange pogingen dit teniet te doen, diep in de menselijke aard geworteld is. In zijn recente werk staan actieve geslachtsorganen symbool voor menselijke lichamelijkheid. Gedurfd staan ze op de voorgrond en confronteren daar de hedendaagse neiging het oerzelf te vergeten. De kunstenaar spreekt over 'radicale biologie' en 'persoonlijke antropologie', concepten gestoeld in non-lineaire tijd en de verborgen moleculaire werking van identiteit. Rusteloos de grenzen aftastend van de hedendaagse samenleving zijn Slagbooms beelden wars van tijd en plaats, en overspannen ze heden, verleden en toekomst.

Twee penissen—één van een dode man, de ander van een levende—wrijven tegen elkaar. Kolossale voeten drukken op de verpletterde gezichten van slapende mensen, in houten vloerplanken geperst. Slagbooms figuren nemen unheimische houdingen aan in het grijze gebied tussen leven en dood. In zijn verbeeldingswereld is seksualiteit een manier om leven te blazen in het lijk, de doden te doen opstaan, en een gebied tussen leven en dood wakker te kussen. Wellicht roept dit onderwerp het werk van de Hollandse oude meesters in herinnering. Zij onderzochten het concept van het tussentijdse al in de zeventiende eeuw met hun stillevens. Hoewel de Franse term *nature morte* misschien een duidelijkere verwijzing is naar het idee dat de botanische, plantaardige en dierlijke ingrediënten op deze doeken vaak fungeerden als metaforen voor het onschilderbare. In veel gevallen dienden ze als *memento mori*: gedenk te sterven. Schilders als Pieter Claesz toonden de rommelige smerigheid van banketresten in optima forma. Hun aangevreten schotels en omgevallen kelken zijn met uiterste precisie geschilderd en staan daarmee in schril contrast met hetgeen waarnaar deze overblijfselen verwijzen: gulzigheid, bederf en vergankelijkheid. En hoewel de voorstellingen bol staan van levendigheid, is bewust nergens een spoor van het menselijk lichaam. Enkel de reflectie van eerdere handelingen verwijzen naar de vertering en het verval dat de mens uiteindelijk gemeen heeft met vlees en fruit.

Slagboom heeft zich losgemaakt van gebaar of metafoor. Zijn oppervlakken zijn gevuld met de vruchten van menselijke genitaliën, in volle, overlappende composities, verheven op platformen die de copulatie opsluiten binnen de contouren van doodskisten of houten vloeren. Zoals feestmalen die, nadat ze onze lichamen hebben gevoed, verrottend achterblijven, zo zoekt Slagboom in seksuele handelingen naar de tijdelijkheid van dood en leven. Het lichaam wordt rijp als fruit, zwanger van zaad én bederf: in een toestand tussen leven en dood, verterend en toch vol energetisch potentieel.

De werken in *Scent of Hypnosis* bij Drawing Centre Diepenheim zijn het resultaat van een langdurig werk- en levenstraject. Tekenen is pas in een later stadium het fundament van Slagbooms praktijk geworden, maar de ideeën over kleur en ruimte uit zijn vroegere ruimtelijke werk werken door. Oudere tekeningen verwijzen naar zijn persoonlijke leven als ouder en naar de spanning tussen ouderschap en kunstenaarschap in een veeleisende samenleving. Deze thematiek is gaandeweg verschoven naar een abstracte reflectie op identiteit en lichamelijkheid, voorbij de gebruikelijke beeldpatronen. In 2019 presenteerde Slagboom voor het eerst tekeningen op grote schaal in de Vleeshal te Middelburg, in een solotentoonstelling gecureerd door Julia Geerlings. De werken waren er bevestigd aan een stalen constructie op de vloer, ruimte en schaal in verband brengend met zijn thematiek van seks en dood. Het motief van geboorte verscheen in 2020 in Slagbooms beeldtaal, tijdens een solotentoonstelling bij Bridget Donahue in New York. In Diepenheim is dit onderwerp verder uitgewerkt tot uitdrukkingen van het kinderlijk bewustzijn, ongeremd door maatschappelijke conditionering, vers uit het geboortekanaal, of nog onderweg naar buiten.

Scent of Hypnosis bevat enkele van de grootste doeken die Slagboom tot nu toe heeft gemaakt. De lichamelijkheid van het onderwerp wordt weerspiegeld in het maakproces: sommige kleurpotloodlijnen zijn zo lang dat hij ze lopend door de studio op het linnen aanbracht. Elke tekening vertegenwoordigt een fysiek en mentaal proces van markeren, herhalen, en volharden. Eén zaal in de tentoonstelling bevat een codex van tekeningen waarin Slagbooms ideeën op papier gestalte krijgen. Voor Slagboom is tekenen, ongeacht de schaal, een proces om configuraties van lichaam en ruimte steeds opnieuw te bewerken en te herzien.

Borsten, fallussen, vingers en monden bevolken de doeken, zuigelingen banen zich er een weg naar het licht. Tegen hun moeders en anderen aangedrukt, worden hun pasgeboren lichamen in seksuele ontmoetingen geworpen, met zowel levenden als doden. Na de traumatische passage uit de baarmoeder haalt het kind voor het eerst adem, rechtstreeks in andermans levenloze lichaam. Slagbooms nieuwe werk richt zich op de psyche van pasgeborenen. In deze tekeningen ligt de menselijkheid van het kind juist in het ontbreken van de zogenaamde onschuld die volwassenen kinderen gewoonlijk toeschrijven. Slagboom herinnert de kijker eraan dat het lichaam in elke levensfase geslachtsdelen, liefde, geweld en verlangen in zich draagt. De ontmoetingen tussen nieuw en dood vlees geven visueel gestalte aan de experimenten van psychoanalytici uit het begin van de twintigste eeuw, voor wie de ontbrekende verbinding tussen geest en genitaliën een primair onderzoeksaspect was. Geïnspireerd door ontwikkelingen in de evolutionaire biologie veranderden denkers als Sigmund Freud, Jacques Lacan, en Sándor Ferenczi ons begrip van identiteit fundamenteel: zij erkenden de bepalende rol van seksuele organen en levensgebeurtenissen in de vorming van menselijke identiteit, gedrag, en potentieel.

Door Slagbooms doeken stroomt de theorie van regressie, een psychologisch concept waarin de psyche tijdens perioden van stress terugvalt naar een eerder ontwikkelingsstadium. De Hongaarse psychoanalyticus Sándor Ferenczi benadrukte in zijn studie *Thalassa: A Theory of Genitality* (1938) het belang van regressieve tendensen in lichamelijke processen van verlangen. Hij beschouwt daarin kinderlijke erotiek en seksuele drift als voortkomend uit het geboortetrauma, dat in latere levensfasen nooit volledig wordt overwonnen. In Slagbooms figuren verschijnen zuigelingen uit de baarmoeder, al voorzien van hun eigen handelingsvermogen. Ze nemen deel aan seksuele menagerieën, waarbij 'duimzuigen, slaan en geslagen worden, kijken en bekeken worden, kunnen leiden tot volledige bevrediging.' In Slagbooms werk verschijnt een vorm van seksualiteit waarin gender nog niet bestaat. Seksuele oriëntatie is er irrelevant, en aanraking en nabijheid leiden tot totale bevrediging. Los van maatschappelijke conditionering en genitale functies is het alsof de volwassen figuren zich nog steeds in een pre-geslachtelijke foetale toestand bevinden. Met de ontwikkeling van de geslachtsorganen wordt geslachtsgemeenschap een terugkeer naar de baarmoederlijke staat van zijn—door Ferenczi aangeduid als een 'transitoire regressie'.

Het principe van fysieke regressie komt voor in romans zoals *The Drowned World* van J.G. Ballard (1962), waarin regressie zowel een psychologisch als een fysiek proces is. Het menselijke lichaam zou sluimerend DNA-materiaal kunnen aanwenden om kieuwen te ontwikkelen om onder water te ademen. Slagboom noemt sommige van de afgebeelde kadavers zijn 'alter ego', wat suggereert dat wij meerdere identiteiten en bestaansvormen meedragen, opgeslagen in ons complex gecodeerde biologische lichaam. Ons DNA is een rijk archief dat fragmenten van onze voorouders bevat en een oeroud evolutionair verhaal vertelt, overgeleverd in de vorm van een lichaam. Het is een krachtige machine die ontworpen is om te blijven bestaan, via letterlijke voortplanting of door maatschappelijke bijdragen die het leven in stand houden.

Slagbooms werk is van nature sociaal: geen figuur staat alleen, in het leven noch in de dood. Menigten komen samen, waarbij de geslachtsorganen niet alleen de bron van voortplanting zijn, maar ook een sociaal-seksuele maatschappij vormgeven. Als Ferenczi's baarmoeder een compacte afspiegeling is van een oeroceaan—een vertegenwoordiging van zowel onze eigen geboorte als die van een jonge planeet waarvan wij allen afstammen—dan verbeeldt de ruimtelijke compressie in Slagbooms tekeningen het gevoel omgeven te zijn door een vlies. Het doek, gevuld met lichamen en organen, faciliteert de oertoestand van aanraken en aangeraakt worden, omsloten door een diepzeevloeistof—een eindeloze oceaan van contact die onze lichamen en seksualiteiten verankert in aardse materie.De Verlichting bracht een kunstmatige scheiding tussen lichaam en geest tot stand, die sindsdien centraal staat in het westerse mensbeeld. Slagboom rukt deze logica uiteen en verzet zich in zijn werk fel tegen elke polariteit van identiteit. Iedere opvatting van het westerse zelf, inclusief verdraaide, politiek geladen hyperseksualisaties, wordt omgevormd tot een holistisch, intergenerationeel geheel. Dit geheel is noch goed, noch kwaad; noch onschuldig, noch gewelddadig—maar een volledige aanvaarding van samenlevende individuen. Allesomvattend vlees vormt een landschap van lichaam en radicale sensualiteit, gezien vanuit het perspectief van de levenden, het kind, en de maatschappij. De ziel manifesteert zich niet in de ogen, de expressie of de nabijheid van het hoofd, maar in een horizontaal, vleselijk sociaal wezen dat onze ware primaire en voorouderlijke zelven oproept. Door gender, seksuele oriëntatie of elke vorm van maatschappelijke correctheid te ontwijken, schetst Slagbooms radicale biologie een toekomst waarin de grenzen hiervan zich uitstrekken naar het onbekende. De werken in *Scent of Hypnosis* vormen een spirituele herverbinding en een teder handelingsvermogen—een radicale expressie van ieders biologische eeuwigheid.

Àngels Miralda is a writer and curator. She describes her practice as a secret politics of materiality, working with hidden meaning within materials, trade, and history. She has organized biennials including the Contemporary Biennial TEA (Canary Islands), *Something Else III & IV* (Cairo), as well as group exhibitions at Radius CCA (Delft) and Tallinn Art Hall (Estonia), among many others. She has worked on major solo exhibitions with Paul Rosero Contreras at MAAC (Guayaquil), Bita Razavi at P////AKT Foundation (Amsterdam), Anastasia Mina at Garage Art Space (Nicosia), Andrea Knezović at Indebt (Amsterdam), and Andrej Skufca at MGLC (Ljubljana).

Àngels Miralda is schrijver en curator. Ze omschrijft haar praktijk als een geheime politiek van materialiteit, waarbij ze werkt met verborgen betekenissen in materialen, handel en geschiedenis. Ze organiseerde onder andere de Contemporary Biennial TEA (Canarische Eilanden) en *Something Else III & IV* (Caïro), evenals groepstentoonstellingen bij Radius CCA (Delft) en Tallinn Art Hall (Estland). Daarnaast realiseerde ze belangrijke solotentoonstellingen met Paul Rosero Contreras bij MAAC (Guayaquil), Bita Razavi bij P////AKT Foundation (Amsterdam), Anastasia Mina bij Garage Art Space (Nicosia), Andrea Knezović bij Indebt (Amsterdam) en Andrej Skufca bij MGLC (Ljubljana).

First floor

Triptych

Work 6
Theme 21, 29

Woman exposes her genitalia to dead man.

Female sexual stimulation on dead man.

Eerste verdieping

Triptiek

Werk 6
Thema 21, 29

Vrouw toont haar genitaliën aan dode man.

Vrouwelijke seksuele stimulatie op dode man.

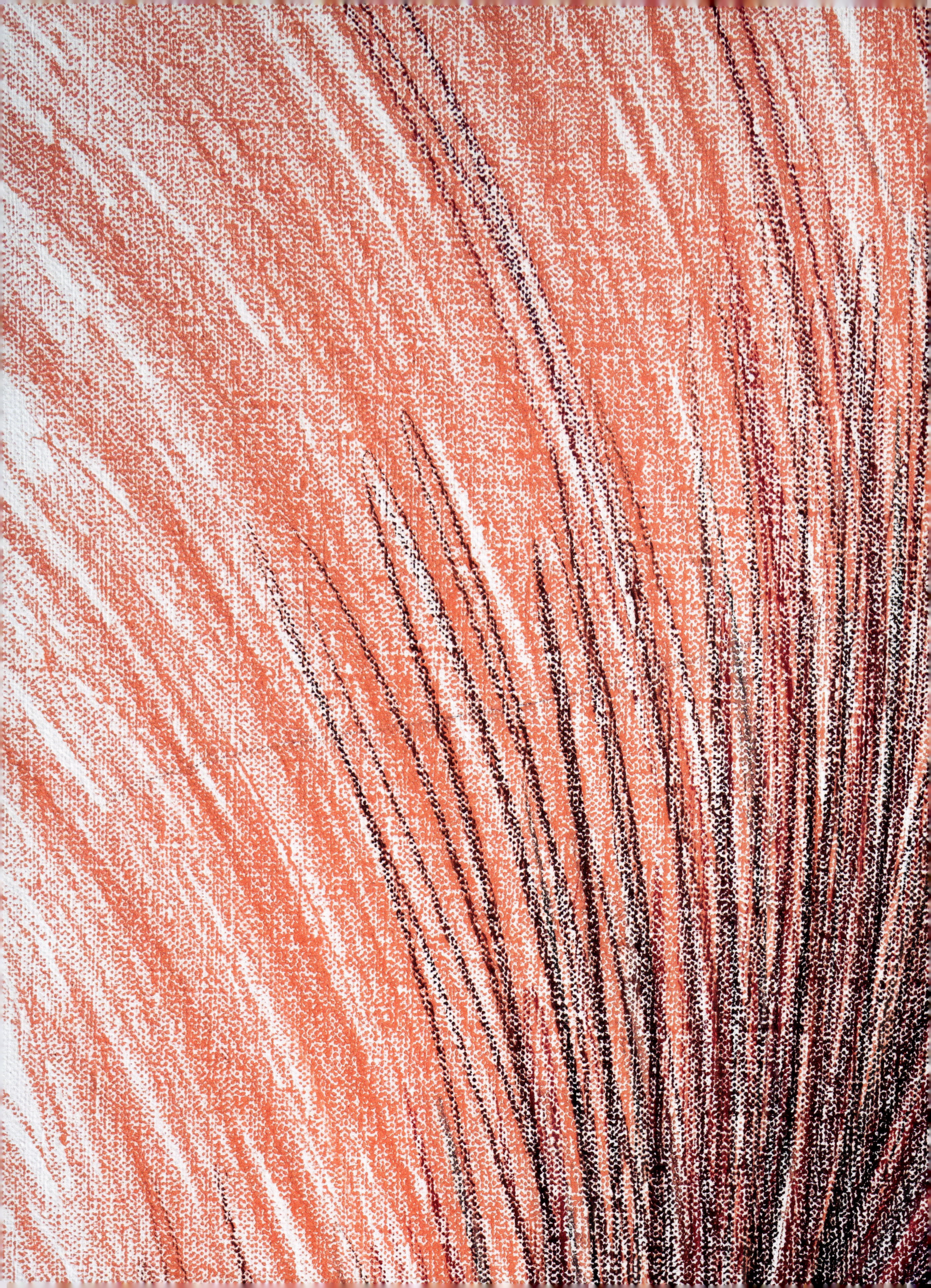

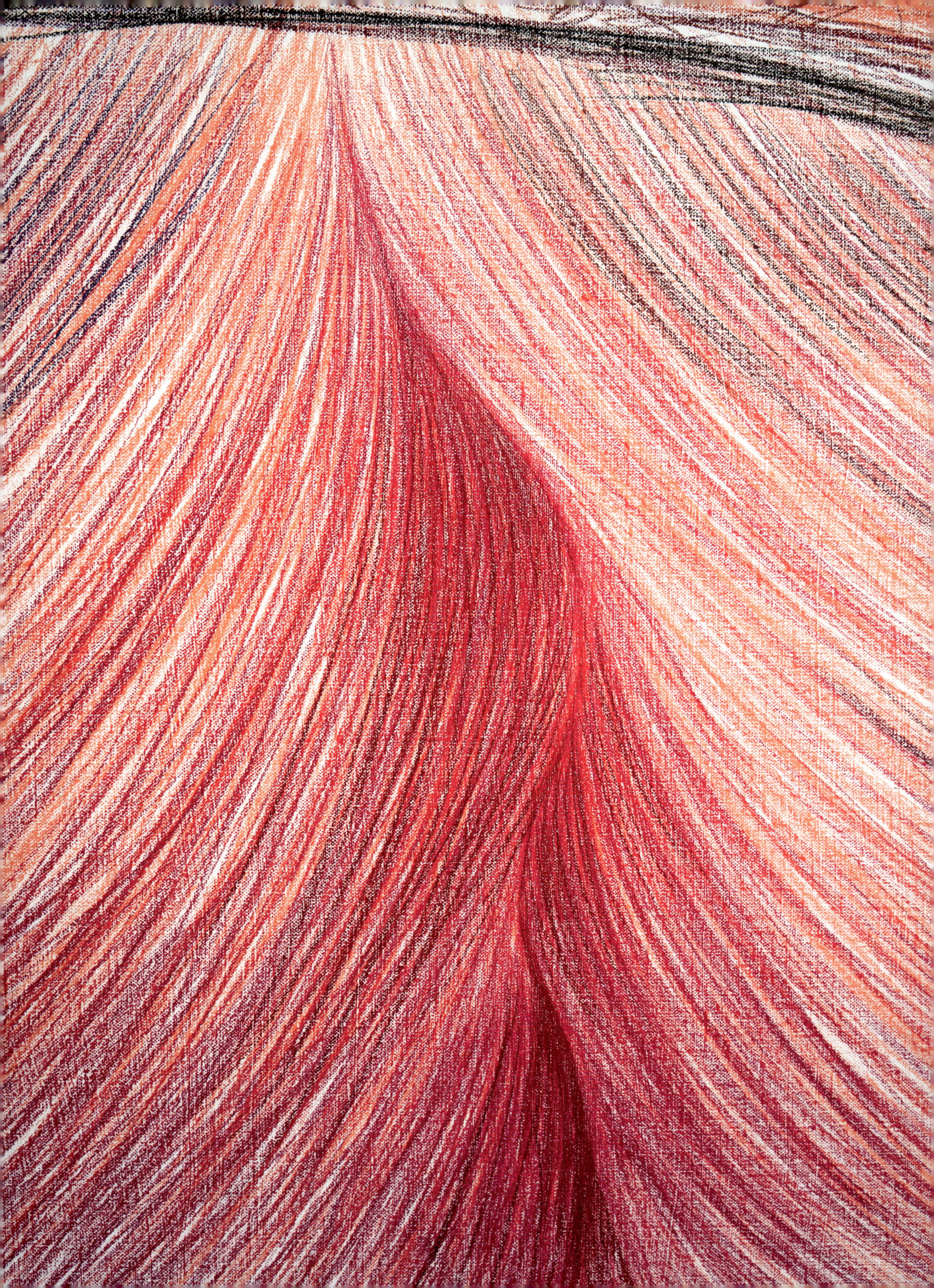

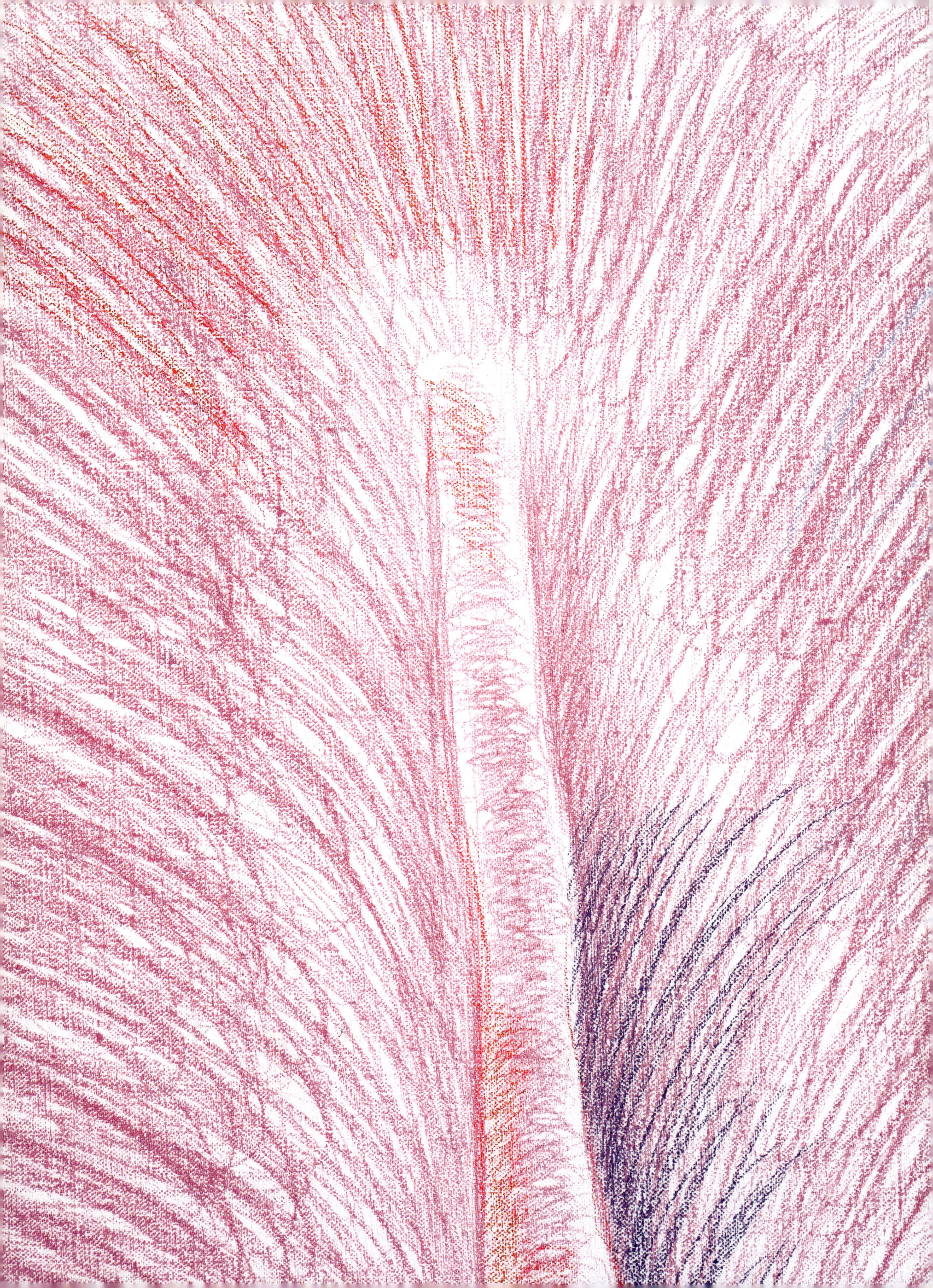

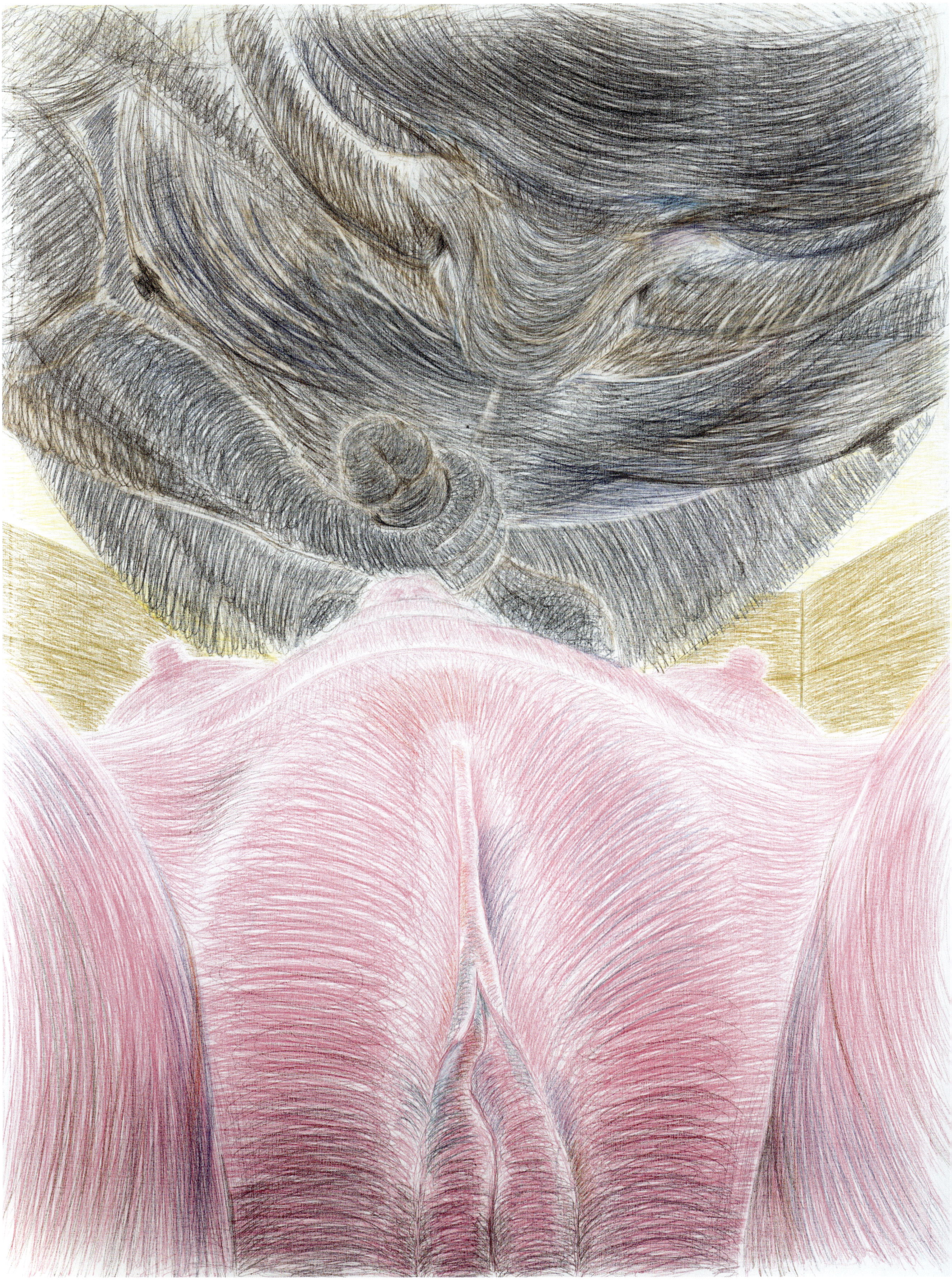

Work 6. *Scent of Hypnosis*. Triptych. Colored pencil on linen. 200 × 470 cm total. 2024.
Werk 6. Scent of Hypnosis. Triptych. Kleurpotlood op linnen. Totaal 200 × 470 cm. 2024.

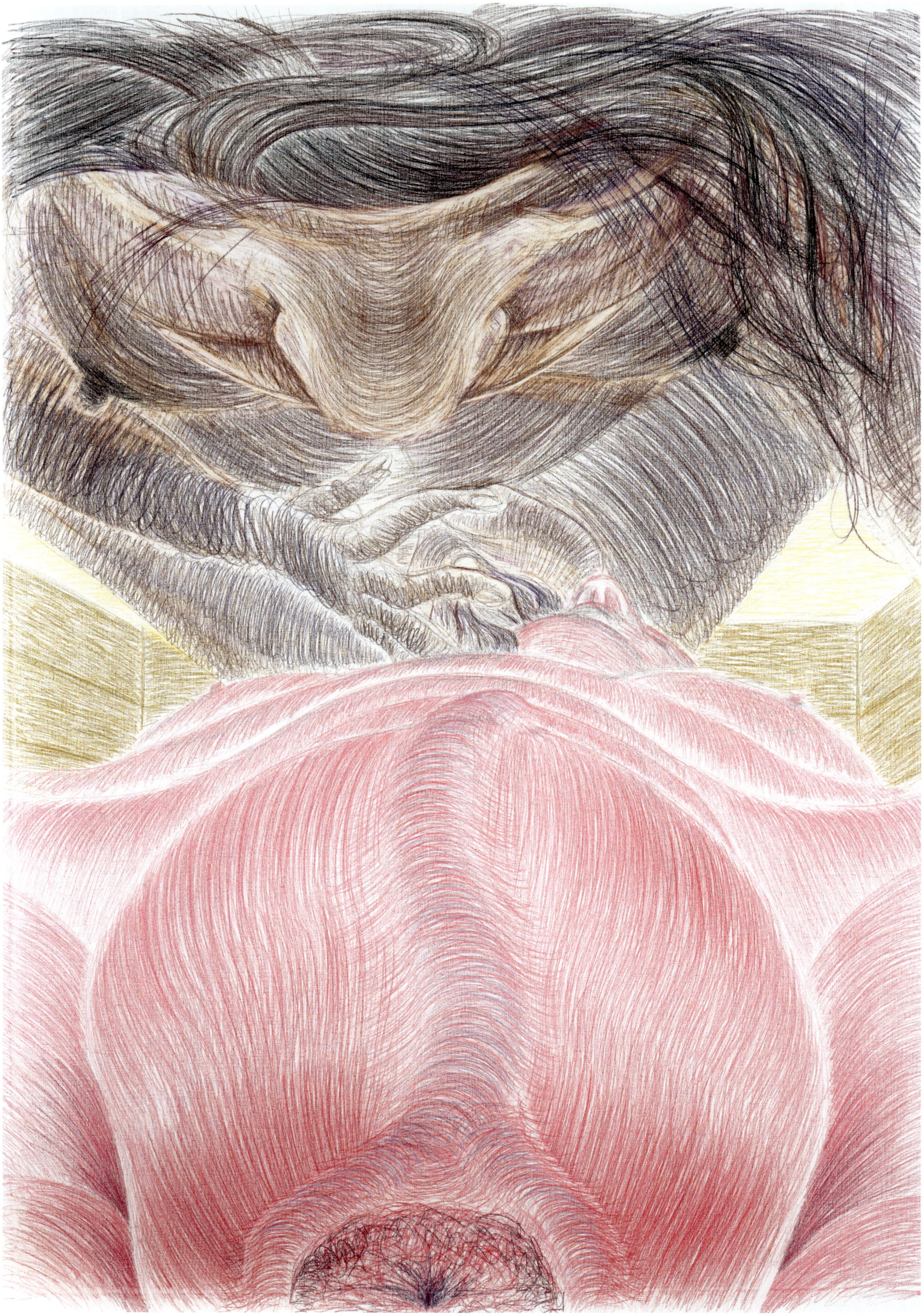

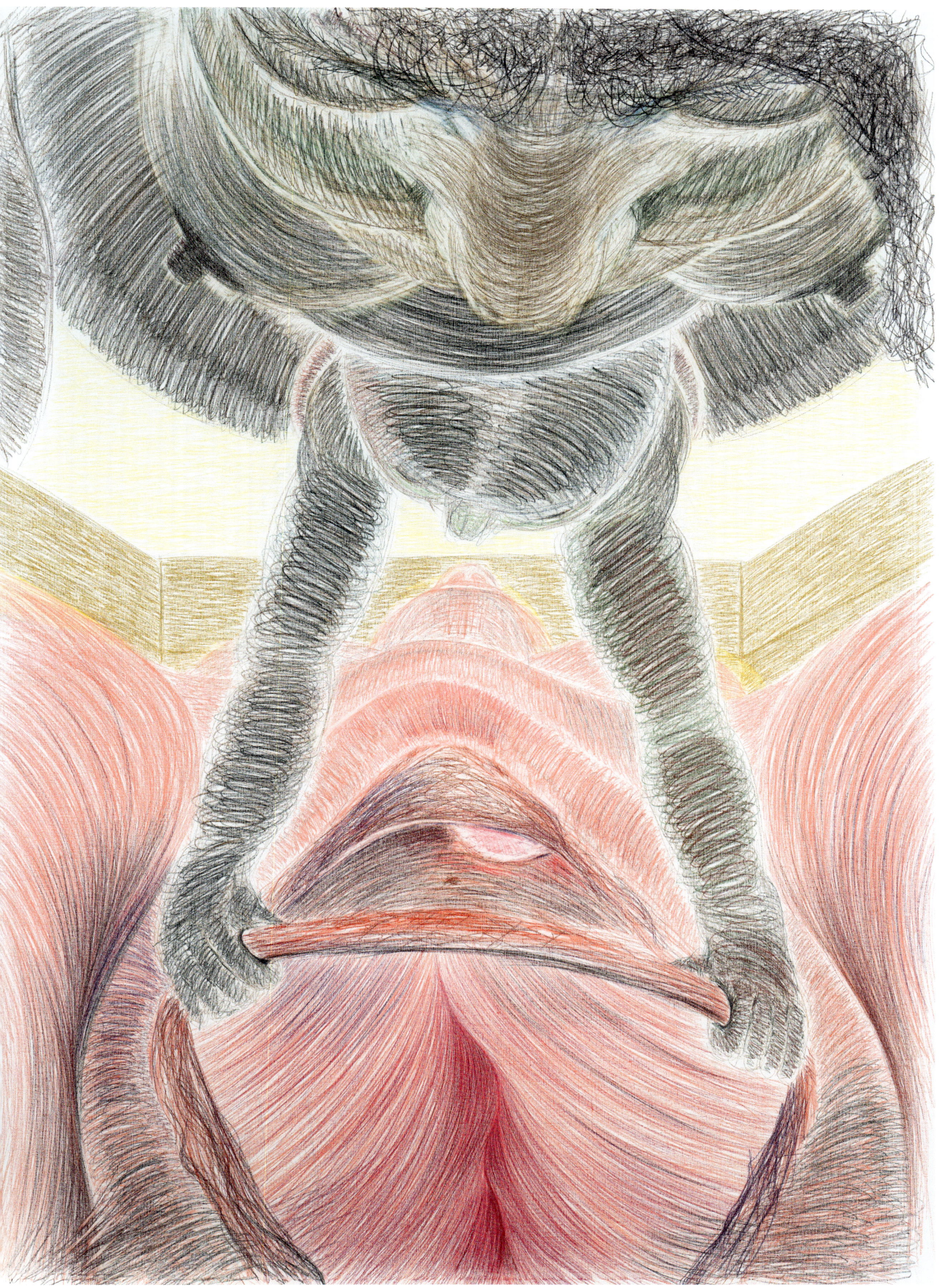

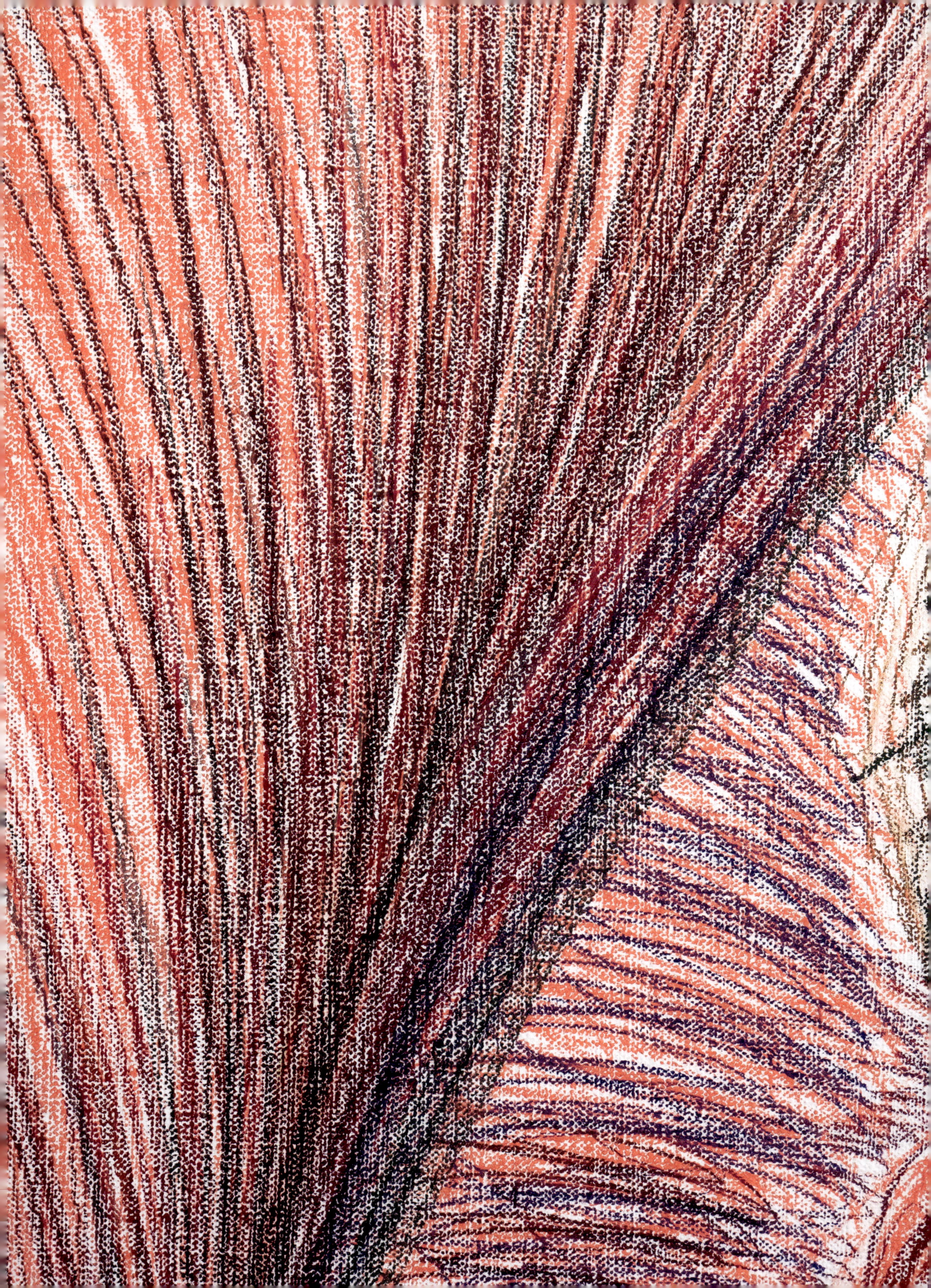

Estelle Hoy

A Streetcar Named Desire

Tramlijn begeerte

> "...most writers, and most other artists, too, are primarily motivated in their desperate vocation by a desire to find and to separate truth from the complex of lies and evasions they live in, and I think that this impulse is what makes their work not so much a profession as a vocation, a true calling."
>
> —Tennessee Williams, *A Streetcar Named Desire*

Lacan in 1 ½ minutes.

I look like shit. On second thought, I look fantastic. A tall, unframed mirror throws me back at myself in my simple blue bedroom, lined floor to ceiling with the crude innocence of Dutch poets dolled up in kinky, curled mustaches, poets whose names I've forgotten because they're so incredibly tidy. I lead people to believe I'm interested in poetry. If I had a little vanity, I'd find enough discipline to establish baroque estimations of the philosophy of desire, followed by assessing my own biddable desirability or lack thereof. I think it goes without saying that my cock is just a puffer fish, a bloated simpleton, completely affected, and leads me to believe that I want something even when I do not. It cut a good figure in the morning light, slightly bent to the right but otherwise reasonably cooperative, which truly doesn't represent my world. A really pretty cock that's a slave to biology, totally autonomous, without getting any pleasure out of it, conquering me unpleasantly, targeted distraction, a sort of chaste promiscuity. Yesterday, my lover begged me to distance myself from myself for a short while, and impulsively I replied with a curt no, which I still regret today. I regretted it immediately, but also for years to come.

My university students live on campus, licked by all the pretty freedoms that come with the start of new things. Earnestness sprints to their bodies, pumping milk and honey through their veins, tickling the back of their smooth, carefree necks with lively renaissance. Unshackled. All their vitality carting existential thoughts through empty hallways, questions as old as time itself, as though they're new and pressing. Every inch of their skin freshly turning over, sloughing off dead cells quickly and often: arms, thighs, the curling arches of their feet, breasts, lips, the corners of their hips. I was there once—idealized and idealizing. Beautiful young people are the magnification of nature, but beautiful old people are the magnification of art. The mildewed end of our existence is not the spoiling of things; the end is counting higher the many desires we come to know until our ears twitch and moan no more. Things pass, and sometimes they don't.

I lead my students to believe I'm devoted to philosophy, which isn't entirely untrue, but the thought of a lifetime dedicated to ideas is vulgarly servile. I walk for hours and miles past sand, grit, lakes, and summertime fields; everywhere is walking distance if you have the time. Beauty is in the walking, and we are sorely betrayed by destination. Walk and tread the pulsing soil of the earth; only one or two feet are required. Take big eyes to see the smallest details of details, until the body and mind are history. See everything—the city's lights, jagged cracks in the cement, blades of grass between your toes—and you will see the echoes of art. A paint-chipped window in my room overlooks the canal and the dings of railway trollies, where I read silly conceptualizations of desire, which seems cheap and depressing. Jacques Lacan, being the smug, ugly pessimist he always was, conceived of desire as "Lack" and dedicated many foggy nights to instructing people on theories that initially made sense. I accept that I would not have attended his seminars in person, him being a loyal chain smoker, every inch of the university hall hysterical with tobacco and sycophantic fools who adopted the master's signifiers as their own in a flurry of neurotic identification, imagining they too would acquire his characteristics. Little known is Jacques' predilection for Culebra cigars with circus panatelas braided in three, probably the paltry inspiration for his psychic triadic distinction: Id, Real, and Imaginary. He had little imagination and grasped for straws or Culebras when fresh out of ideas, which always resulted in phallic objects as our reason for existence. But whatever. What I lack in interest in Lacan, I make up for in Paxil. (I hope he died of an unwashed potato.)

In a room full of cigarettes and expensive stupidity accruing interest, desire blows a draught of cranky nicotine and testy citrus semen, fresh from those wanking one another off in the empty halls of academia, making chaos into form and then form into chaos. Hypnotic, but not in a good way. My bedroom over the canal floats hints of tart semen and something close to woody cologne itself, primarily due to a paleo diet and lustful animal biology beyond my control. I have to admit, I've thought of nothing but breakfast while I'm supposed to be penciling seminal work on white paper for grad students, scratching incomprehensible doctor's scrawl (I've not exactly an aesthete's writing), but I feel vacuous, suffering from a sort of loss of will, as often happens towards noon. Now *I'm* becoming hysterical. Am I a young rebel refusing hundreds of millions of the finest pencil strokes of productivity with impurity of heart? Hardly; I'm a mere abundance of sloppy genetics and radical etiology, always living along two lines of thought, a streetcar tracking both directions, reverberating with staccato clarinet clacks palliatively, ever perverted by physical expression.

My true calling, as I told my lover before they insulted me, but after the physiological hiccup, is the watermarked palimpsest of Abundance—capitalized Abundance, so that I'm surrounded by freshness. Gilles Deleuze and Félix Guattari likewise foraged on all fours, groping in the dark, surveying for abundance, unlike Lacan's never-to-be-satisfied dragging feet and fanatic austerity, always letting mood get the better of him. He and I have a pimped theoretical contact so anatomical that the thought of flesh or sensuality completely eluded me. Let's airbrush him out of the picture.

I had read a few lines about Deleuze and Guattari over sack yogurt and week-old cheese while deciding if I was good looking or not. The primordial ego emerges in the "mirror stage" at which the child first recognizes its unsettling reflection, or rather, as Lacan would chant, mis-recognizes it (Lacan used the term *mé*-connaissance, trying again to be imaginative), giving rise to the ego's *happily-ever-after* illusion of autonomy… *It is autonomous! That's a good one,* he puffed. Not really. I'm disappointed but unsurprised, and I certainly don't wish him an idyllic time. How the hell did we get back to Lacan? If my two-faced bitch of a mirror here is anything to go by, I pray to Saint Anne, the Patron Saint of Favor, that absolutely nothing in this frameless mirror is *mé*; even with a loose-knitted pullover, my paunch jiggles hypnotically. It smells like lint and defeat. Anyways, this is a queer little foot into the realm of the imaginary—that is to say, the realm of the senses. Thanks to modesty and a twelve-lesson teaching load, my lover is the only one who witnesses the mesmeric defeat of anatomical desire or lint, its pitiful unravelings with top notes of citrus washing liquid, and hypochondria. There's that lemon scent again, harking back to my sour personal anthropology. But to return to our radical little story. My animal joy is in my mistreated cock being decidedly implicit in all his movements and attitudes, not with weak indulgence, but *vis-à-vis* crude pictures (but not of my students) flashing through my mind in epileptic convulsions, determining the way he raises *his* flag, half-mast or otherwise. I want to save him, but I don't know from what.

My gay citrus seed could spawn life itself, so it's unceremonious genetic luck that my stomach paunch won't present in any unsuspecting offspring; the miracle of birth is such a non-entity to me, my eyelids turn white at the thought. Generations of loathsome dad bods saved by the guillotine of queerdom and a total disinterest in attractive girls with their *flibbertigibbets.* But that's a woeful way to refer to vulvas, the corporeal giver of human existence, labial folds like unstarched altar cloths, their sweet whiffs of jasmine and yeast—so I'm told. I'm not aware of their moving lips, personally. Such an unpleasant etching to look at, but I'm not well. My lover doesn't give the slightest impression that they're repulsed by my soft body and tense wrists or even that they're particularly in need of affection; I'm not well-loved, but I'm respected. Playing with sexual treachery, I jack off with a certain impassion, gazing at myself in the bipolar mirror with no frame, slightly impassive, fugitive thoughts fluttering in my eyes and mind—the male gaze, really, truly male gazing. Does this mean I desire *myself*? What is the desire this provokes? I'm sick, *I'm sick!* I feel disturbed. But no. I was born and raised as a Catholic eunuch on earth and proud as hell of it, so don't you *ever* call me horny.

Back to theoretical scratches on paper, changing pencil colors occasionally, fingers of green, orange base notes, yellow top notes, and purple bruises, demarcating philosophical ideas that precisely wanted form, chewing my pencil with a power I never knew my mandible even had. Curtseying to Grammarly spell check like an automaton, I threw in feral sentences to check for low-key plagiarism and found that I'd *exactly* plagiarized myself, which says two things, possibly three:

1. Academia is a soporific opiate, an anesthetic, analgesic, so hypnotically boring and unmemorable that one castrates even themselves. Like I said, the life of a eunuch.

2. Desire for freshness is somehow a sign of someone confronting a power they know nothing about.

Oh, I might have three, after all!

3. I wouldn't mind a physical fight.

The biology of desire is a majestic thing, indeed, a precarious rhapsody, filled with the aromas of servitude and the faintest scent of passion, and is exactly our age. Fifty years of desire, fifty jealous years on earth, looking wild and too lonely, the way I appear impressing no one. I feel happy knowing I'm living in the hypnotic world of moving bodies, the profound, seismographic wiggles of birth, the scratches of time so out of joint that all we can ask of it is permission to exist. I feel happy concentrating on all those nihilist cells, making precise body parts and fragrances, spices, whiffs, balms, odors, perfumes, and ambrosia.

Desire is a cheerful vendetta, and sometimes, I even understand it.

Conscientious and full of goodwill, I turned away from observing myself stark bare in an unframed mirror, listening to a streetcar's lumbering clacks below, smelling its talented death throes of fumes with simple reverence. All writers, and most other artists, too, are principally motivated by a slippery desire to find and separate the magnified truth of biology from the lies, delusions, and evasions in which we live, until every cell of our existence is vanished and erased.

I met a streetcar driver a few weeks ago, but his name escapes me; I'm too involved with my radical phallic biology, queuing for attention over and over. His name is lost. But it's not enough to forget only a name, we must also forget the person.

> "...de meeste schrijvers, en ook de meeste andere kunstenaars, worden in hun wanhopige roeping vooral gedreven door een verlangen om de waarheid te vinden en te scheiden van het kluwen van leugens en uitvluchten waarin ze leven, en ik denk dat juist deze impuls hun werk niet zozeer tot een beroep maakt als wel tot een roeping, een ware roeping."
>
> —Tennessee Williams, *Tramlijn Begeerte*

Lacan in anderhalve minuut.

Ik zie er belabberd uit. Of nee, ik zie er fantastisch uit. Een lange, oningelijste spiegel kaatst me terug naar mezelf in mijn eenvoudige blauwe slaapkamer, van vloer tot plafond behangen met de ruwe onschuld van Nederlandse dichters, opgedoft met perverse gekrulde snorren. Dichters van wie ik de namen ben vergeten omdat ze zo ongelooflijk keurig zijn. Ik laat mensen geloven dat ik geïnteresseerd ben in poëzie. Als ik een beetje ijdelheid had, zou ik genoeg discipline kunnen opbrengen om barokke inschattingen over de filosofie van verlangen te formuleren, gevolgd door een beoordeling van mijn eigen gewillige begeerlijkheid, of het gebrek daaraan. Het spreekt denk ik voor zich dat mijn penis gewoon een kogelvis is: een opgeblazen domoor, volkomen geaffecteerd, die me doet geloven dat ik iets wil, ook als dat niet zo is. Hij zag er goed uit in het ochtendlicht, licht gebogen naar rechts maar verder redelijk meewerkend, wat mijn wereld totaal niet representeert. Een echt mooie fallus en een slaaf van de biologie, die me totaal autonoom, zonder er ook maar enig plezier aan te beleven, onaangenaam verovert. Als doelgerichte afleiding. Een soort kuise promiscuïteit. Gisteren smeekte mijn geliefde me om mezelf even op afstand te zetten en impulsief antwoordde ik kortaf nee, en dat betreur ik nu nog steeds. Ik had er meteen spijt van, en ook alvast voor de komende jaren.

Mijn studenten op de universiteit wonen op de campus, gelikt door alle mooie vrijheden die het begin van iets nieuws met zich meebrengt. Oprechtheid raast hun lichamen in, pompt melk en honing door hun aderen, kietelt de achterkant van hun gladde zorgeloze nekken met een levendige wedergeboorte. Ontketend. Al hun vitaliteit sleept existentiële gedachten door lege gangen, vragen zo oud als de tijd zelf, alsof ze nieuw en urgent zijn. Elke centimeter van hun huid ververst zich, stoot dode cellen snel en vaak af: armen, dijen, de gewelfde bogen van hun voeten, borsten, lippen, de rondingen van hun heupen. Ik was ooit daar—geïdealiseerd en idealiserend. Mooie jonge mensen zijn de uitvergroting van de natuur, maar mooie oude mensen zijn de uitvergroting van kunst. Het beschimmelde einde van ons bestaan is niet het bederven der dingen; het einde is het steeds verder optellen van de vele verlangens die we hebben leren kennen, tot onze oren niet langer trillen of kreunen. Dingen gaan voorbij, en soms ook niet.

Ik laat mijn studenten geloven dat ik toegewijd ben aan de filosofie, wat niet helemaal onwaar is, maar het idee van een leven gewijd aan ideeën is vulgair serviel. Ik loop urenlang en mijlenver langs zand, gruis, meren en zomerweiden; alles is op loopafstand als je de tijd hebt. De schoonheid zit in het lopen, en we worden genadeloos verraden door de bestemming. Loop en betreed de kloppende aarde; slechts één of twee voeten zijn genoeg. Neem grote ogen mee om de kleinste details van details te zien, tot het lichaam en de geest verleden tijd zijn. Zie alles, de lichten van de stad, de grillige barsten in het cement, grassprietjes tussen je tenen, en je zult de echo's van kunst zien. In een raam met afgebladderde verf in mijn kamer, met uitzicht op het kanaal en het gerinkel van trambellen, lees ik dwaze conceptualiseringen over verlangen, die goedkoop en deprimerend aandoen. Jacques Lacan, die zelfgenoegzame, lelijke pessimist, vatte verlangen op als 'Gebrek' en wijdde vele nevelige nachten aan het onderwijzen van theorieën die aanvankelijk logisch leken. Ik geef toe dat ik zijn seminars niet in levenden lijve zou hebben bijgewoond, omdat hij een verstokte kettingroker was, waarbij elke centimeter van de universiteitsaula bezwangerd was van de tabakslucht en de slijmerige idioten die de signifianten van de meester overnamen in een golf van neurotische identificatie, zich inbeeldend dat zij ook zijn eigenschappen zouden verwerven. Weinig bekend is Jacques' voorliefde voor Culebra sigaren, bestaand uit drie ineengevlochten Panetela's . Waarschijnlijk de armzalige inspiratie voor zijn psychische triade: het Reële, het Imaginaire, het Symbolische. Hij had weinig verbeelding en greep naar strohalmen of sigaren als zijn ideeën opraakten, wat steevast leidde tot fallische objecten als onze bestaansreden. Maar wat dan nog. Wat ik aan interesse in Lacan mis, compenseer ik met Paxil. (Ik hoop dat hij gestorven is aan een ongewassen aardappel.)

In een kamer vol sigarettenrook en dure renderende domheid, waait het verlangen als een tochtvlaag naar binnen. Chagrijnige nicotine en prikkelend citruszaad. Elkaar aftrekkend in de lege gangen van de academische wereld, onderwijl chaos tot vorm makend en vorm tot chaos. Hypnotisch, maar niet op een goede manier. Mijn slaapkamer boven het kanaal is bezwangerd van hints van zuur zaad en iets dat lijkt op houtachtige cologne, dat voornamelijk te danken is aan een paleodieet en door mij oncontroleerbare wellustige dierlijke biologie. Ik moet toegeven dat ik aan niets anders heb gedacht dan het ontbijt, terwijl ik zogenaamd baanbrekend werk op wit papier zou moeten krabbelen voor masterstudenten, krassend in een onbegrijpelijk doktershandschrift (mijn handschrift is niet bepaald dat van een estheet), maar ik voel me leeg, lijdend aan een soort wilsverlies zoals vaak rond het middaguur gebeurt. Nu word *ik* hysterisch. Ben ik een jonge rebel die honderden miljoenen van de fijnste potloodstreken van productiviteit weigert uit onzuiverheid van hart? Nauwelijks. Ik ben slechts een overdaad aan slordige genetica en een radicale opstapeling van oorzaken, altijd levend langs twee gedachtegangen. Als een tram die beide richtingen berijdt, met palliatief weerkaatsend staccato klarinetgetik, aldoor geperverteerd door fysieke expressie.

Mijn ware roeping, zoals ik mijn geliefde vertelde vóórdat die me beledigde, maar na de fysiologische hapering, is het gewatermerkte palimpsest van Overvloed—Overvloed met een hoofdletter—, zodat ik omringd ben door frisse nieuwigheid. Gilles Deleuze en Félix Guattari foerageerden evenzo op handen en knieën, tastend in het duister, zoekend naar overvloed. In tegenstelling tot Lacan en zijn nooit-te-bevredigen slepende voeten en fanatieke ascese, die zich altijd liet meevoeren door zijn stemming. Hij en ik hebben een opgepompte theoretische verbinding, zo anatomisch dat het idee van vlees of sensualiteit me volledig ontging. Laten we hem gewoon uit het beeld wegretoucheren.

Ik had een paar regels over Deleuze en Guattari gelezen bij hangop en kaas van een week oud, terwijl ik twijfelde of ik er goed uitzag of niet. Het oer-ego komt op met het 'spiegelstadium', waarin het kind voor het eerst zijn verontrustende reflectie herkent. Of beter gezegd, zoals Lacan eindeloos preekte, mis-herkent (Lacan gebruikte het woord *mé*-connaissance, opnieuw een poging tot verbeelding), waarmee de nog-lang-en-gelukkig illusie van de autonomie van het ego geboren wordt... *Autonoom! Dat is een goeie,* blies hij. Nee hoor. Ik ben teleurgesteld, maar niet verbaasd, en ik wens hem allerminst een idyllische tijd toe. Hoe zijn we in godsnaam weer bij Lacan beland? Als ik afga op mijn tweeslachtige teef van een spiegel hier, bid ik tot Sint-Anna, de patroonheilige van de Gunst, dat absoluut niets in deze lijstloze spiegel *mé* is; zelfs met losgebreide pullover trilt mijn buikje hypnotiserend mee. Het ruikt hier naar stofpluis en nederlaag. Hoe dan ook, dit is een zonderling voetje in het rijk van het imaginaire—dat wil zeggen, het rijk van de zintuigen. Door bescheidenheid en een lesbelasting van twaalf lessen is mijn geliefde de enige getuige van de bezwerende nederlaag van anatomisch verlangen of pluis, van zijn zielige ontrafelingen met topnoten van citrusafwasmiddel en hypochondrie. Daar is die citroengeur weer, verwijzend naar mijn zure persoonlijke antropologie. Maar om terug te keren naar ons radicale kleine verhaal: mijn dierlijke vreugde zit in mijn mishandelde penis die beslissend impliciet is in al zijn bewegingen en houdingen. Niet uit zwakke overgave, maar wel tegenover grove beelden (niet van mijn studenten) die in epileptische stuiptrekkingen door mijn hoofd flitsen en bepalen hoe hij zijn vlag hijst, halfstok of anderszins. Ik wil hem redden, maar ik weet niet waarvan.

Mijn homoseksuele citruszaad zou het leven zelf kunnen voortbrengen, dus het is een onceremonieel genetisch geluk dat mijn buikje zich nooit in een argeloos nageslacht zal presenteren; het wonder van de geboorte is zo'n non-entiteit voor mij dat mijn oogleden wit worden bij de gedachte. Generaties verfoeilijke vaderlijven gered door de guillotine van queerness en een totale onverschilligheid jegens aantrekkelijke meisjes met hun gekwetter. Maar dat is een jammerlijke manier om naar vulva's te verwijzen, de lichamelijke gever van menselijk bestaan, met schaamlippen als ongestreken altaardoeken, en hun zoete geuren van jasmijn en gist—zo wordt me verteld. Ik ken hun bewegende lippen niet persoonlijk. Zo'n onaangename gravure om naar te kijken, maar ik ben niet lekker. Mijn geliefde geeft niet de minste indruk dat die afkeer voelt voor mijn zachte lichaam en gespannen polsen, of zelfs dat die bijzonder behoefte heeft aan affectie; ik word niet vurig bemind, maar ik word gerespecteerd. Spelend met seksueel verraad ruk ik me af met een zekere hartstochtelijkheid, starend naar mezelf in de bipolaire spiegel zonder lijst, licht onbewogen, vluchtige gedachten fladderend door ogen en geest —de mannelijke blik, werkelijk, oprecht mannelijk staren. Betekent dit dat ik *mezelf* begeer? Wat is het verlangen dat dit oproept? Ik ben ziek, *ik ben ziek!* Ik voel me verontrust. Maar nee. Ik ben geboren en getogen als een katholieke eunuch op aarde, en ik ben er verdomd trots op, dus noem me *nooit* geil.

Terug naar de theoretische krabbels op papier, die af en toe van potloodkleur wisselen. Vingers van groen, oranje basistonen, gele topnoten en paarse kneuzingen, ter afbakening van filosofische ideeën die precies naar vorm snakten. Onderwijl kauwend op mijn potlood met een kracht waarvan ik nooit wist dat mijn kaakbeen die had. Buigend voor de Grammarly spellingscontrole, gooide ik er verwilderde zinnen in om die op onopvallend plagiaat te testen, en ontdekte dat ik mezelf *exact* had geplagieerd, wat twee dingen zegt, mogelijk drie:

1. De academische wereld is een slaapverwekkend opiaat, een verdovingsmiddel, pijnstillend, zo hypnotiserend saai en nietszeggend dat men zelfs zichzelf castreert. Zoals ik al zei, het leven van een eunuch.

2. Verlangen naar frisheid is op de één of andere manier een teken van iemand die een compleet onbekende macht confronteert.

Oh, ik heb er toch drie!

3. Ik zou een fysiek gevecht niet erg vinden.

De biologie van verlangen is iets majestueus, inderdaad. Een wankele rapsodie, gevuld met de aroma's van onderworpenheid en de zwakste geur van hartstocht, precies onze leeftijd. Vijftig jaar verlangen, vijftig jaloerse jaren op aarde, wild en te eenzaam ogend, zodat ik niemand imponeer. Het maakt me gelukkig te weten dat ik leef in de hypnotische wereld van bewegende lichamen, van de diepe, seismografische wiebeltjes van geboorte, de krassen van een tijd die zo uit het lood is geslagen dat we er alleen nog toestemming aan kunnen vragen om te bestaan. Ik voel me gelukkig als ik me concentreer op al die nihilistische cellen die precieze lichaamsdelen en geurtjes voortbrengen, specerijen, vleugjes, balsems, geurtjes, parfums en ambrozijn.

Verlangen is een opgewekte vendetta, en soms begrijp ik het zelfs.

Gewetensvol en vol goede wil wendde ik me af van het observeren van mezelf, kaal en bloot in een oningelijste spiegel, luisterend naar het logge klakken van een tram beneden, zijn getalenteerde doodsreutel van dampen met eenvoudige eerbied opsnuivend. Alle schrijvers, en ook de meeste kunstenaars, worden in feite gedreven door een glibberig verlangen om de uitvergrote waarheid van de biologie te vinden en te scheiden van de leugens, illusies en ontwijkingen waarin we leven, totdat elke cel van ons bestaan is verdwenen en uitgewist.

Een paar weken geleden ontmoette ik een trambestuurder, maar zijn naam is me ontschoten; ik ben teveel verwikkeld in mijn radicale fallische biologie, die steeds weer om aandacht staat te dringen. Zijn naam is verloren. Maar alleen een naam vergeten is niet genoeg, we moeten ook de persoon zelf vergeten.

Estelle Hoy is an art critic and writer based in Berlin. Her critically acclaimed book, *Pisti, 80 Rue de Belleville*, was published in 2020 (After 8 Books, Paris) with an introduction by Chris Kraus. Her book, *Jus d'Orange*, in collaboration with artist Camille Henrot, was published with NERO Editions (2023), accompanied by an exhibition at ICA Milano. Her latest book of essays, *saké blue*, was released by After 8 Books (2024). Hoy regularly publishes in the international art press, including *Mousse Magazine*, *Spike Art*, *e-flux*, *Artforum*, *Flash Art International*, *Autre*, *CURA*, *apartmento*, and *Frieze*. She has exhibited text-based art in galleries including White Cube (Paris), Institute for Contemporary Art (Milano), and Museum of Contemporary Art (Tokyo), alongside artists including Louise Bourgeois, Anne Imhof, Mona Hatoum, Sarah Lucas, and Miriam Cahn. She is currently writing an operatic *Commedia dell'arte* with Camille Henrot for the 2025 Performa Biennial in New York. Hoy's forthcoming book, *Molotov*, will be released with After 8 Books in 2026.

Estelle Hoy is een kunstcriticus en schrijver die in Berlijn woont. Haar veelgeprezen boek *Pisti, 80 Rue de Belleville* verscheen in 2020 bij After 8 Books (Parijs), met een inleiding van Chris Kraus. Haar boek *Jus d'Orange*, gemaakt in samenwerking met kunstenaar Camille Henrot, werd in 2023 uitgegeven door NERO Editions en gepresenteerd met een tentoonstelling in ICA Milano. Haar meest recente essaybundel, *saké blue*, kwam in 2024 uit bij After 8 Books. Hoy publiceert regelmatig in internationale kunsttijdschriften, waaronder *Mousse Magazine*, *Spike Art*, *e-flux*, *Artforum*, *Flash Art International*, *Autre*, *CURA*, *apartamento* en *Frieze*. Haar tekstwerken zijn getoond in galeries zoals White Cube (Parijs), Institute for Contemporary Art (Milaan) en Museum of Contemporary Art (Tokio), samen met kunstenaars als Louise Bourgeois, Anne Imhof, Mona Hatoum, Sarah Lucas en Miriam Cahn. Op dit moment werkt ze samen met Camille Henrot aan een operatisch *Commedia dell'arte*-project voor de Performa Biennial 2025 in New York. Haar volgende boek, *Molotov*, verschijnt in 2026 bij After 8 Books.

First floor

Triptych

Work 3
Theme 20, 56

Eerste verdieping

Triptiek

Werk 3
Thema 20, 56

Dead body / dead couple surrounded by sexual stimulation.

Dead and living genitals entangled.
Living people sit on dead people.

Heads of dead couple pressed between heads of copulating couple.

Dood lichaam / dood paar omringd door seksuele stimulatie.

Dode en levende genitaliën verstrengeld.
Levende mensen zitten op dode mensen.

Hoofden van dood paar geklemd tussen hoofden van vrijend paar.

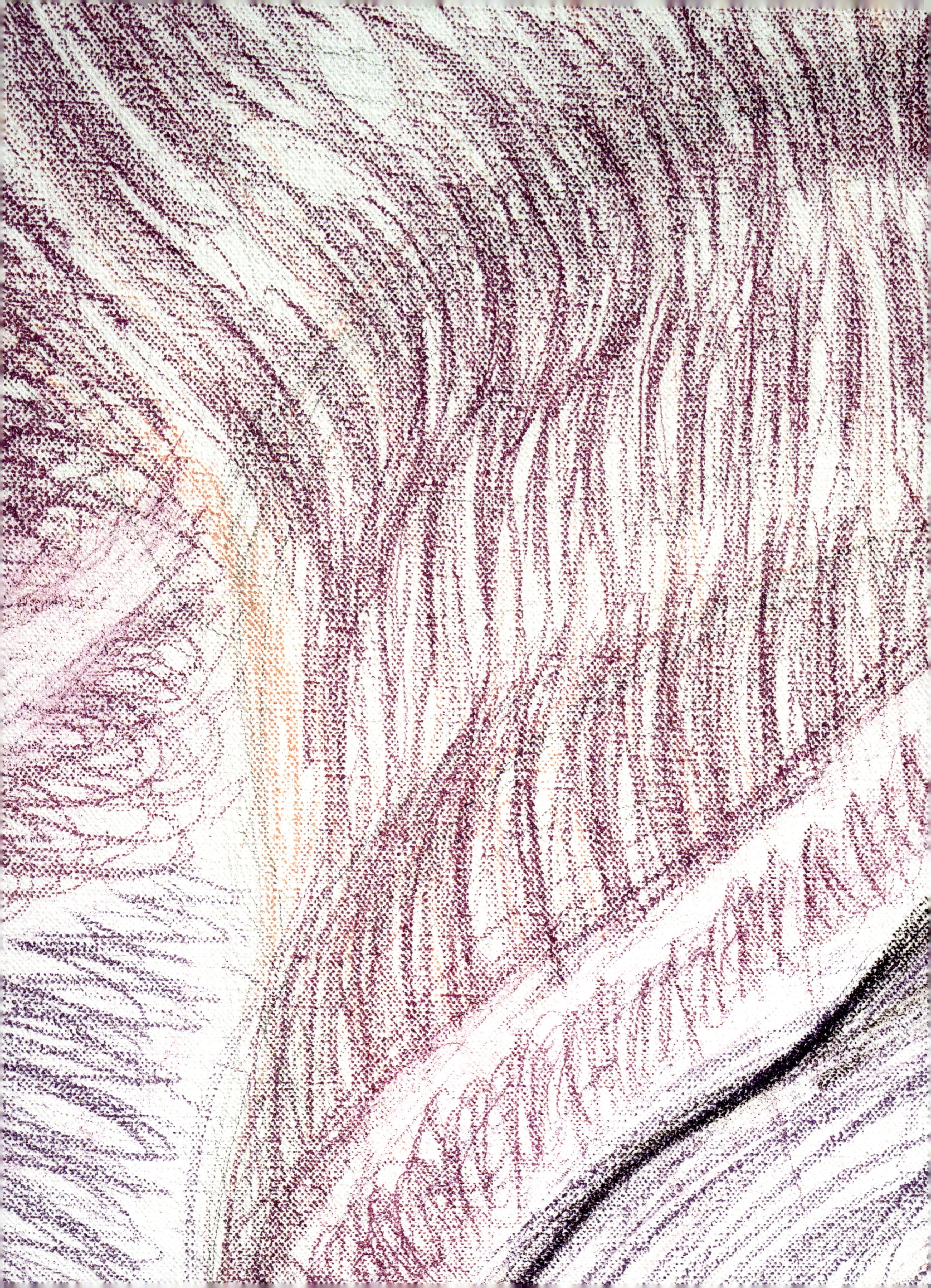

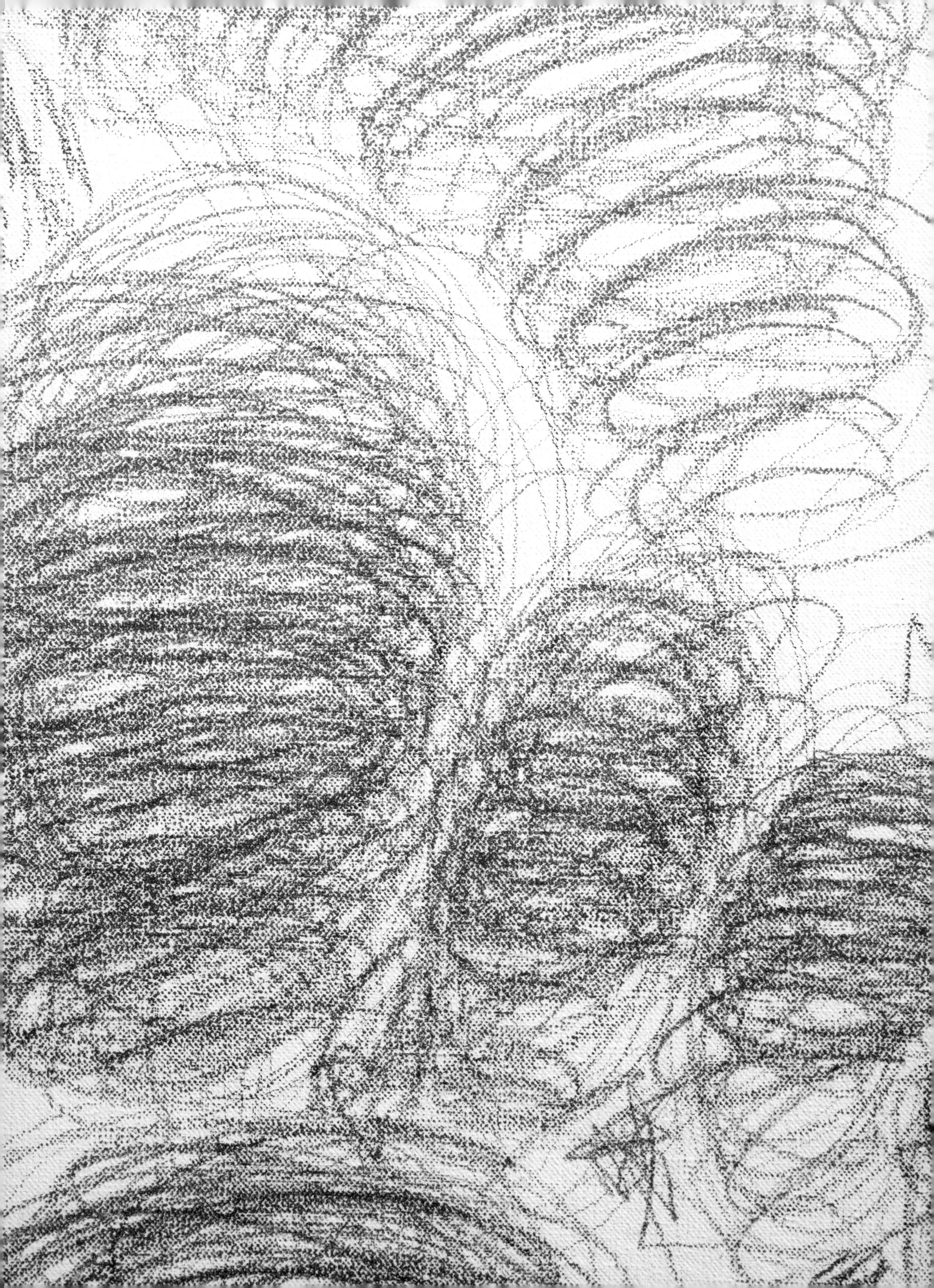

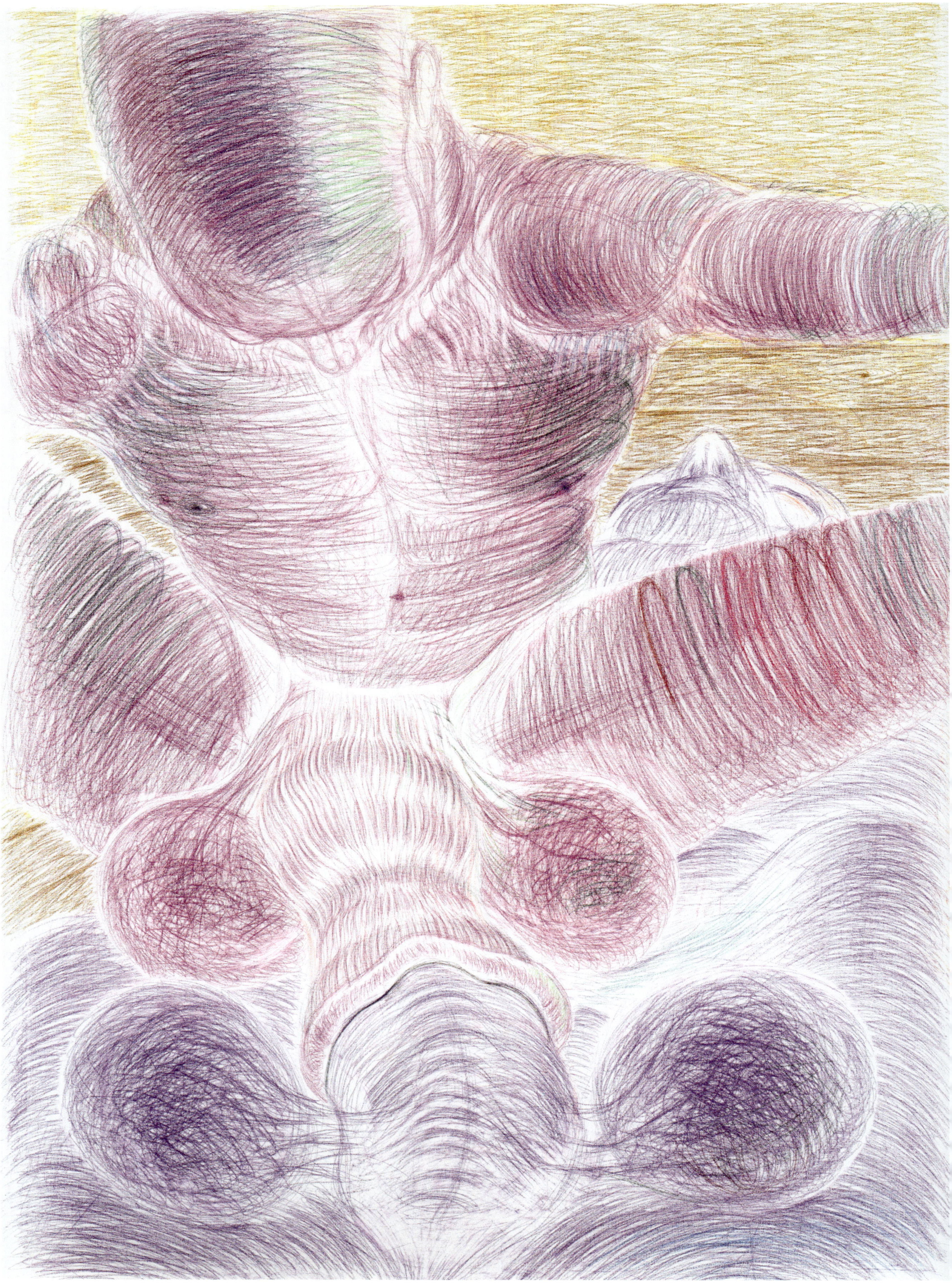

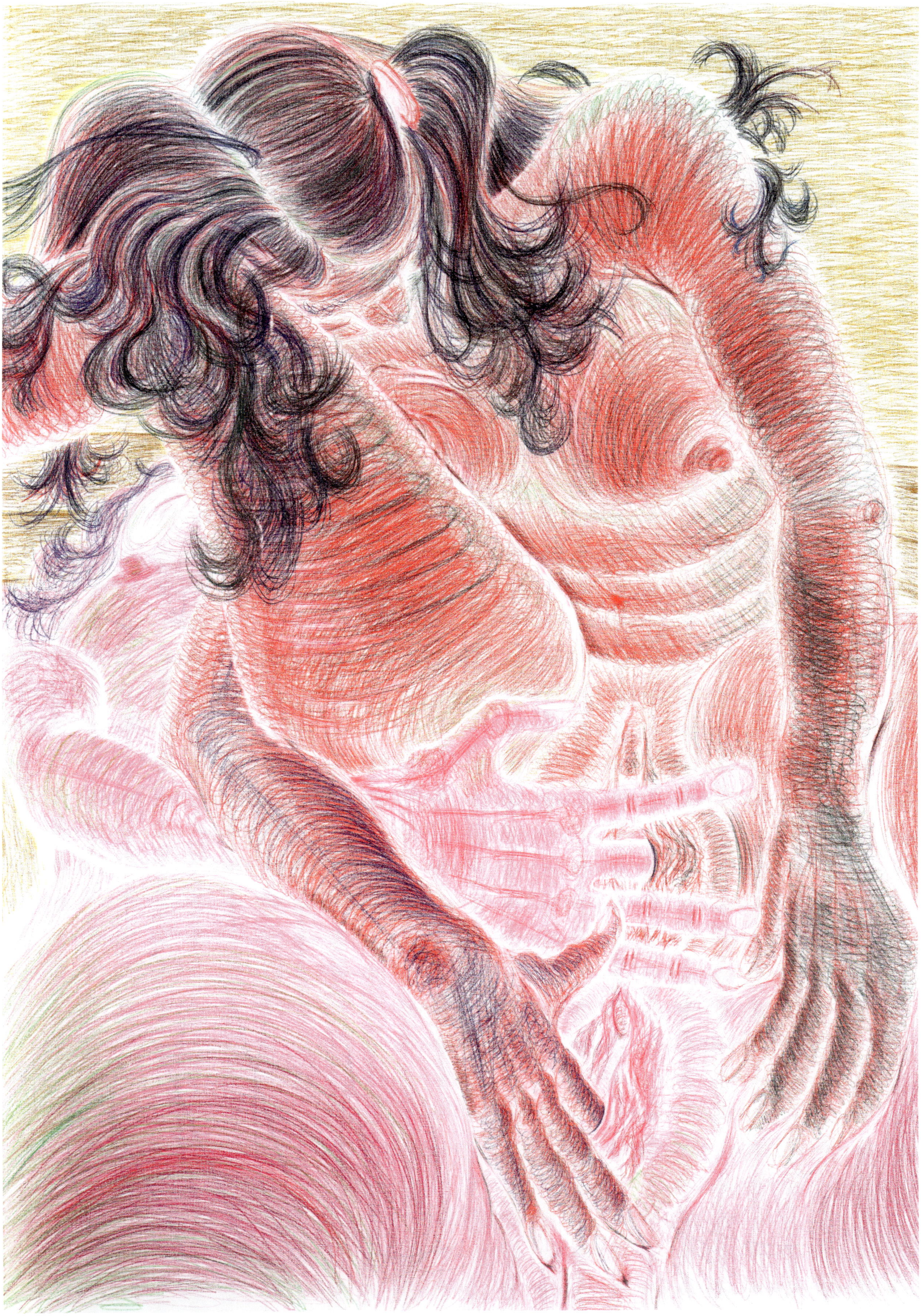

Work 3. Scent of Hypnosis. Triptych. Colored pencil on linen. 200 × 470 cm total. 2024.
Werk 3. Scent of Hypnosis. Triptiek. Kleurpotlood op linnen. Totaal 200 × 470 cm. 2024.

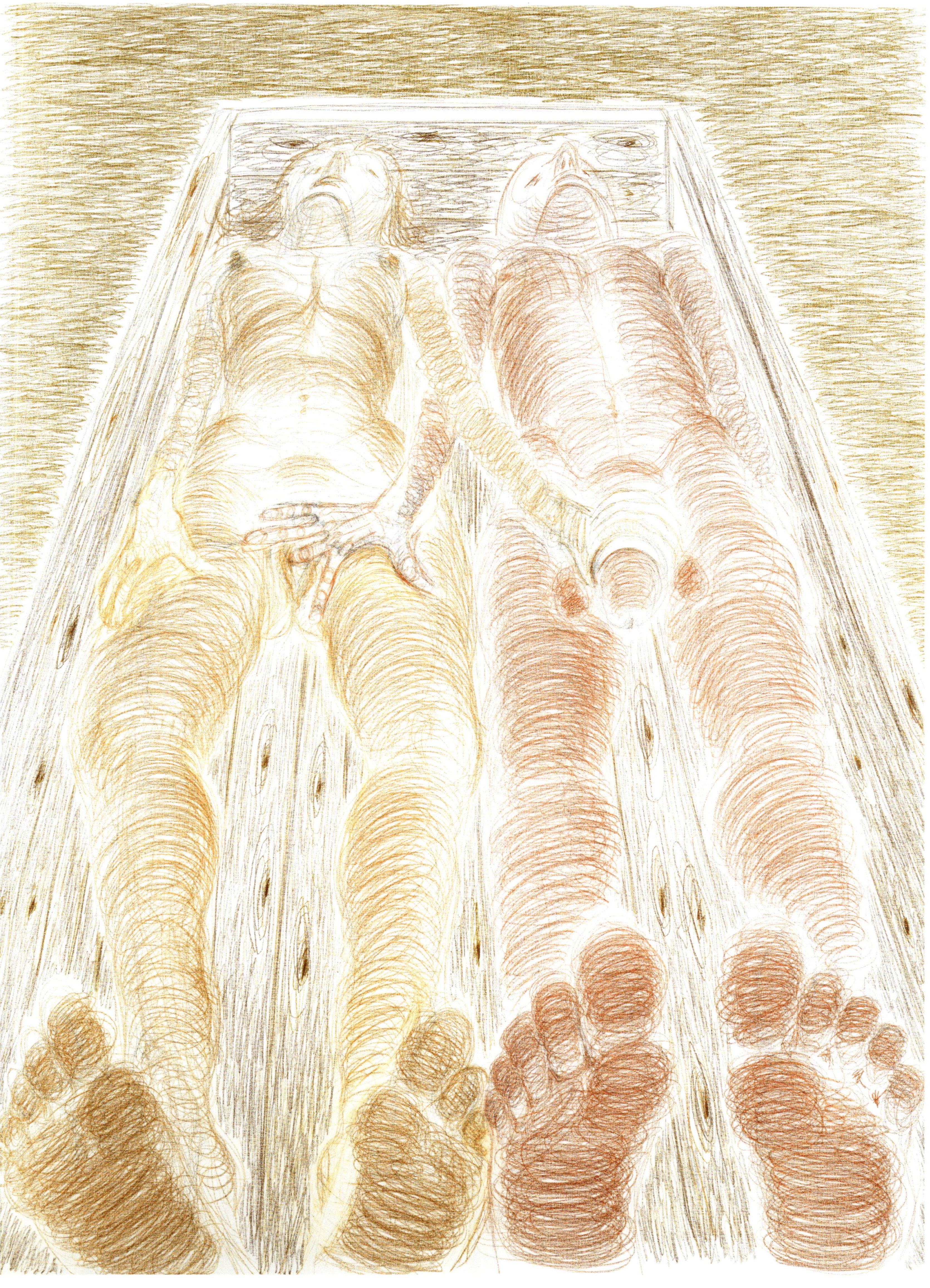

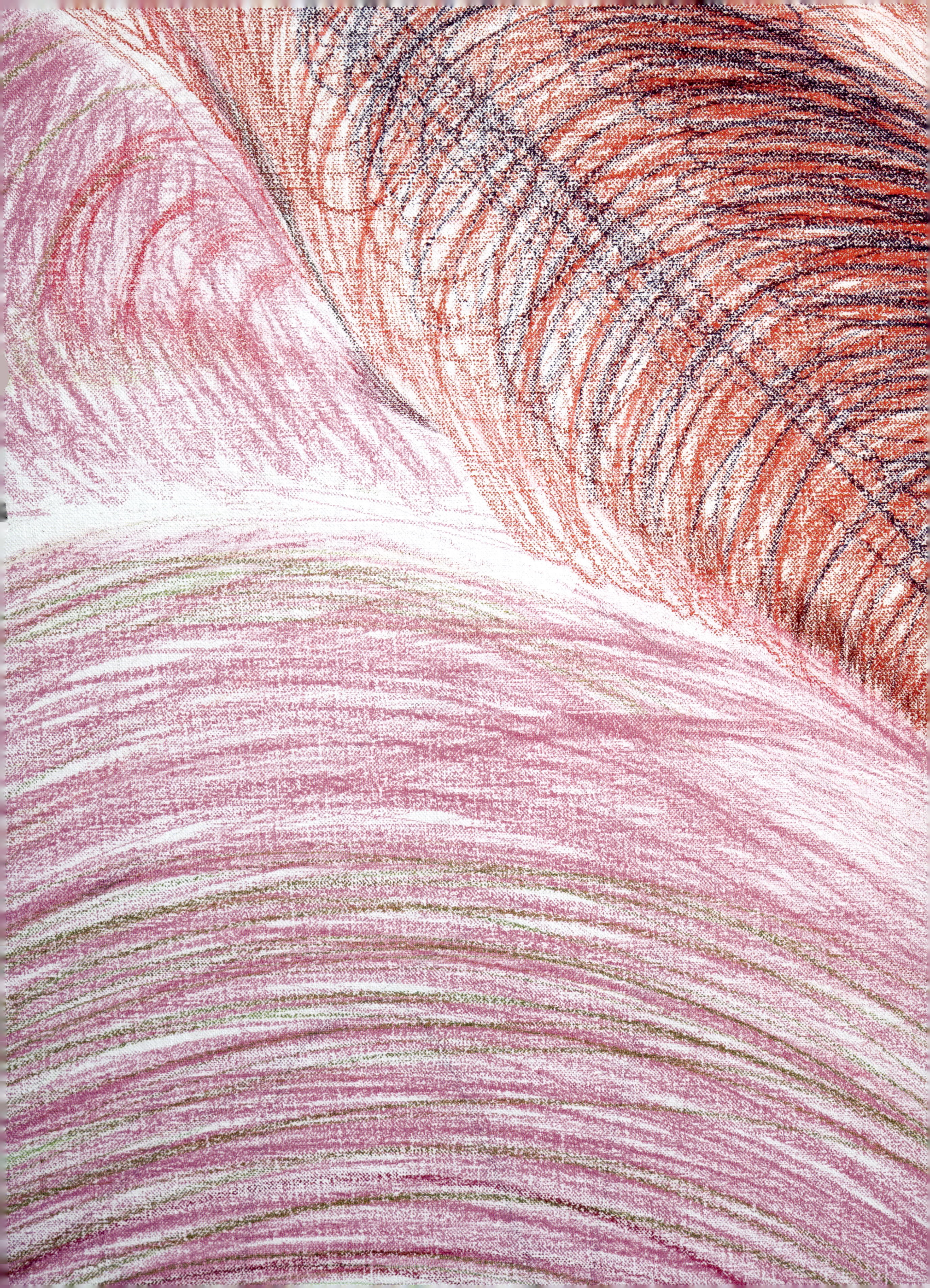

First floor

Triptych

Work 4
Theme 33, 41, 50

Woman in labor stimulates vagina and penis.
Birth on dying couple.
Baby grasps genitals of the dead.

Birth as seen by woman in labor.
Head of baby clamped by heads of living persons.
Societal.

Giving birth in / on dead woman.
Head of dead woman shifts in penis.

Eerste verdieping

Triptiek

Werk 4
Thema 33, 41, 50

Barende vrouw stimuleert vagina en penis.
Geboorte op stervend paar.
Baby grijpt genitaliën van de doden.

Geboorte gezien vanuit de barende vrouw.
Hoofd van de baby geklemd door hoofden van levende personen.
Maatschappelijk.

Bevallen in / op dode vrouw.
Hoofd van dode vrouw schuift in penis.

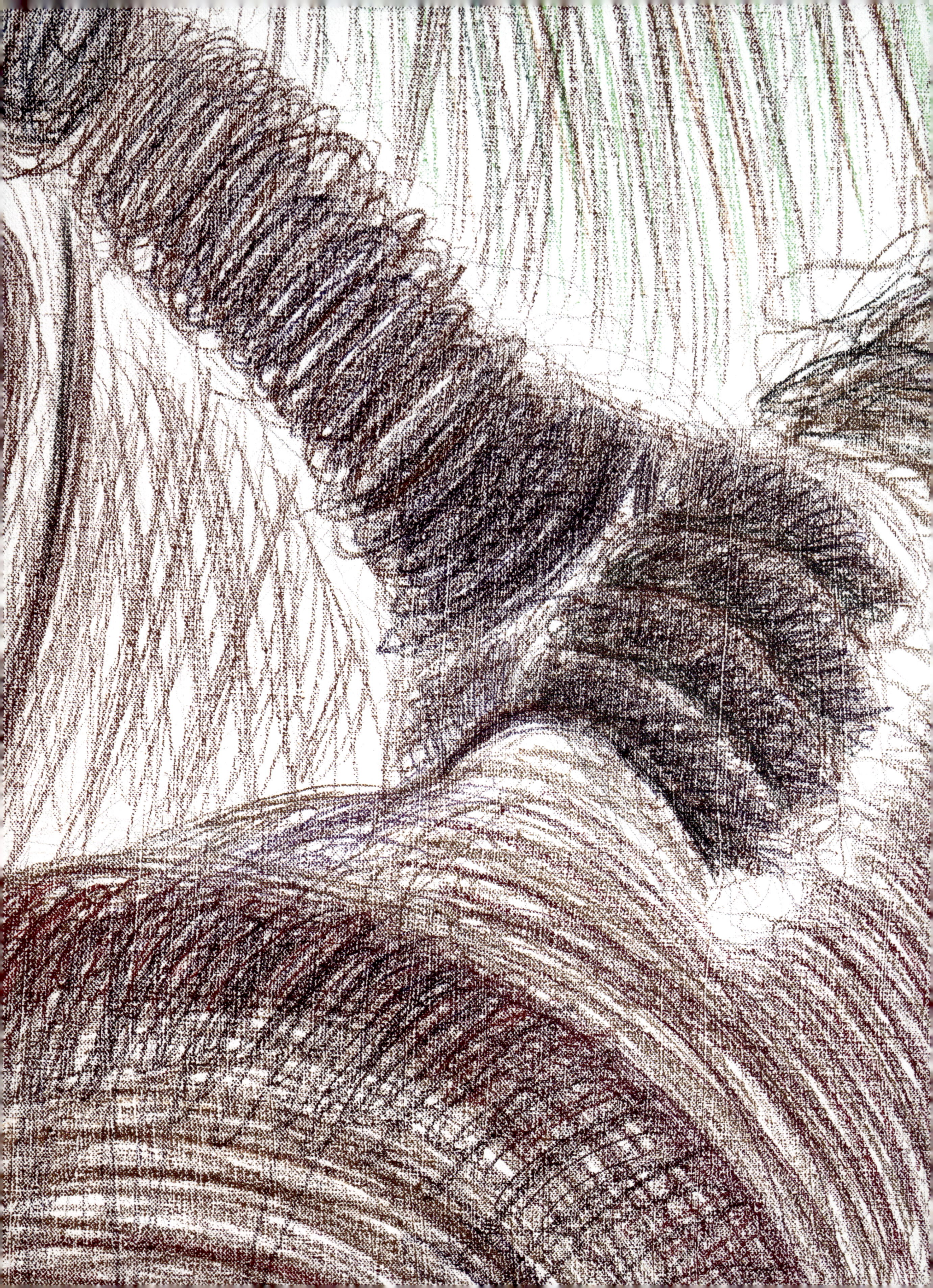

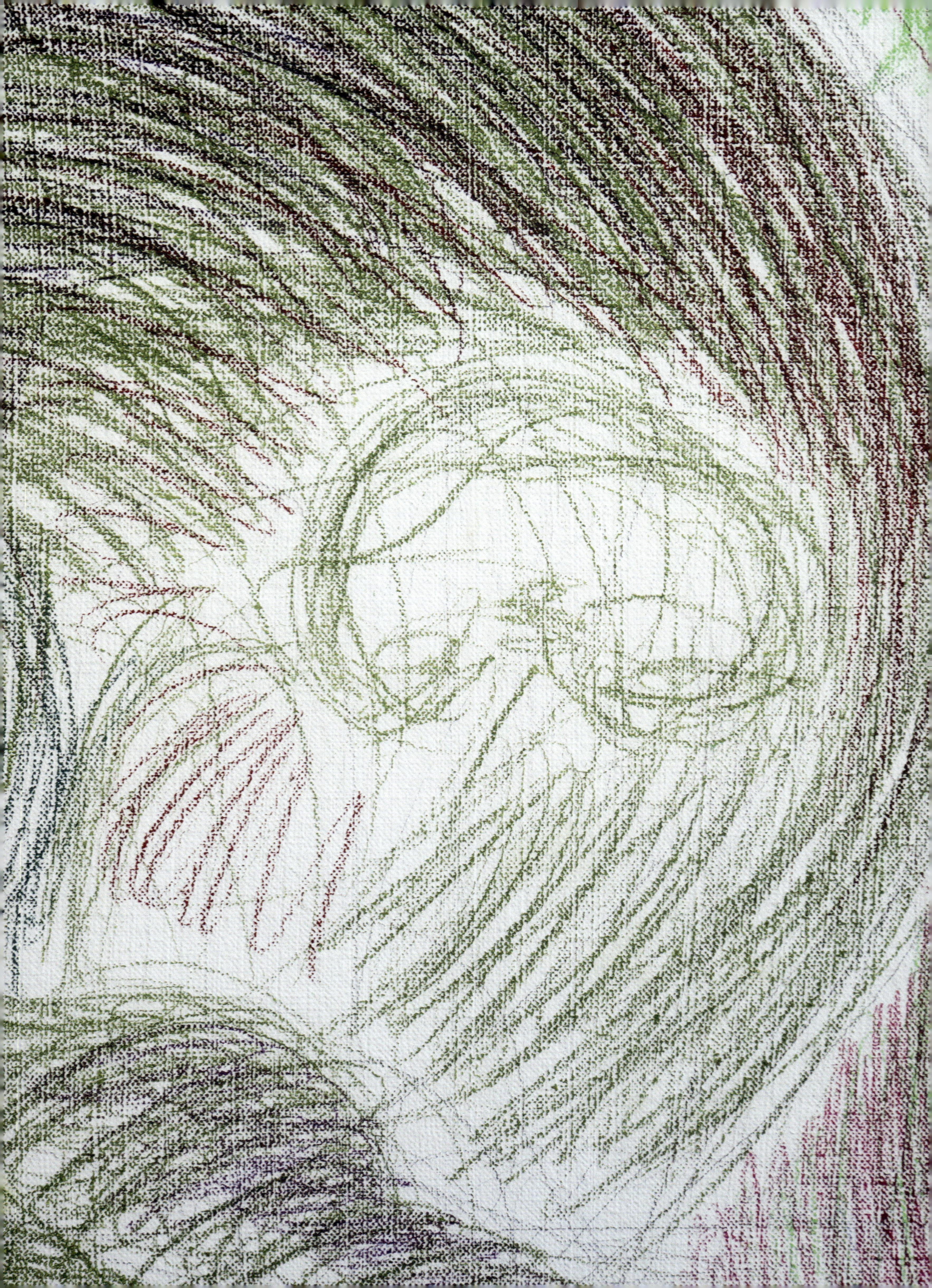

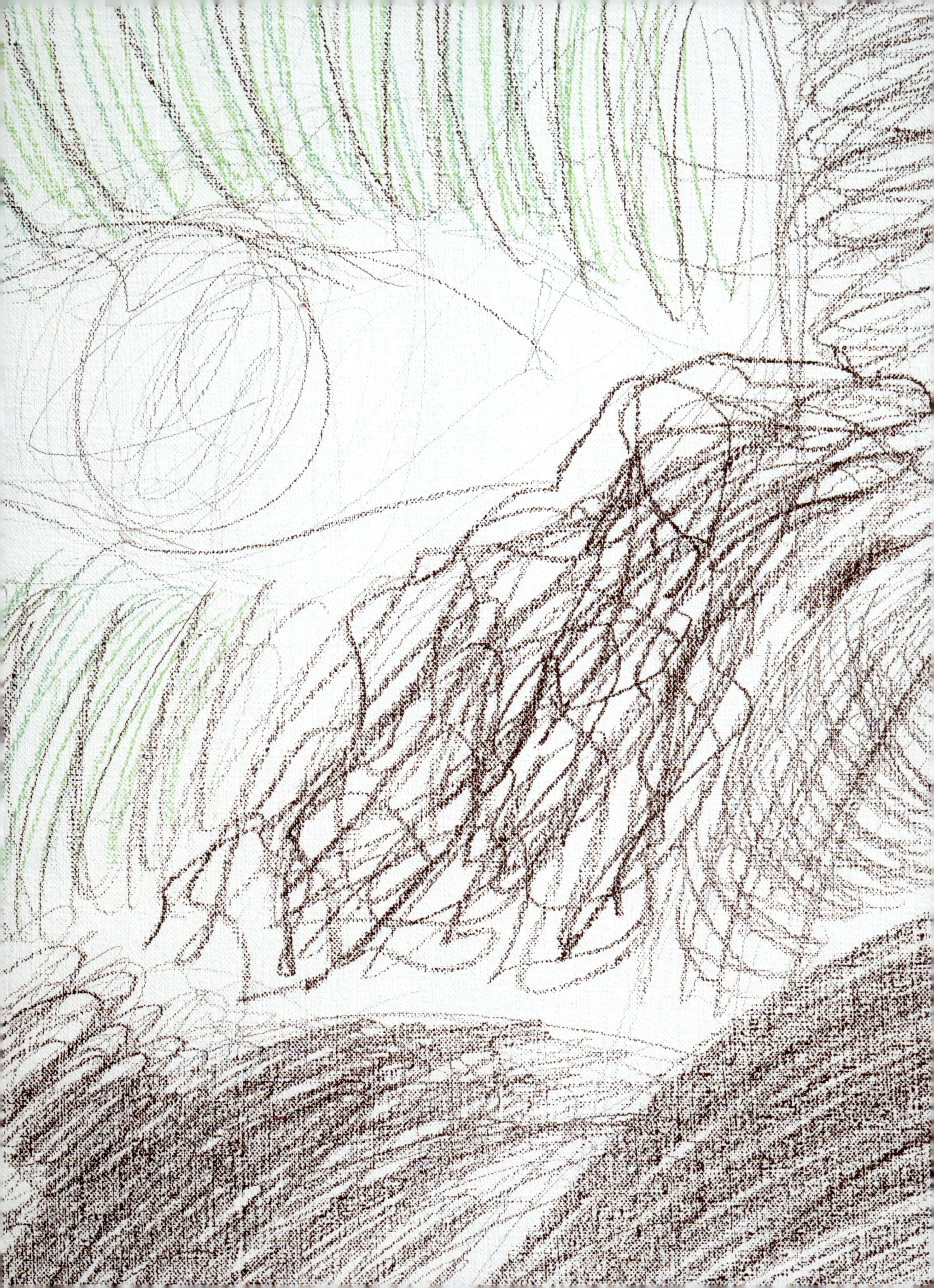

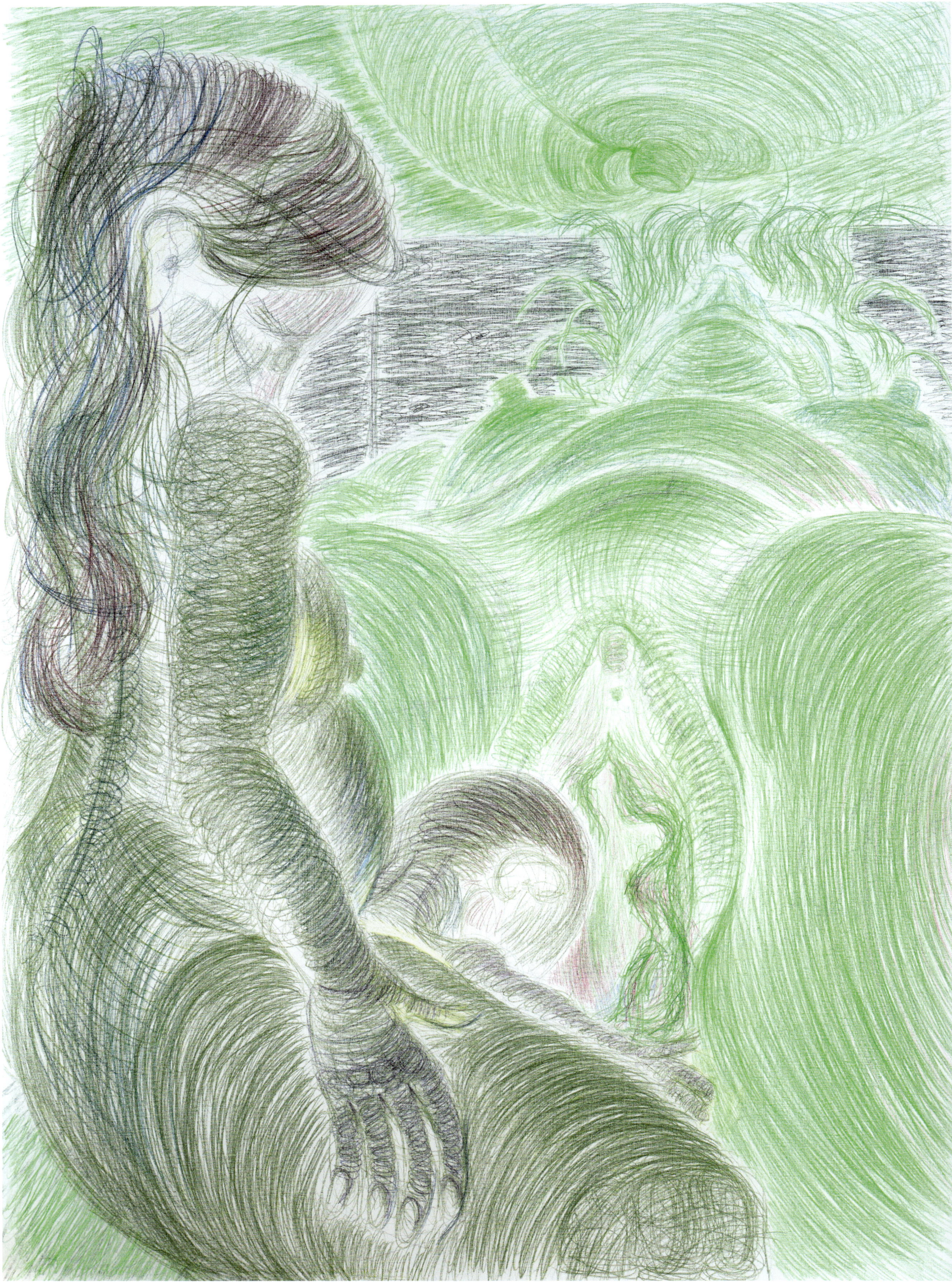

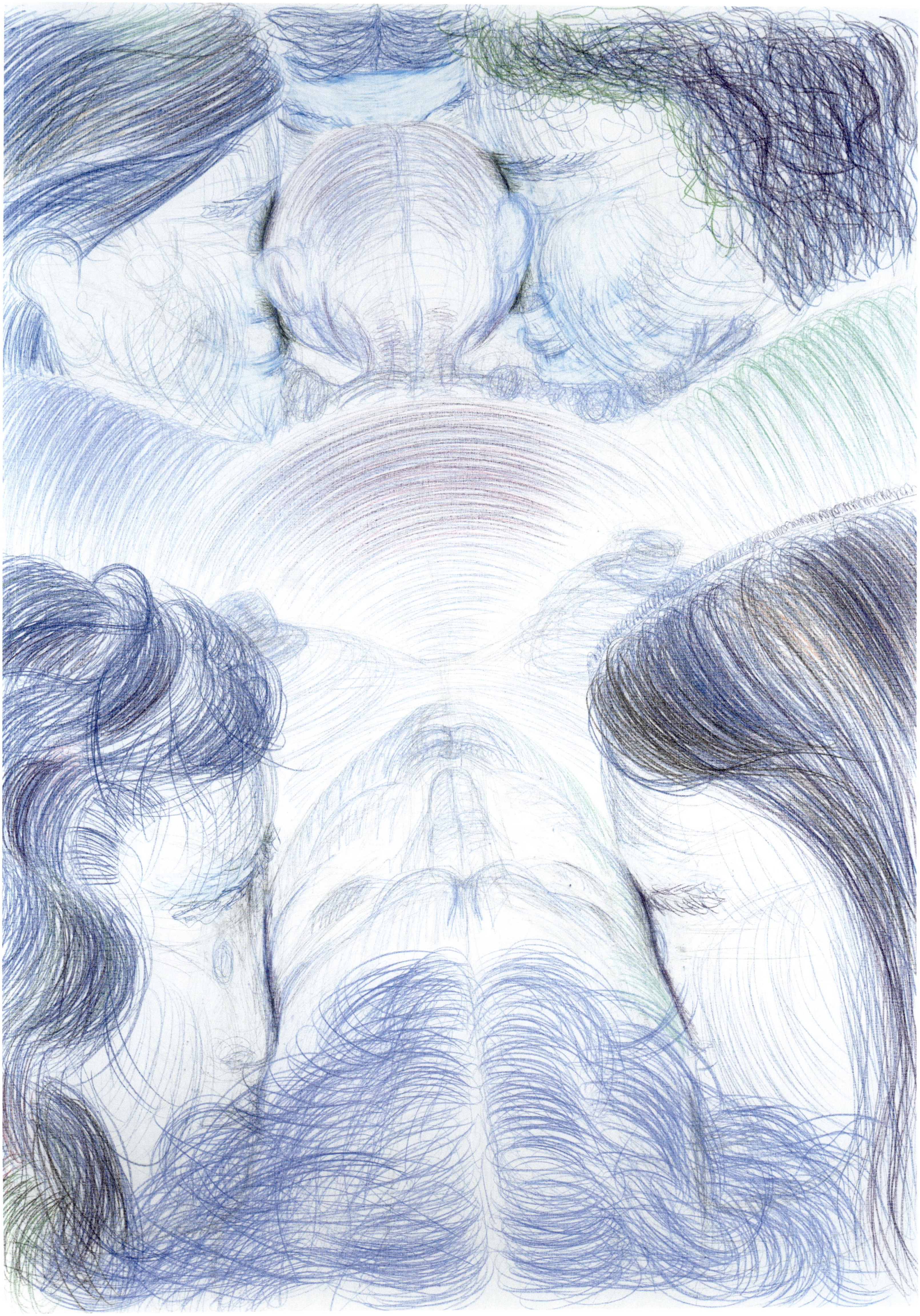

Work 4. Scent of Hypnosis. Triptych. Colored pencil on linen. 200 × 470 cm total. 2024.
Werk 4. Scent of Hypnosis. Triptiek. Kleurpotlood op linnen. Totaal 200 × 470 cm. 2024.

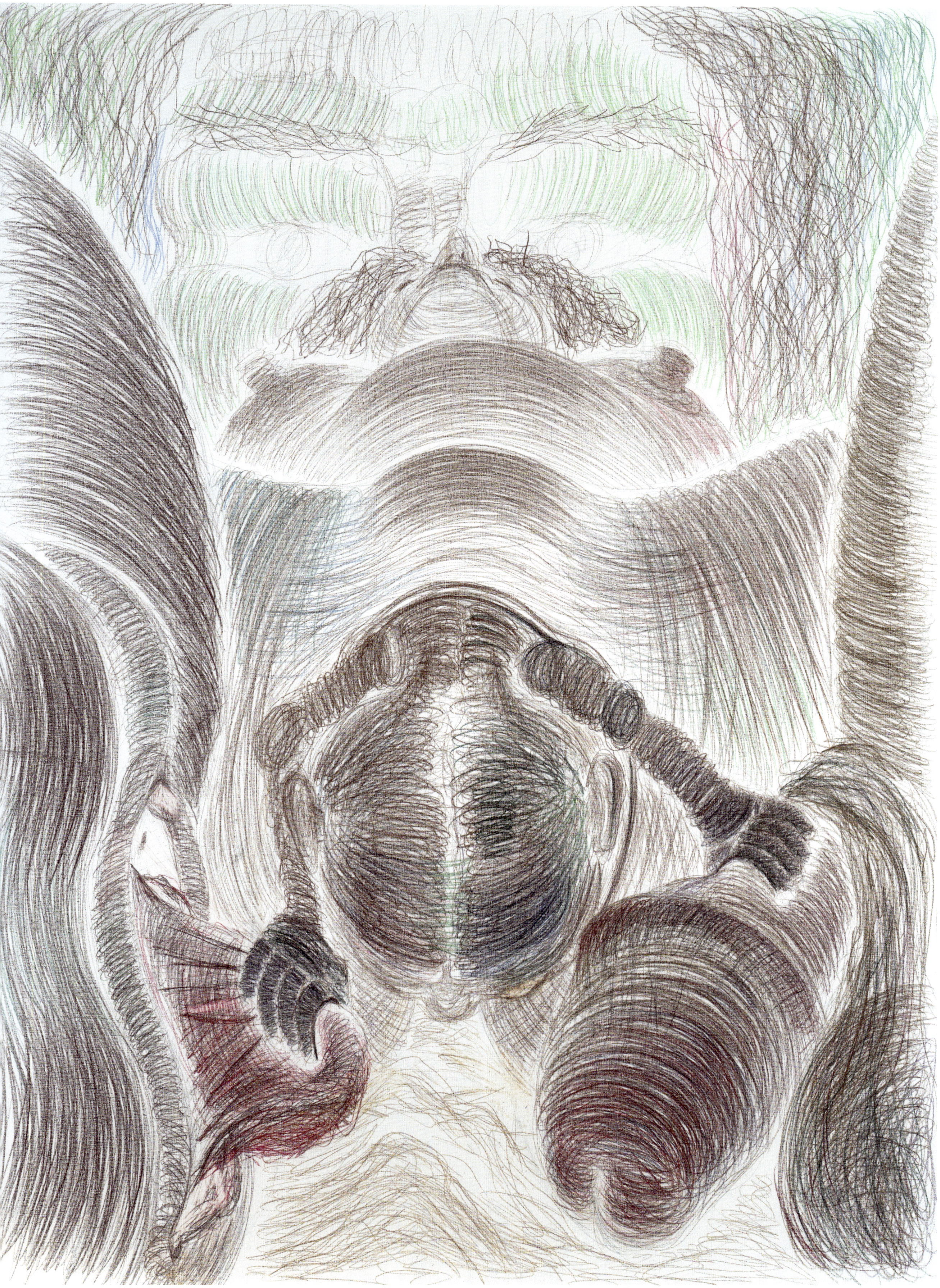

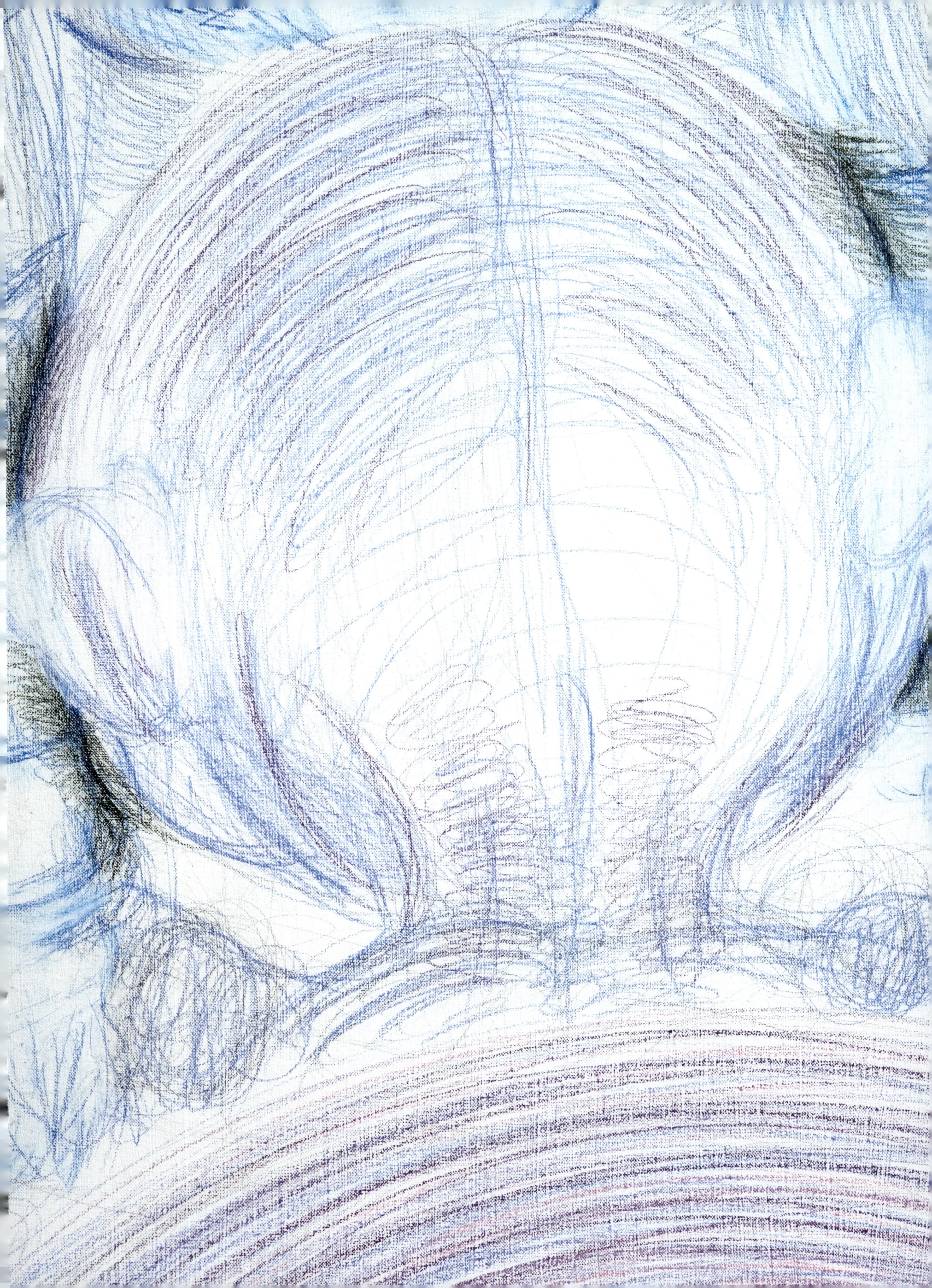

First floor

Diptych

Work 1
Theme 20, 22, 33, 42, 50, 54

Dead body / dead couple surrounded by sexual stimulation.

Giving birth on dead man.

Woman in labor stimulates vagina and penis.
Birth on dying couple.
Baby grasps genitals of the dead.

Birth on dying man.
Woman in labor grasps penis of dying man.

Giving birth in / on dead woman.
Head of dead woman shifts in penis.

Birth surrounded by sexual stimulation.

Eerste verdieping

Diptiek

Werk 1
Thema 20, 22, 33, 42, 50, 54

Dood lichaam / dood paar omringd door seksuele stimulatie.

Bevallen op dode man.

Barende vrouw stimuleert vagina en penis.
Geboorte op stervend paar.
Baby grijpt genitaliën van de doden.

Geboorte op stervende man.
Barende vrouw grijpt penis van stervende man.

Bevallen in / op dode vrouw.
Hoofd van dode vrouw schuift in penis.

Bevalling omringd door seksuele stimulatie.

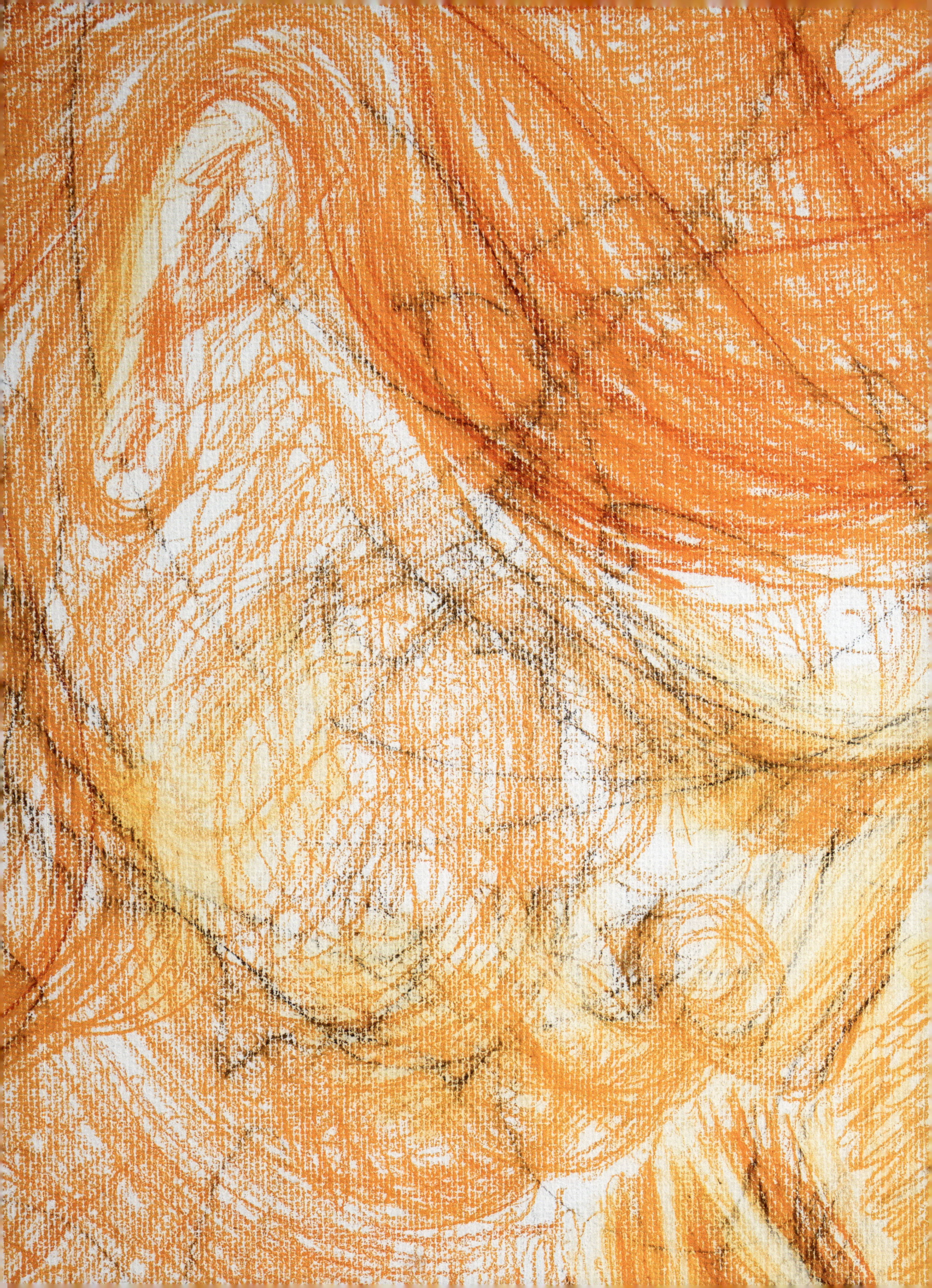

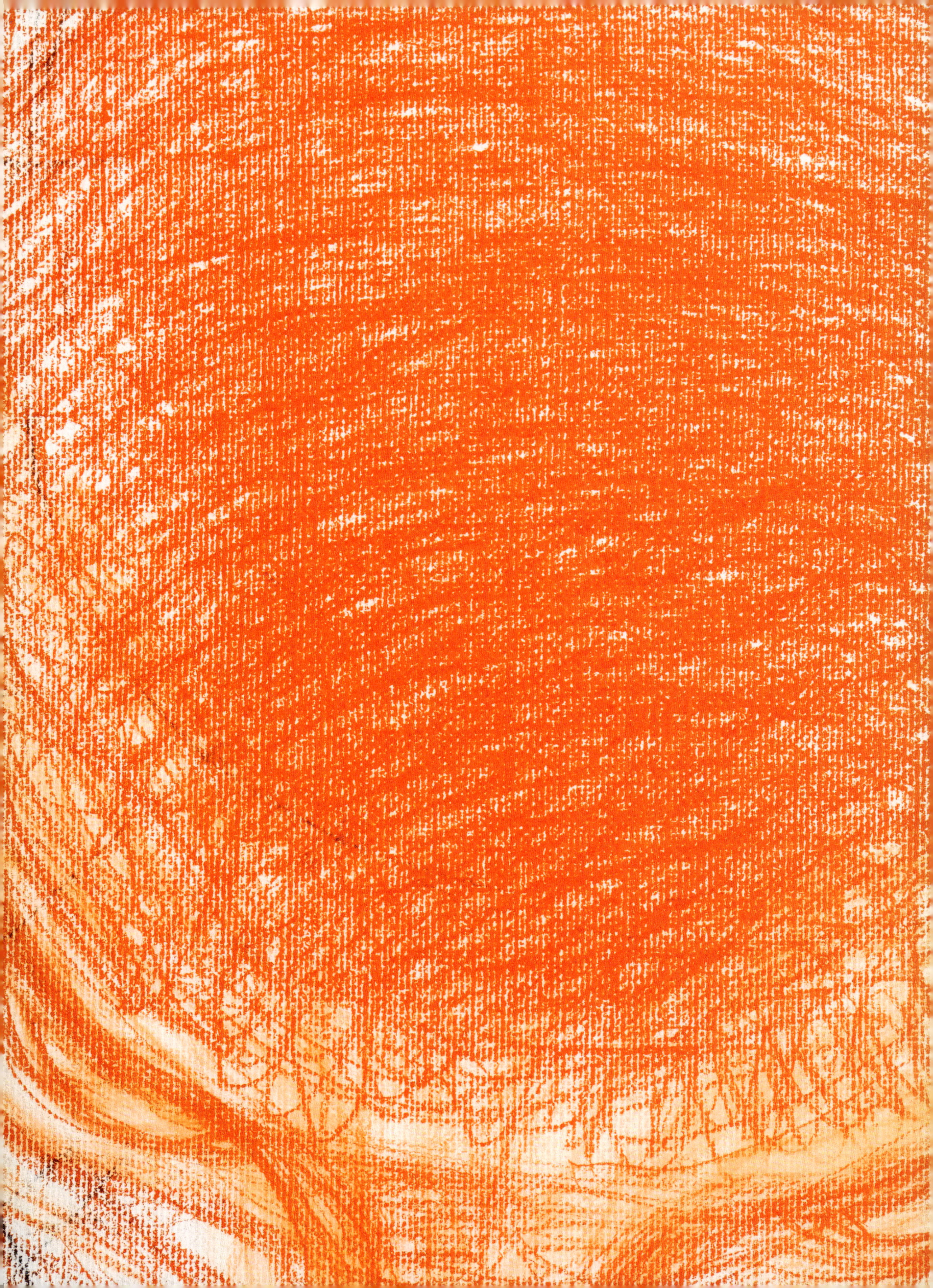

→
Work 1. *Scent of Hypnosis*. Diptych. Colored pencil on linen. 200 × 310 cm total. 2023.
Werk 1. Scent of Hypnosis. Diptiek. Kleurpotlood op linnen. Totaal 200 × 310 cm. 2023.

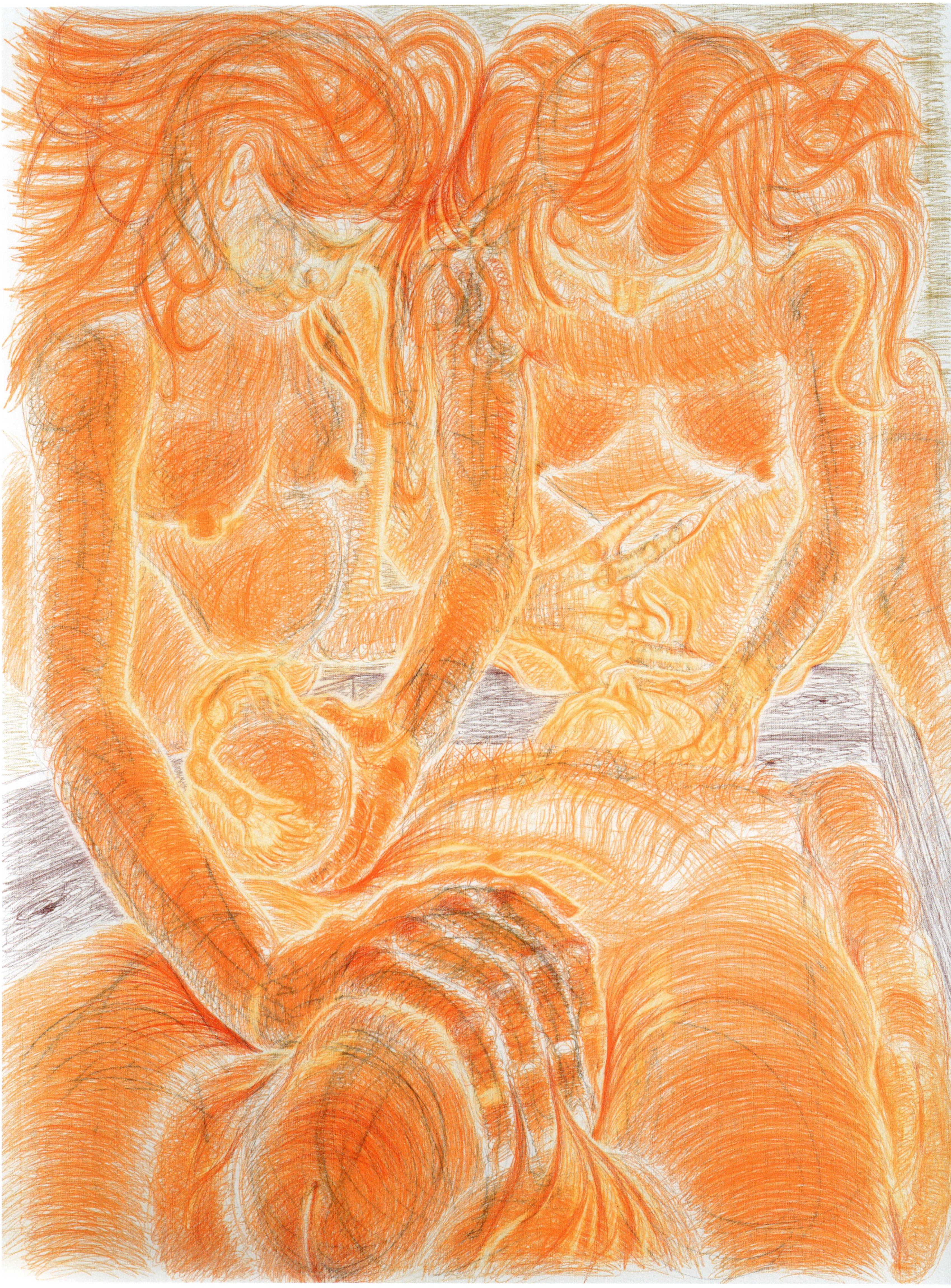

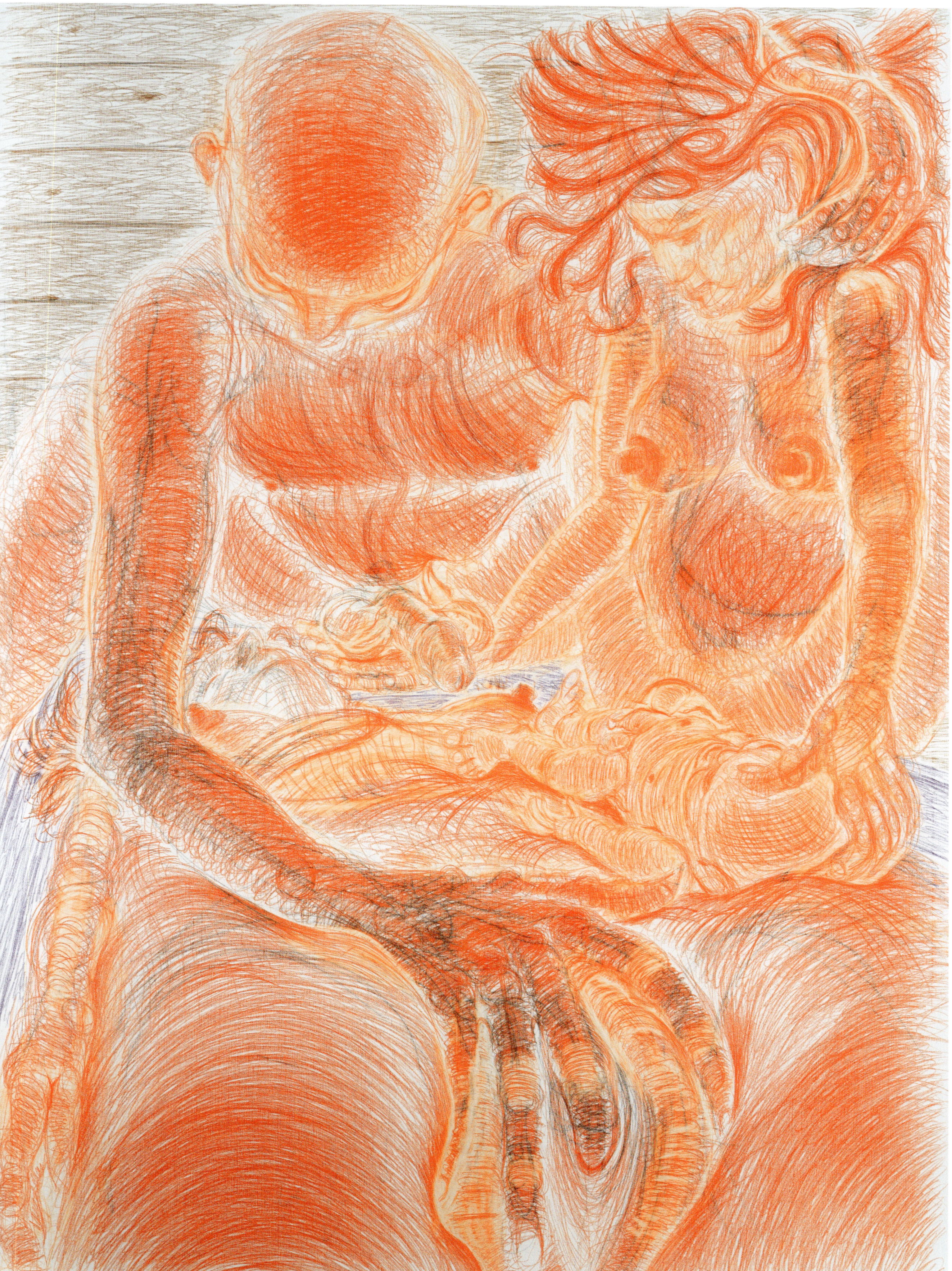

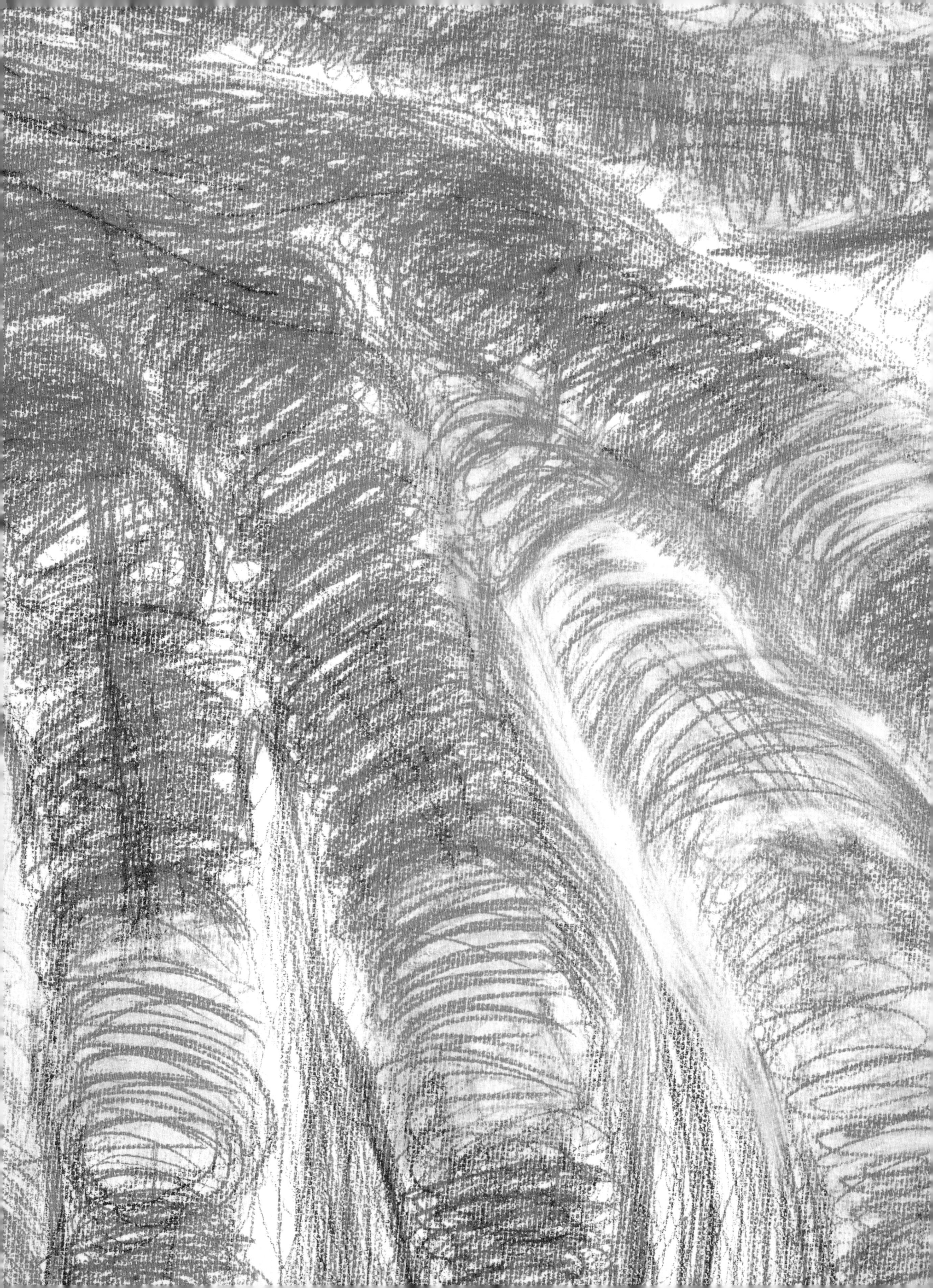

Ground floor

Codex

Codex room

Codexruimte

Begane grond

Codex

All drawings of the codex:
Graphite on paper,
except † (p.107), † † (p.111) and † † † (p. 139):
Colored pencil on paper.

2025

Alle tekeningen van de codex:
Grafiet op papier,
behalve † (p.107), † † (p.111) en † † † (p. 139):
kleurpotlood op papier.

2025

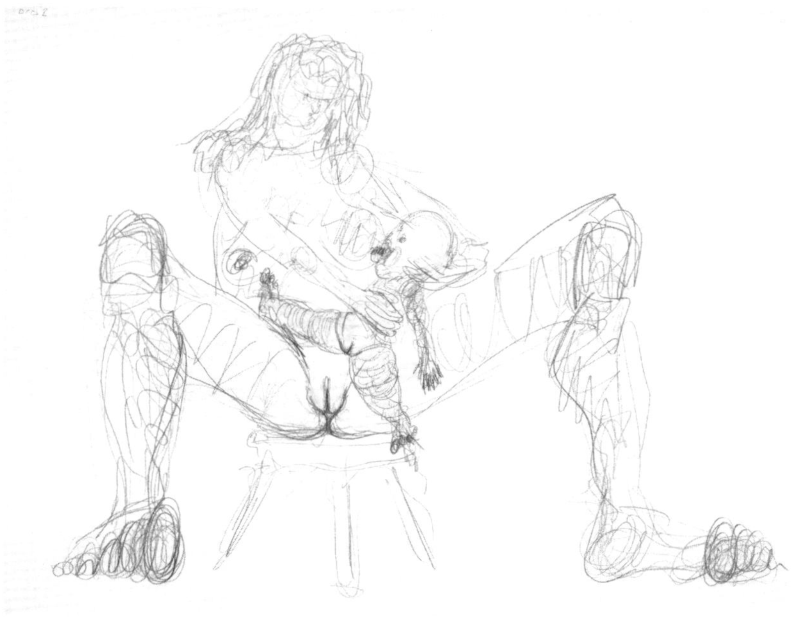

Theme 2:
Breastfeeding.

Thema 2:
Borstvoeding.

37 × 50 cm

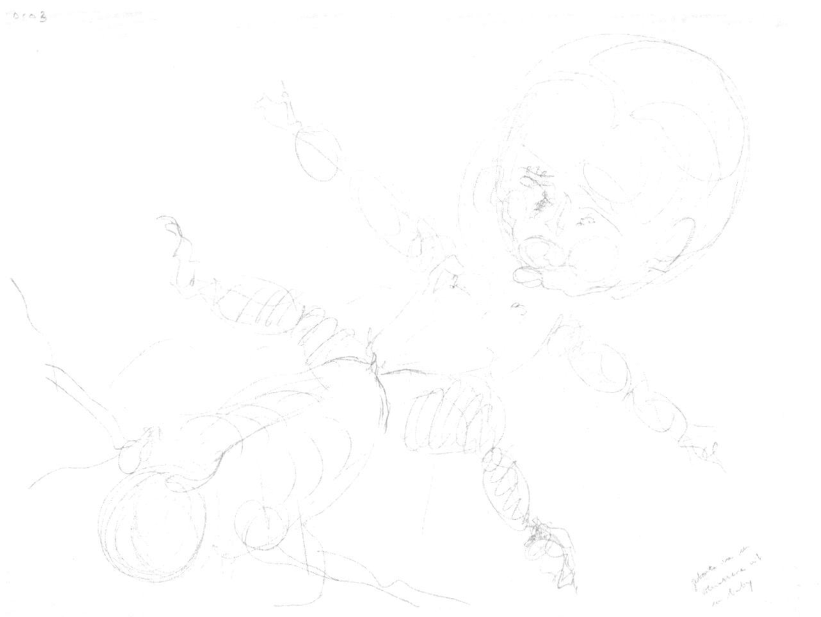

Theme 3:
Baby gives birth to adult.

Thema 3:
Baby baart volwassene.

37 × 50 cm

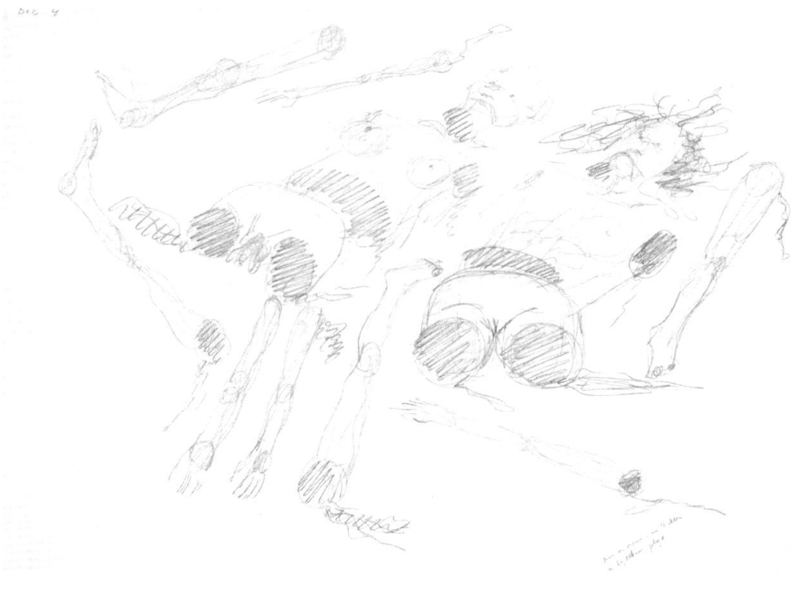

Theme 4:
Forming with body parts.
Body parts with animals / rats.

Thema 4:
Modelleren met lichaamsdelen.
Lichaamsdelen met dieren / ratten.

35 × 50 cm

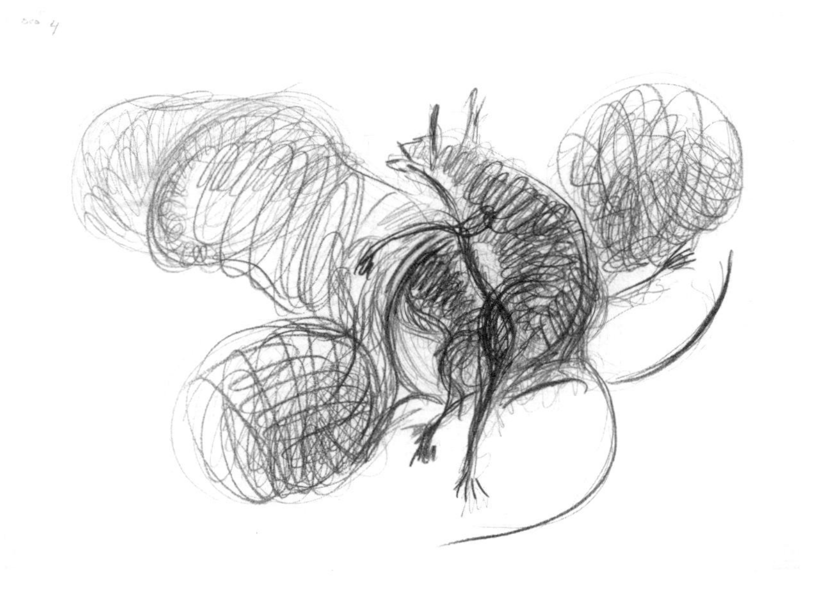

†

Theme 4:
Forming with body parts.
Body parts with animals / rats.

Thema 4:
Modelleren met lichaamsdelen.
Lichaamsdelen met dieren / ratten.

35 × 50 cm

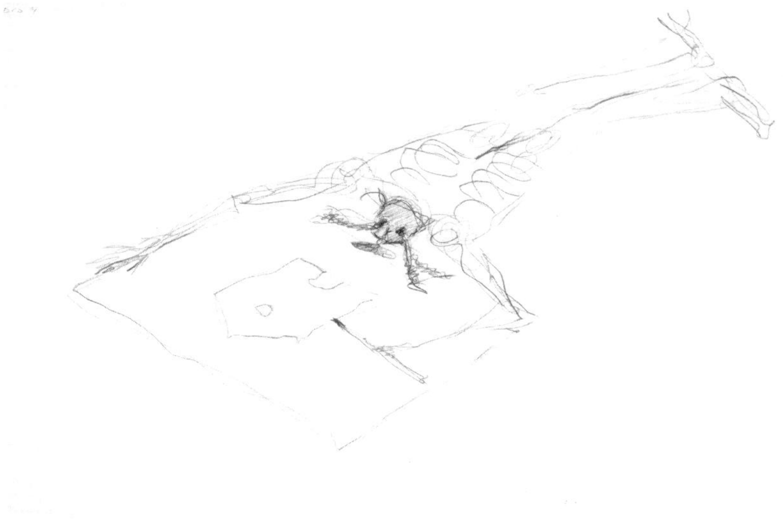

Theme 4:
Forming with body parts.
Body parts with animals / rats.

Thema 4:
Modelleren met lichaamsdelen.
Lichaamsdelen met dieren / ratten.

32 × 50 cm

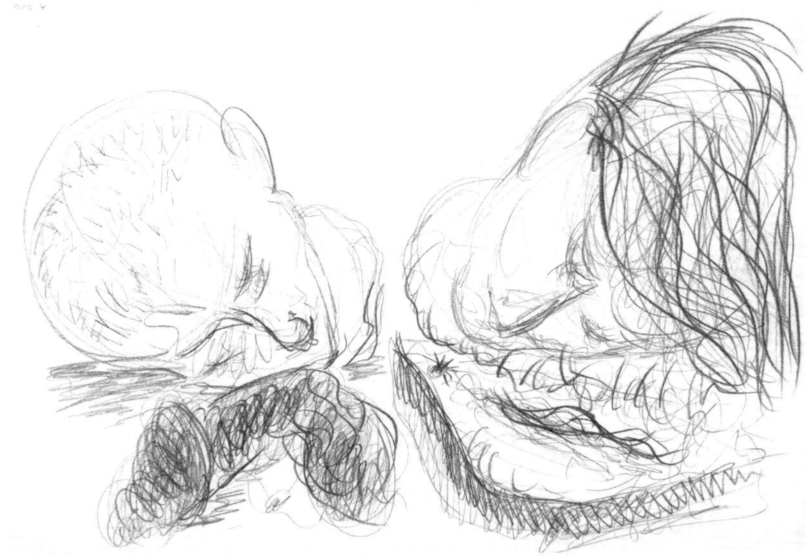

Theme 4:
Forming with body parts.
Body parts with animals / rats.

Thema 4:
Modelleren met lichaamsdelen.
Lichaamsdelen met dieren / ratten.

35 × 50 cm

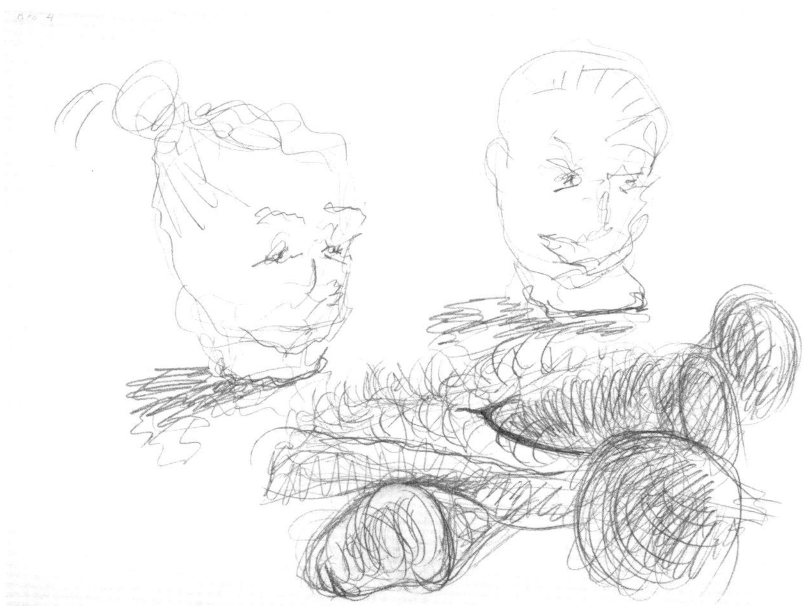

Theme 4:
Forming with body parts.
Body parts with animals / rats.

Thema 4:
Modelleren met lichaamsdelen.
Lichaamsdelen met dieren / ratten.

37 × 50 cm

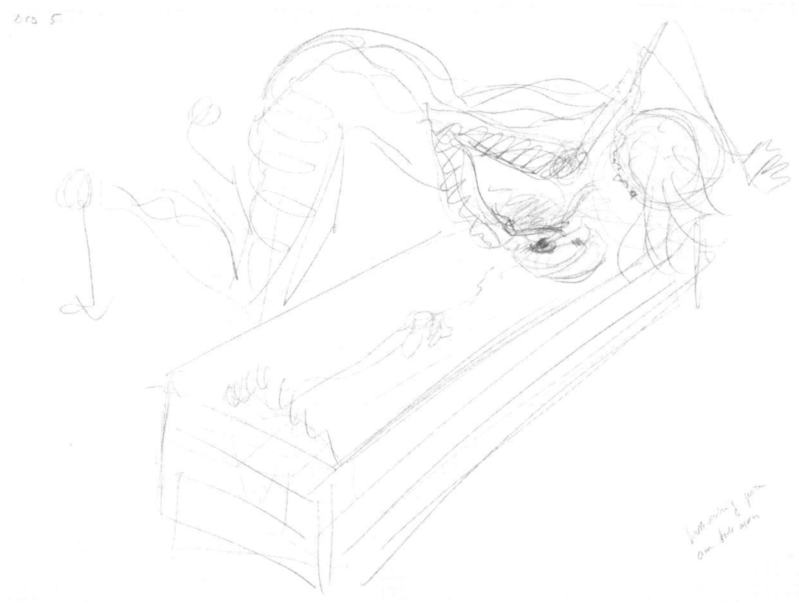

Theme 5:
Woman undresses while man dies.
Dead and living head.
Dead body next to living body.

Thema 5:
Vrouw kleedt zich uit terwijl man sterft.
Dood en levend hoofd.
Dood lichaam naast levend lichaam.

38 × 50 cm

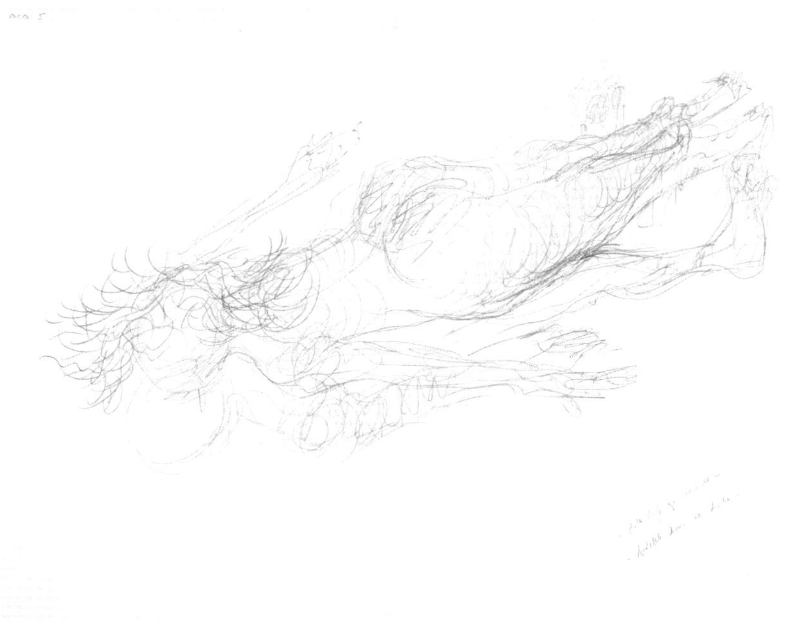

Theme 5:
Woman undresses while man dies.
Dead and living head.
Dead body next to living body.

Thema 5:
Vrouw kleedt zich uit terwijl man sterft.
Dood en levend hoofd.
Dood lichaam naast levend lichaam.

38 × 50 cm

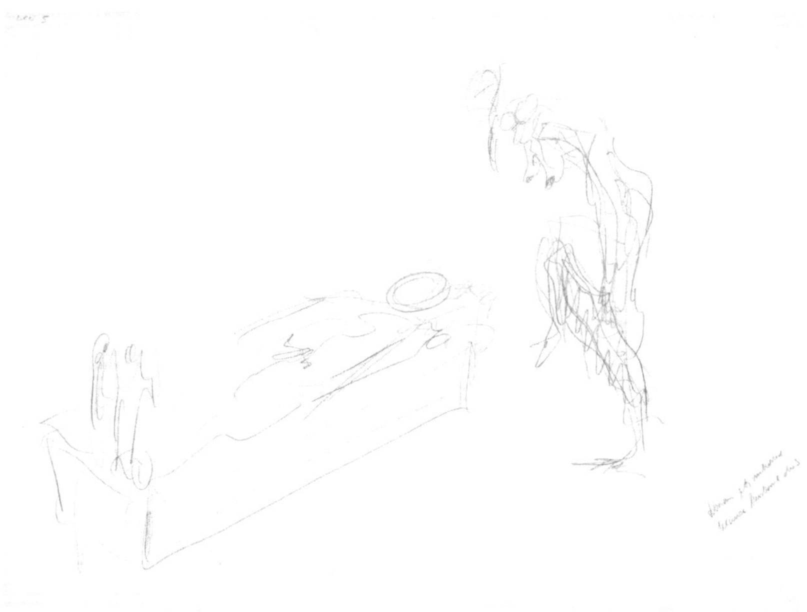

Theme 5:
Woman undresses while man dies.
Dead and living head.
Dead body next to living body.

Thema 5:
Vrouw kleedt zich uit terwijl man sterft.
Dood en levend hoofd.
Dood lichaam naast levend lichaam.

37 × 50 cm

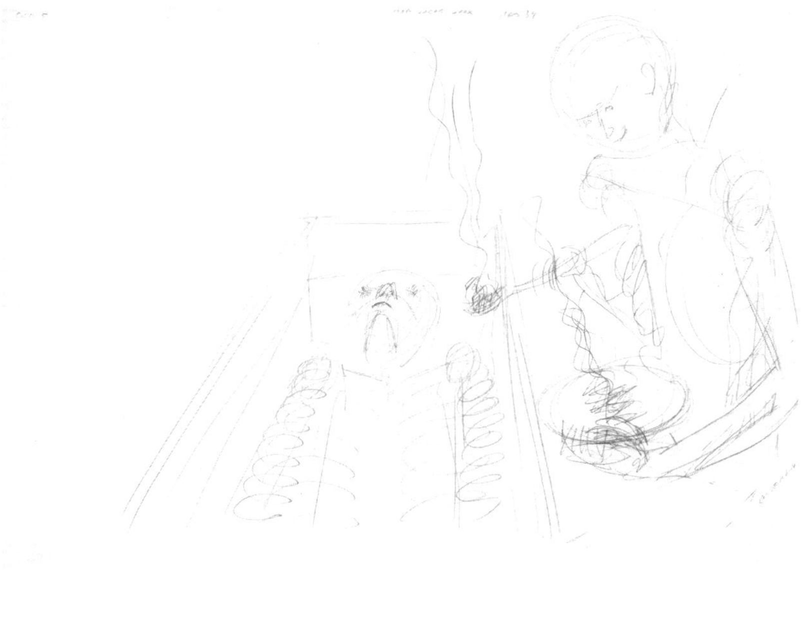

Theme 5:
Woman undresses while man dies.
Dead and living head.
Dead body next to living body.

Thema 5:
Vrouw kleedt zich uit terwijl man sterft.
Dood en levend hoofd.
Dood lichaam naast levend lichaam.

35 × 50 cm

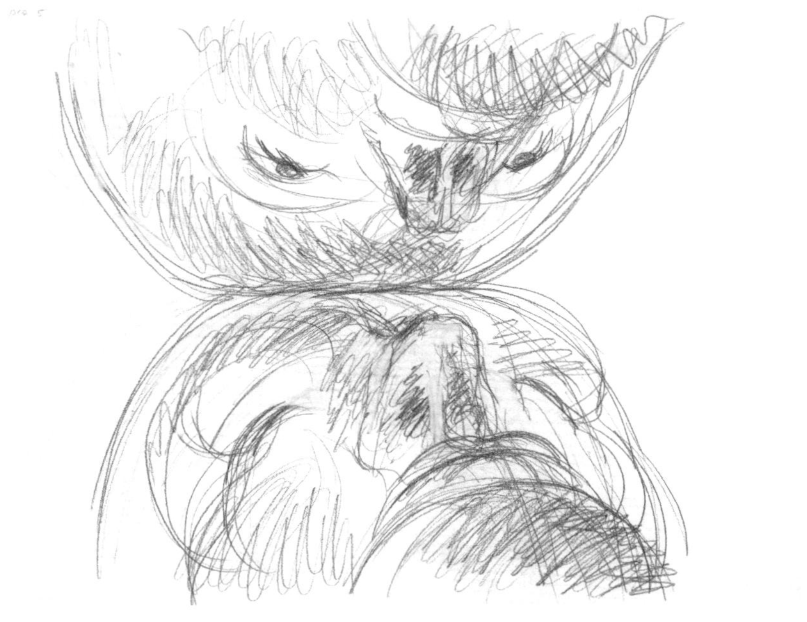

Theme 5:
Woman undresses while man dies.
Dead and living head.
Dead body next to living body.

Thema 5:
Vrouw kleedt zich uit terwijl man sterft.
Dood en levend hoofd.
Dood lichaam naast levend lichaam.

37 × 50 cm

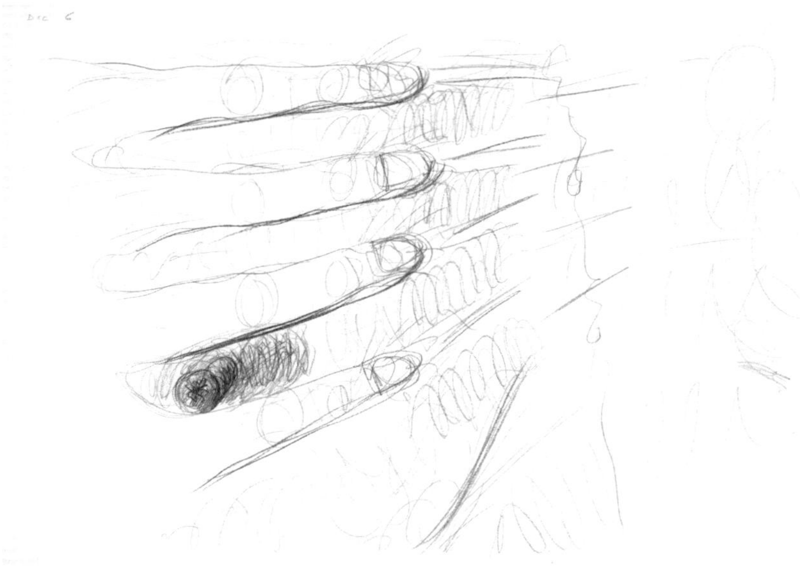

Theme 6:
Body.

Thema 6:
Lichaam.

35 × 50 cm

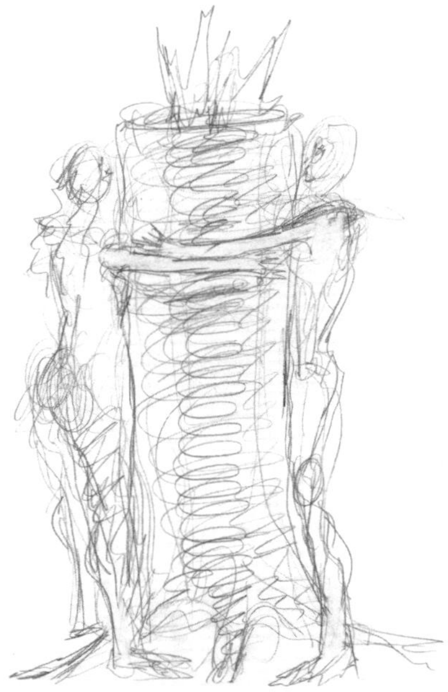

Theme 6:
Body.

Thema 6:
Lichaam.

40 × 50 cm

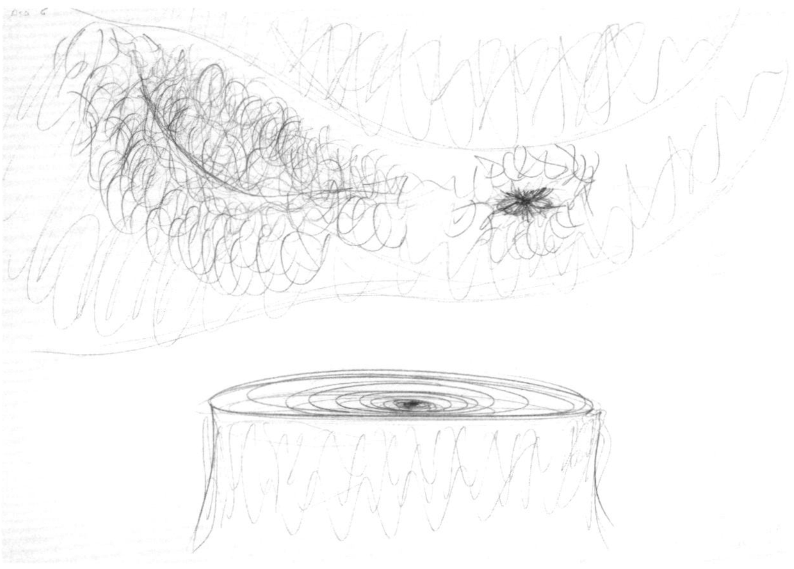

Theme 6:
Body.

Thema 6:
Lichaam.

35 × 50 cm

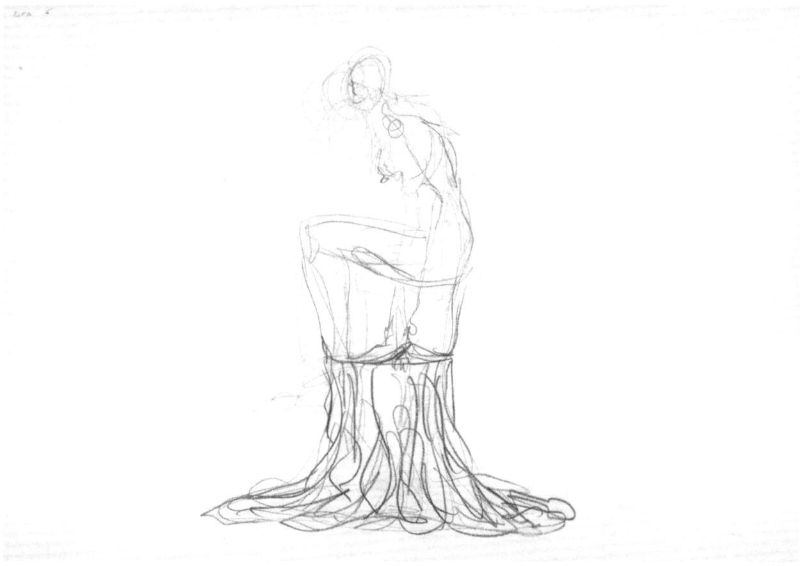

Theme 6:
Body.

Thema 6:
Lichaam.

35 × 50 cm

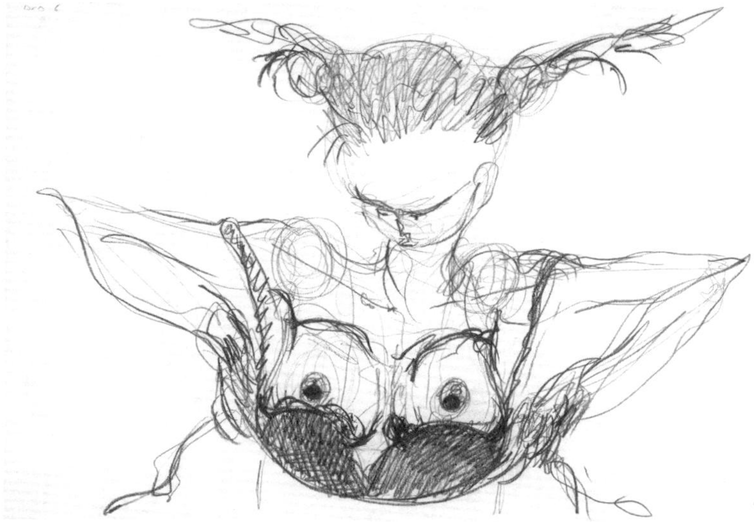

Theme 6:
Body.

Thema 6:
Lichaam.

32 × 50 cm

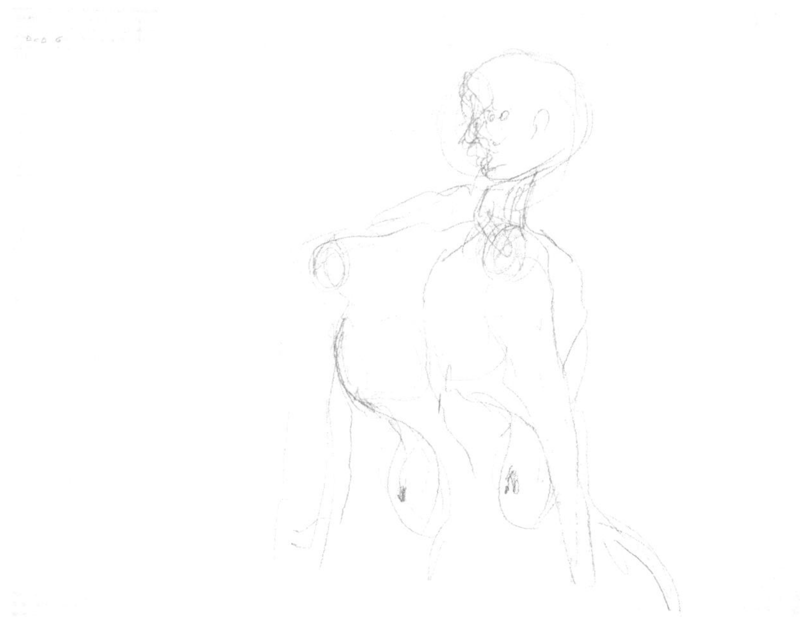

Theme 6:
Body.

Thema 6:
Lichaam.

38 × 50 cm

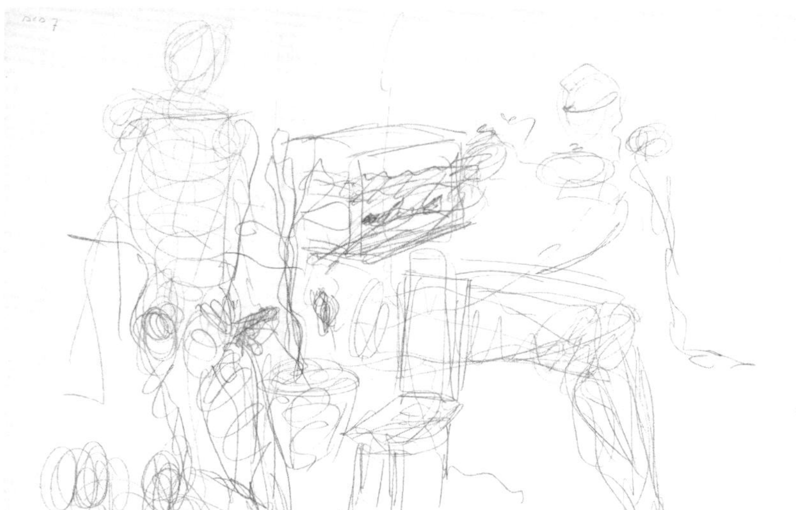

Theme 7:
Coitus with flies.
Coitus with in-between world.

Thema 7:
Coïtus met vliegen.
Coïtus met tussenwereld.

37 × 50 cm

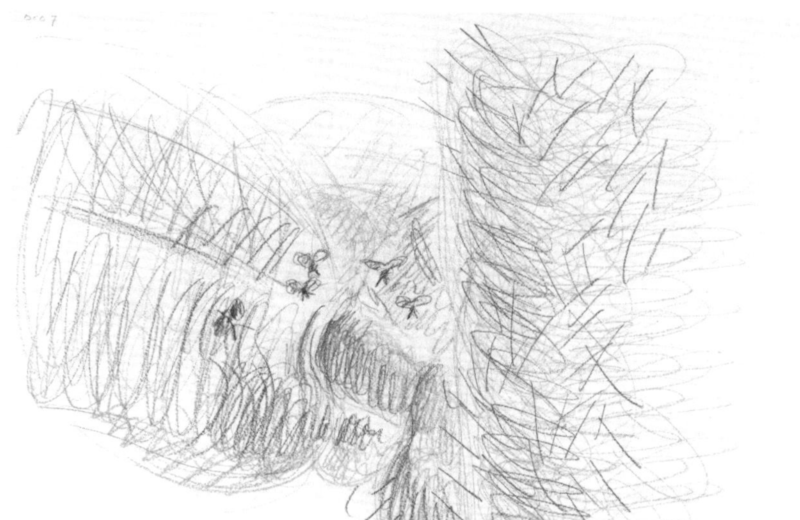

† †

Theme 7:
Coitus with flies.
Coitus with in-between world.

Thema 7:
Coïtus met vliegen.
Coïtus met tussenwereld.

40 × 50 cm

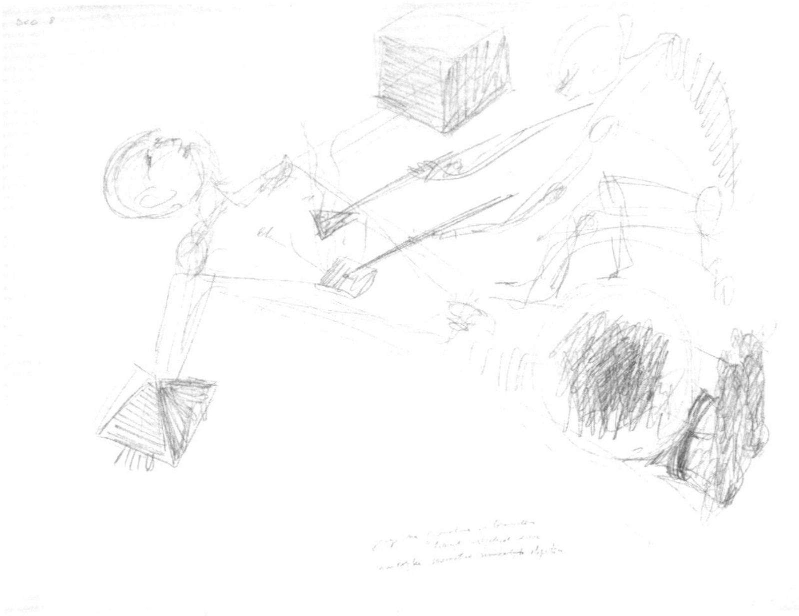

Theme 8:
Branding.

Thema 8:
Brandmerken.

38 × 50 cm

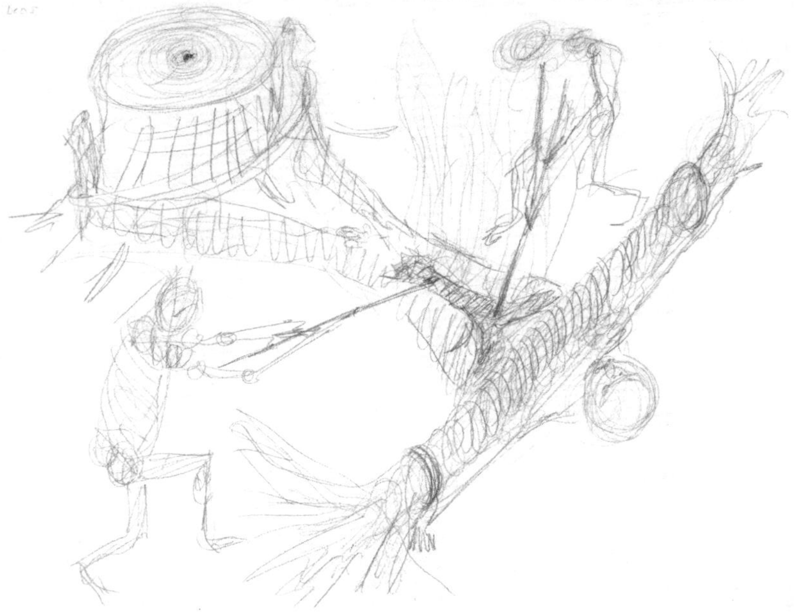

Theme 8:
Branding.

Thema 8:
Brandmerken.

38 × 50 cm

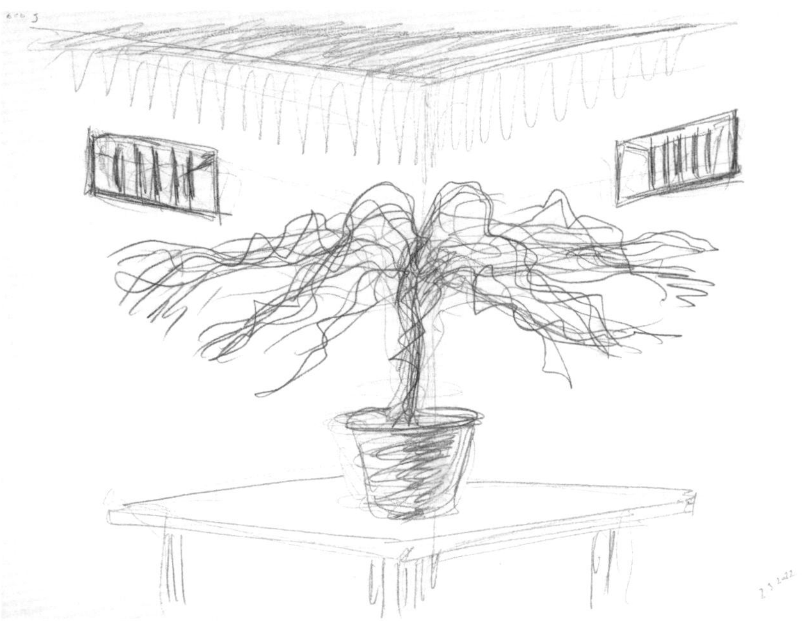

Theme 9:
Prison.
Watching as torture.

Thema 9:
Gevangenis.
Kijken als marteling.

38 × 50 cm

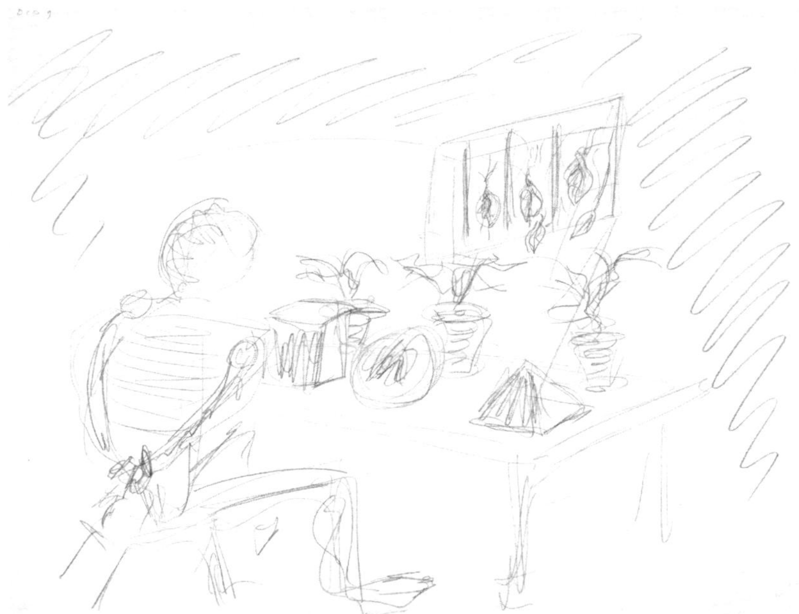

Theme 9:
Prison.
Watching as torture.

Thema 9:
Gevangenis.
Kijken als marteling.

38 × 50 cm

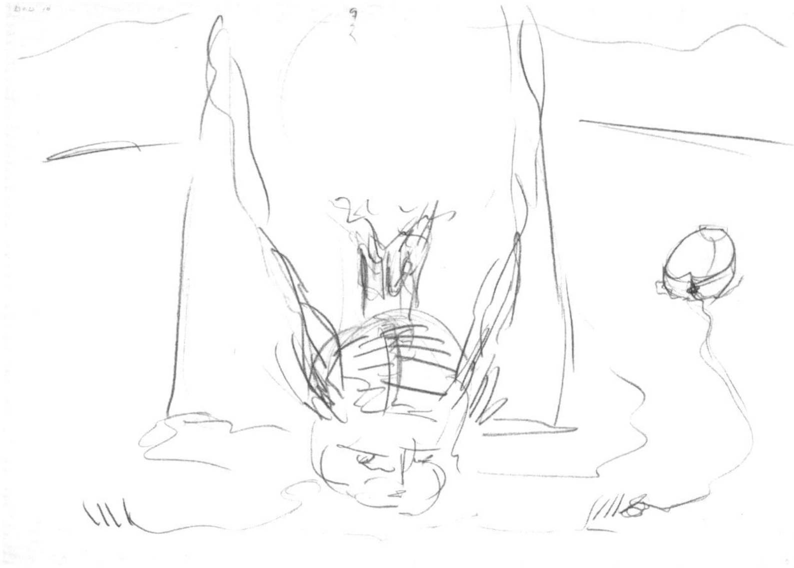

Theme 10:
At the beach.

Thema 10:
Op het strand.

35 × 50 cm

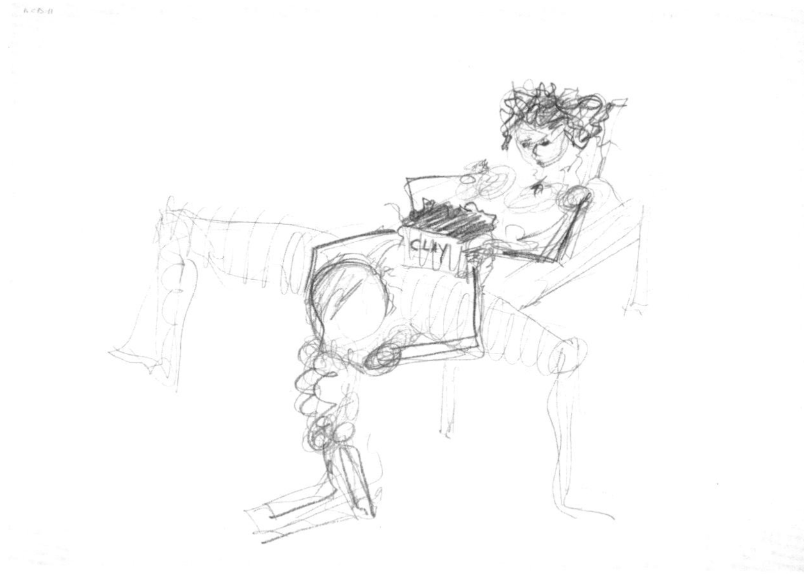

Theme 11:
Clay.
Molding.
Pressing in clay.

Thema 11:
Klei.
Modelleren.
In klei drukken.

35 × 50 cm

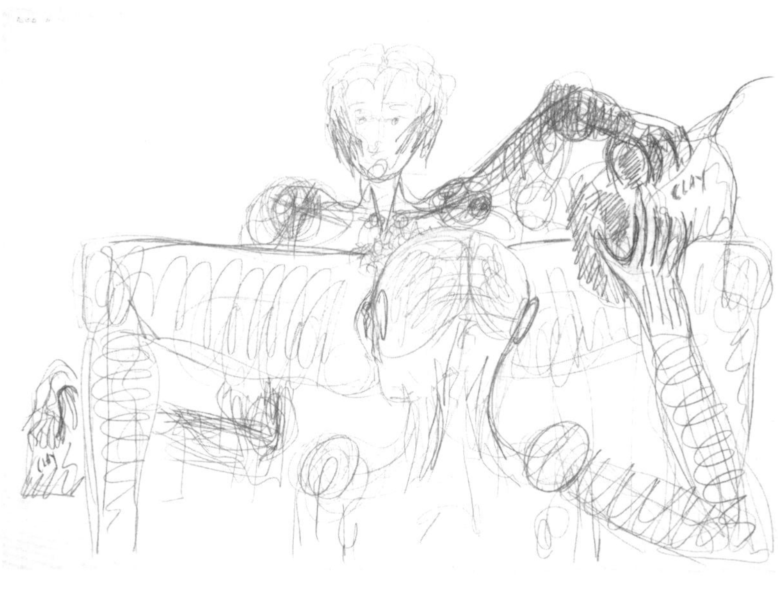

Theme 11:
Clay.
Molding.
Pressing in clay.

Thema 11:
Klei.
Modelleren.
In klei drukken.

35 × 50 cm

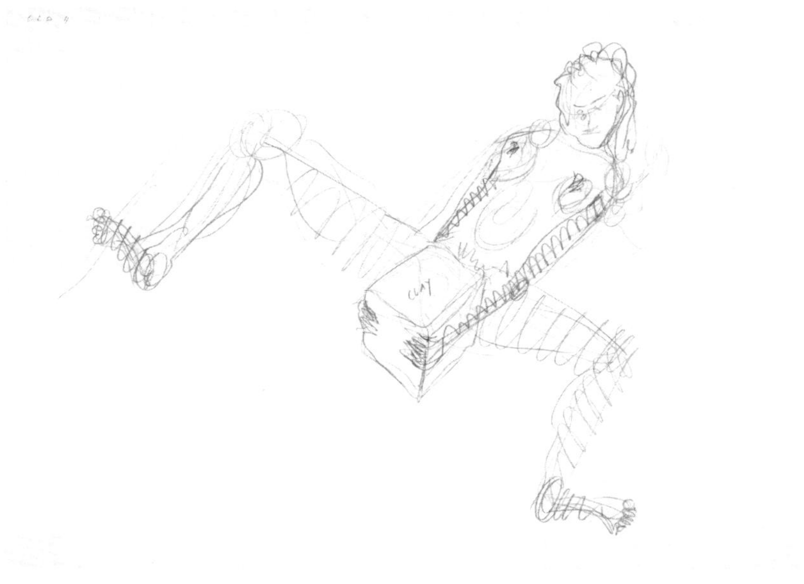

Theme 11:
Clay.
Molding.
Pressing in clay.

Thema 11:
Klei.
Modelleren.
In klei drukken.

35 × 50 cm

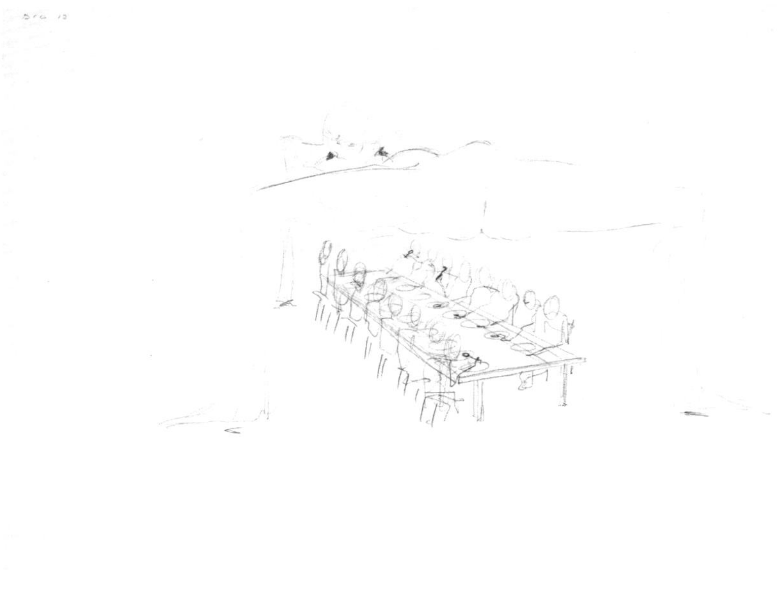

Theme 12:
Body expands to environment.

Thema 12:
Lichaam breidt uit naar omgeving.

32 × 50 cm

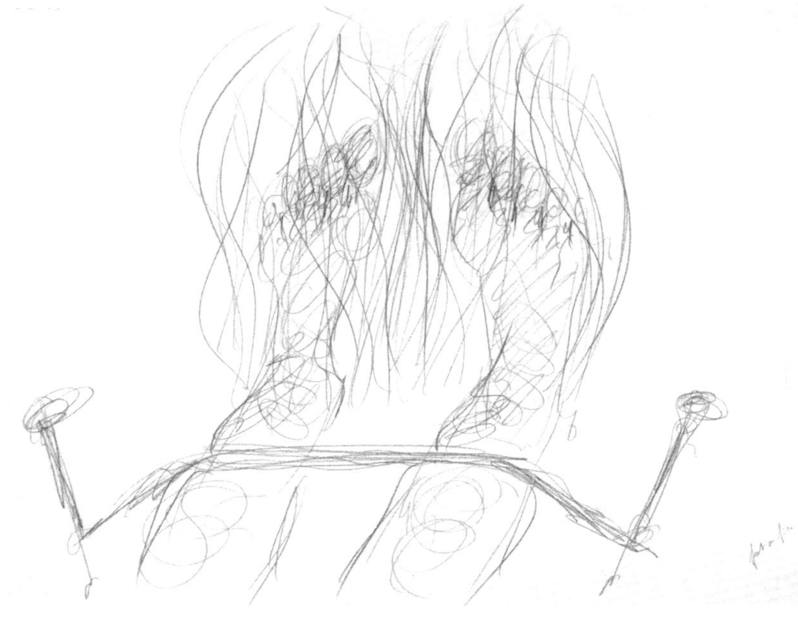

Theme 13:
Fire.

Thema 13:
Vuur.

38 × 50 cm

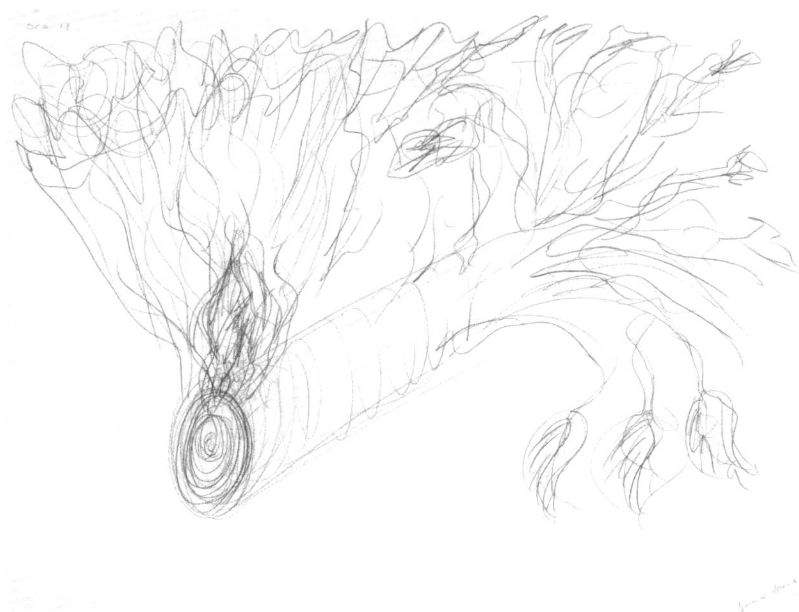

Theme 13:
Fire.

Thema 13:
Vuur.

38 × 50 cm

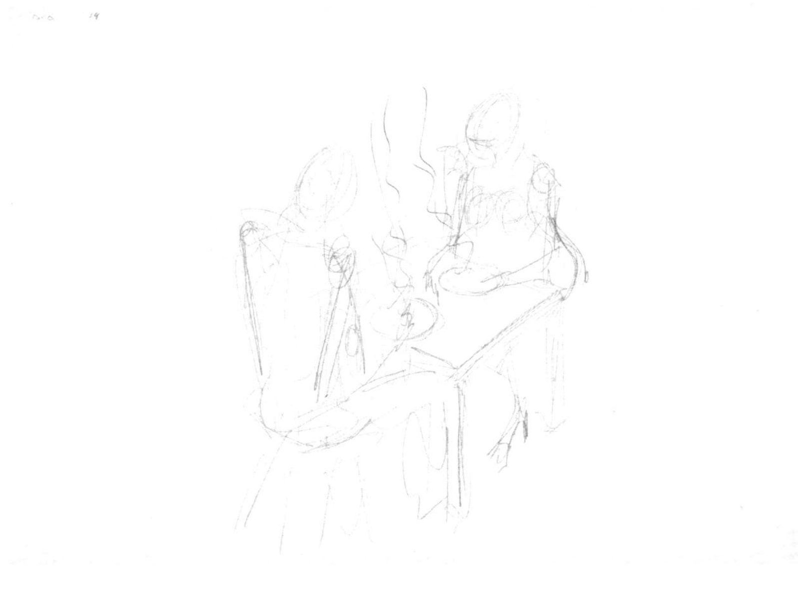

Theme 14:
Portrait.
Head.

Thema 14:
Portret.
Hoofd.

35 × 50 cm

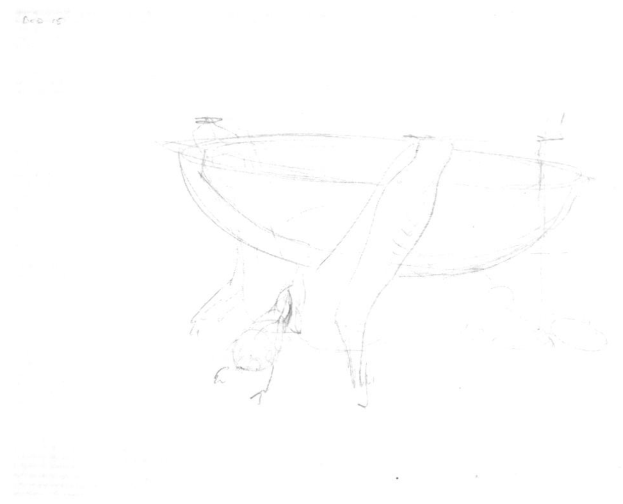

Theme 15:
Woman and boat.

Thema 15:
Vrouw en boot.

25 × 32 cm

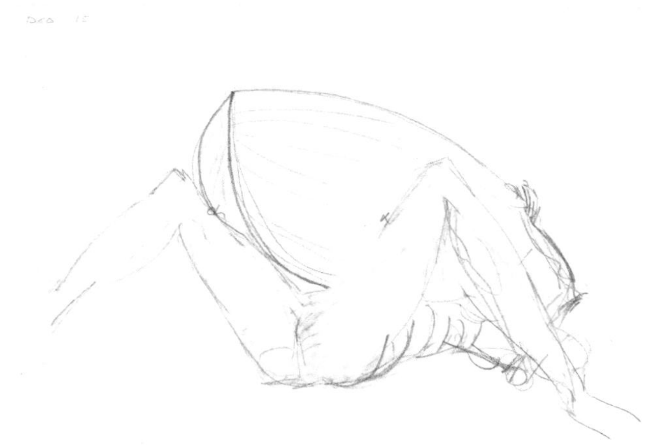

Theme 15:
Woman and boat.

Thema 15:
Vrouw en boot.

25 × 32 cm

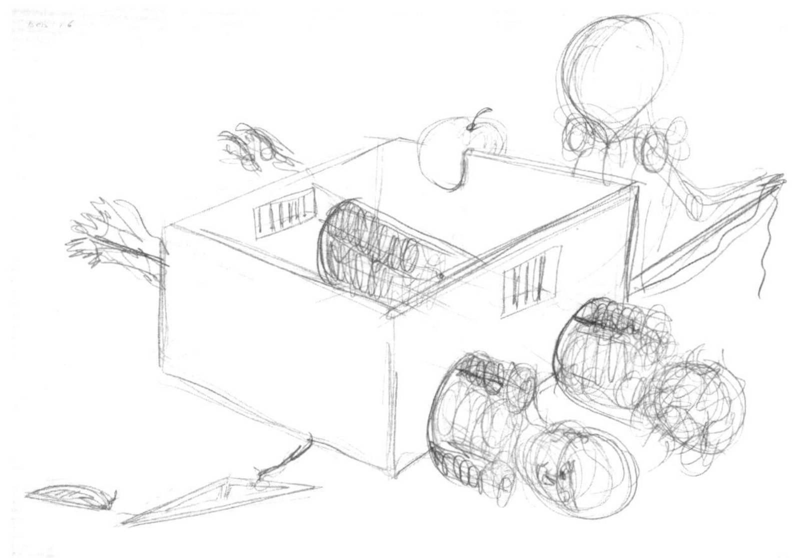

Theme 16:
Procession.

Thema 16:
Processie.

35 × 50 cm

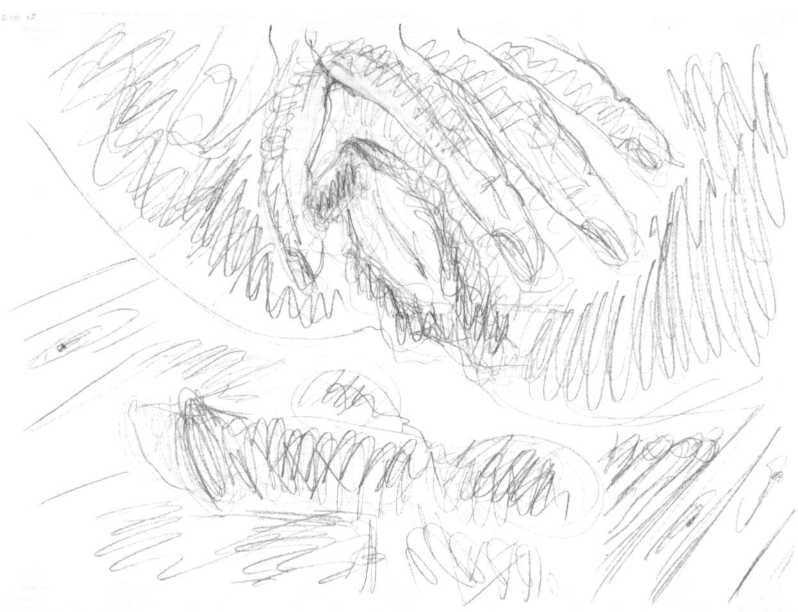

Theme 18:
Dying penis with living vagina.

Thema 18:
Stervende penis met levende vagina.

38 × 50cm

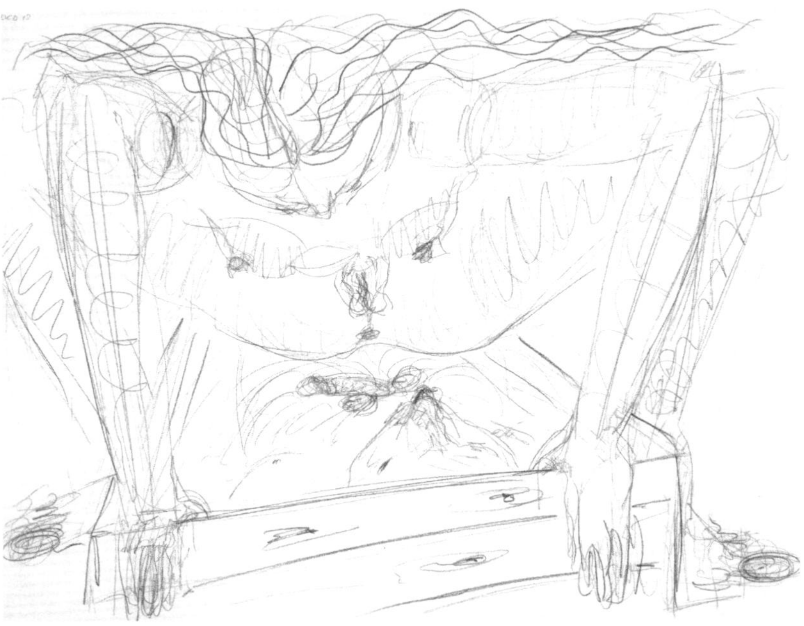

Theme 18:
Dying penis with living vagina.

Thema 18:
Stervende penis met levende vagina.

38 × 50 cm

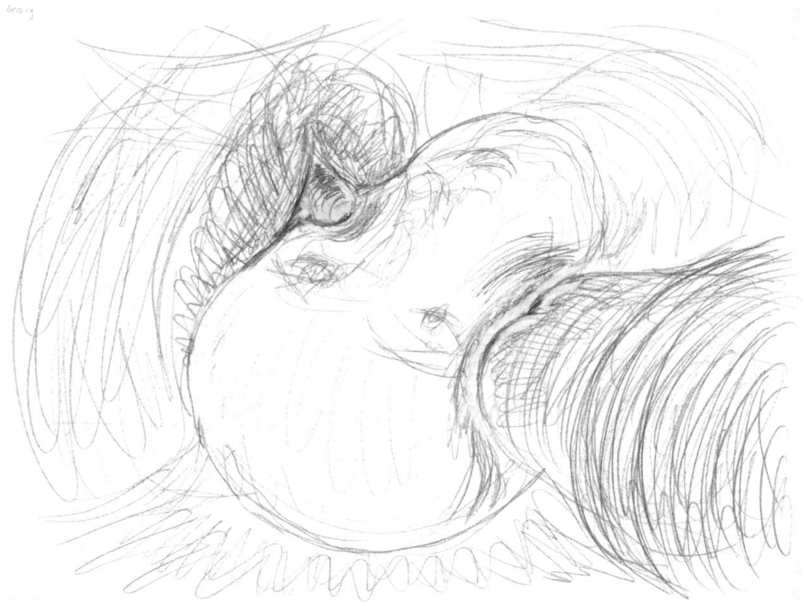

Theme 19:
Dead body clamped between multiple clitorises, penises, and animals.

Thema 19:
Dood lichaam geklemd tussen meerdere clitorissen, penissen en dieren.

38 × 50 cm

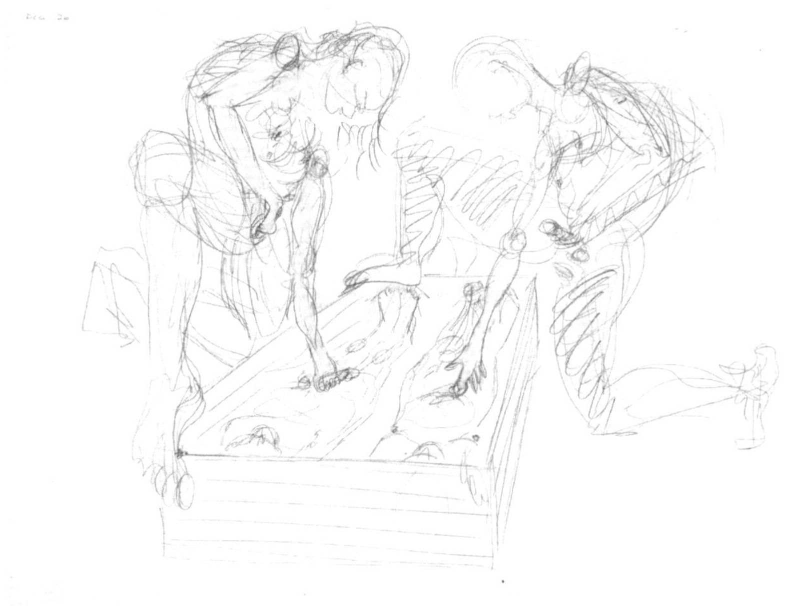

Theme 20:
Dead body / dead couple surrounded by sexual stimulation.

Thema 20:
Dood lichaam / dood paar omringd door seksuele stimulatie.

38 × 50 cm

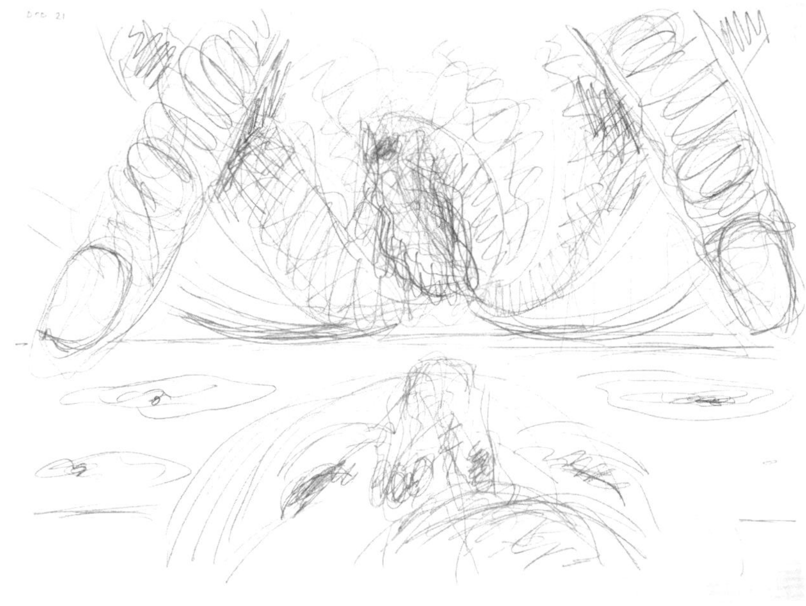

Theme 21:
Woman exposes her genitalia to dead man.

Thema 21:
Vrouw toont haar genitaliën aan dode man.

37 × 50 cm

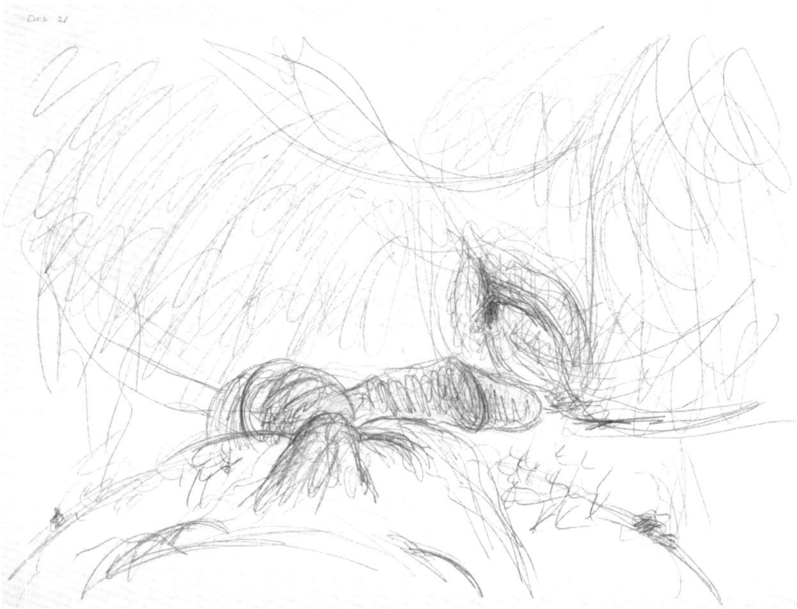

Theme 21:
Woman exposes her genitalia to dead man.

Thema 21:
Vrouw toont haar genitaliën aan dode man.

37 × 50 cm

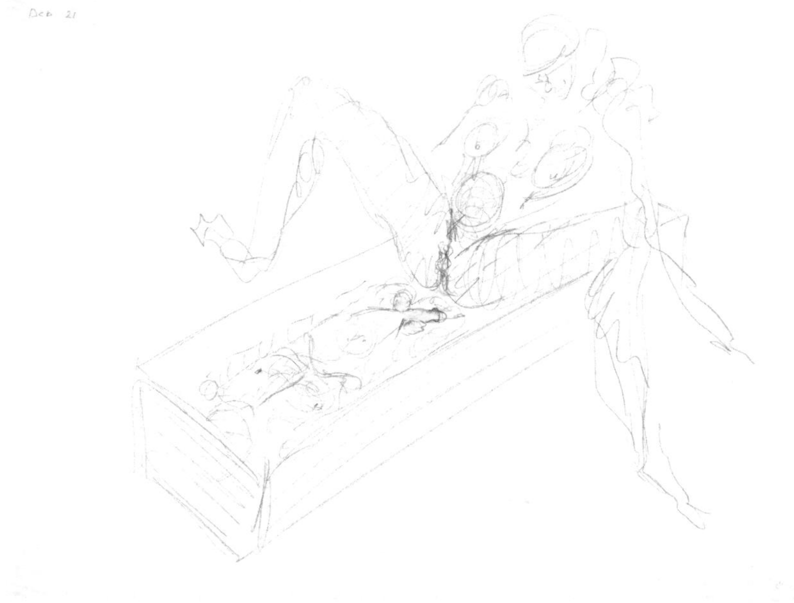

Theme 21:
Woman exposes her genitalia to dead man.

Thema 21:
Vrouw toont haar genitaliën aan dode man.

37 × 50 cm

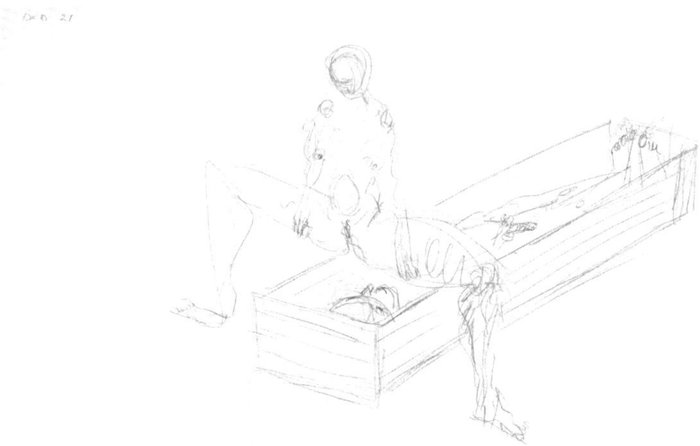

Theme 21:
Woman exposes her genitalia to dead man.

Thema 21:
Vrouw toont haar genitaliën aan dode man.

37 × 50 cm

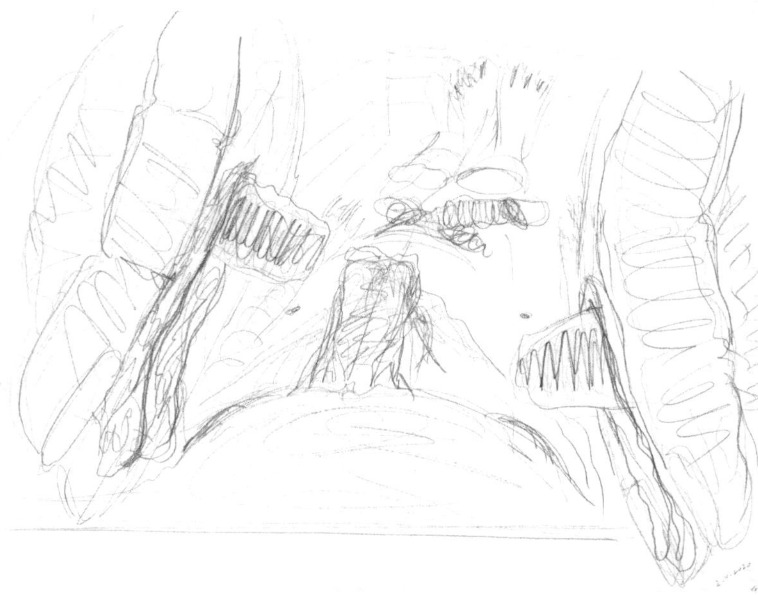

Theme 21:
Woman exposes her genitalia to dead man.

Thema 21:
Vrouw toont haar genitaliën aan dode man.

37 × 50 cm

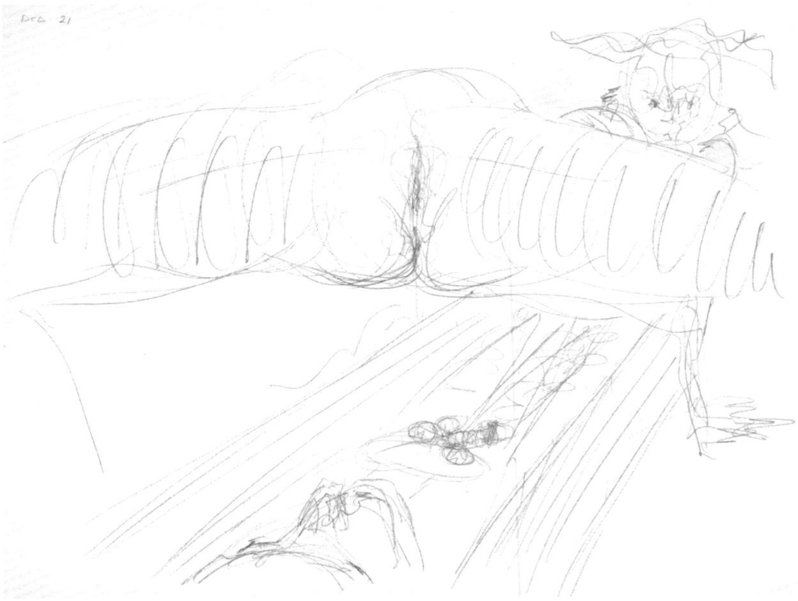

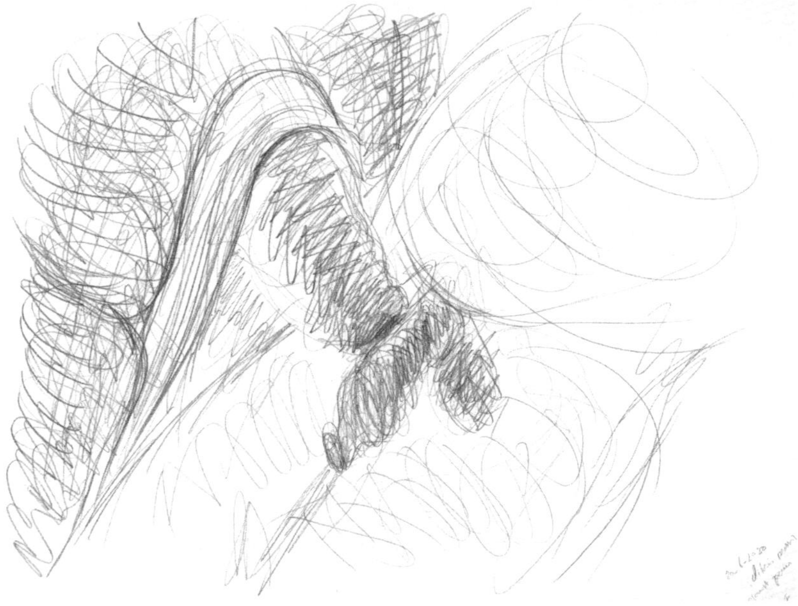

Theme 21:
Woman exposes her genitalia to dead man.

Thema 21:
Vrouw toont haar genitaliën aan dode man.

37 × 50 cm

Theme 23:
Multiple vaginas press on dying man's head.

Thema 23:
Meerdere vagina's drukken op hoofd van stervende man.

38 × 50 cm

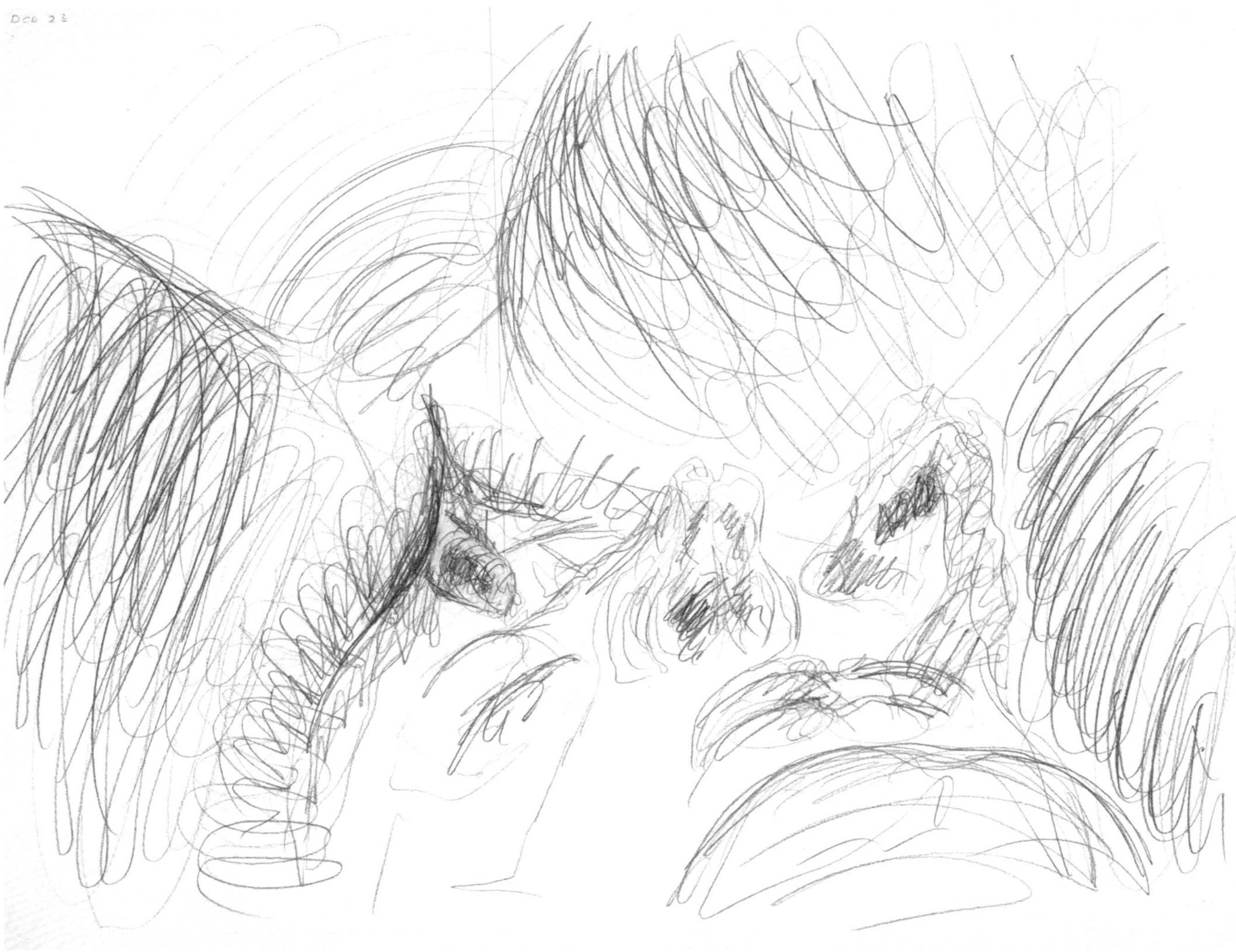

Theme 23:
Multiple vaginas press on dying man's head.

Thema 23:
Meerdere vagina's drukken op hoofd van stervende man.

38 × 50 cm

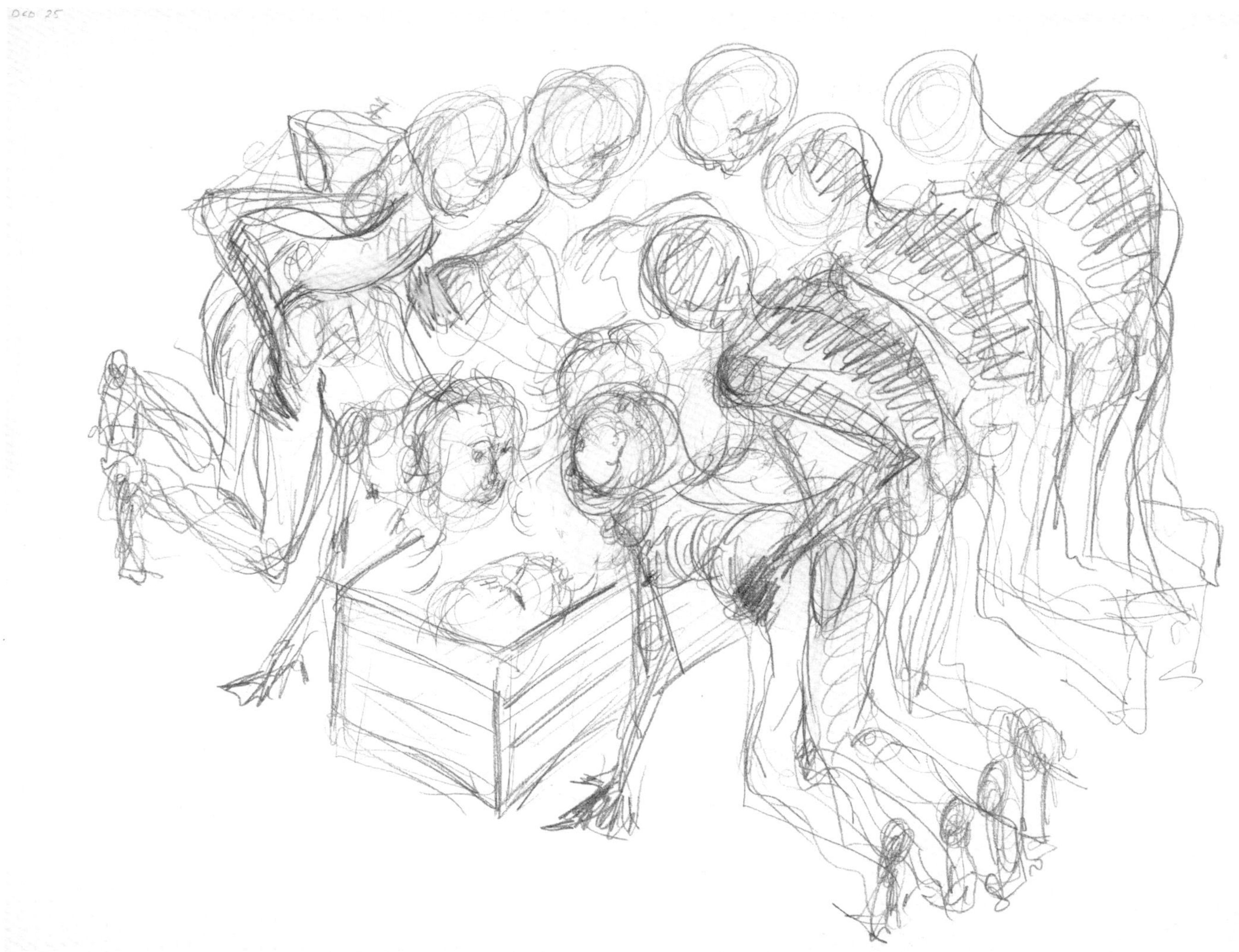

Theme 25:
Coffin surrounded by multiple coitus.

Thema 25:
Kist omringd door meerdere vrijpartijen.

37 × 50 cm

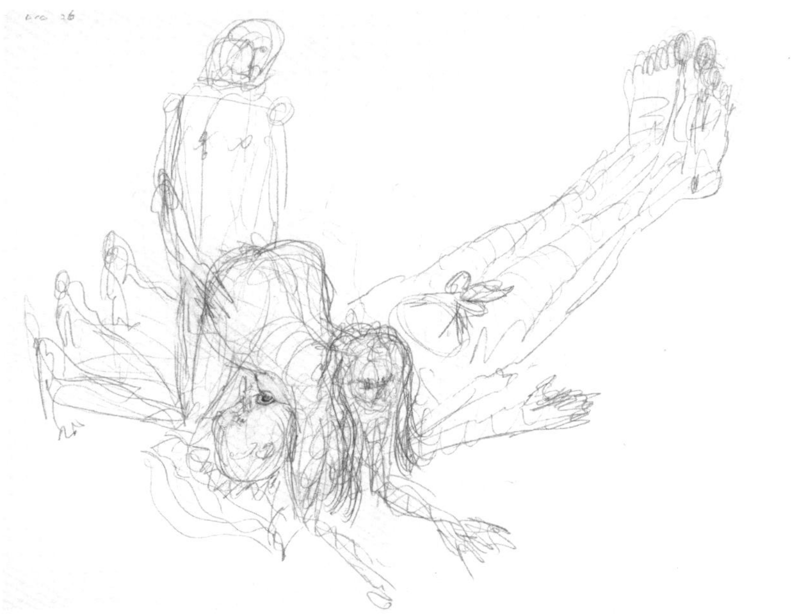

Theme 26:
Dying person mixed with coitus.
Mixed.

Thema 26:
Stervende persoon vermengd met coïtus.
Gemengd.

37 × 50 cm

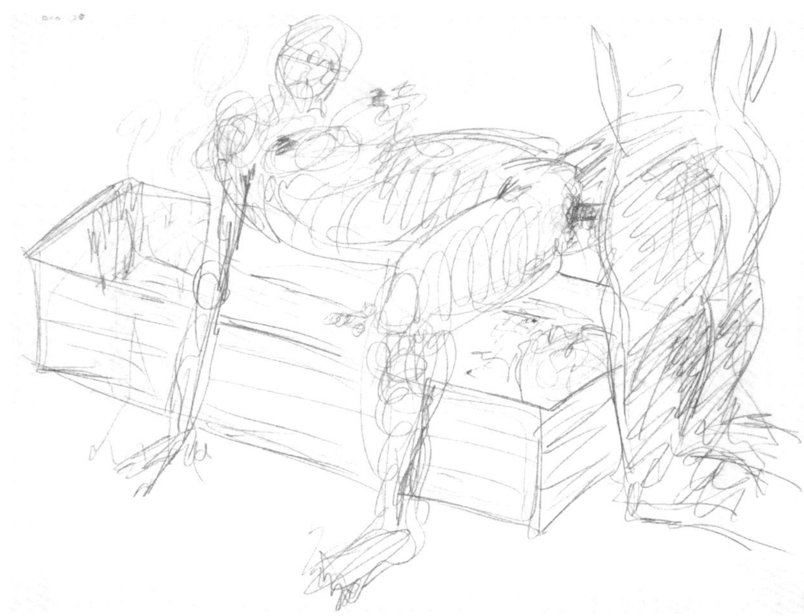

Theme 26:
Dying person mixed with coitus.
Mixed.

Thema 26:
Stervende persoon vermengd met coïtus.
Gemengd.

37 × 50 cm

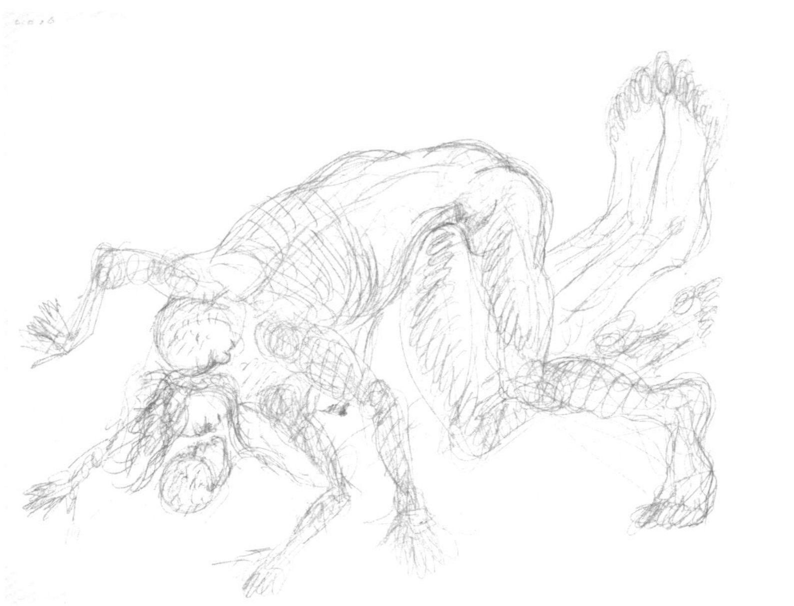

Theme 26:
Dying person mixed with coitus.
Mixed.

Thema 26:
Stervende persoon vermengd met coïtus.
Gemengd.

37 × 50 cm

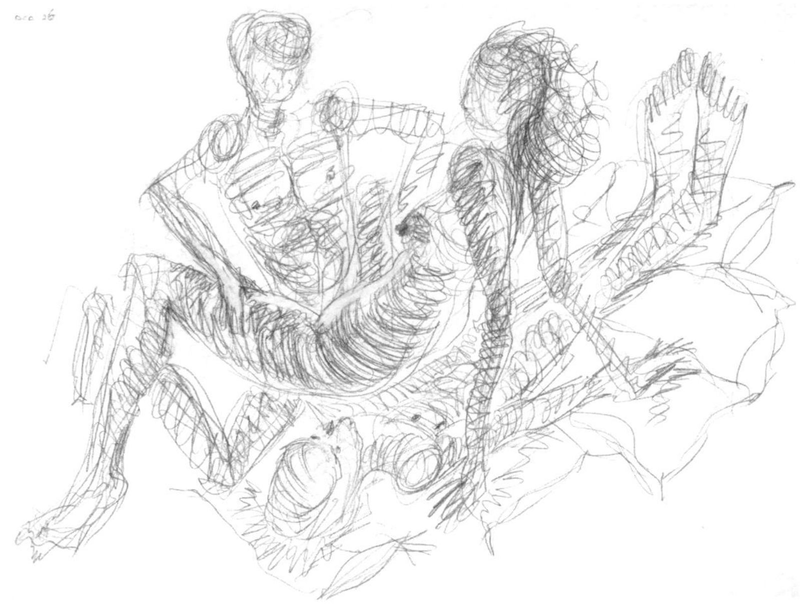

Theme 26:
Dying person mixed with coitus.
Mixed.

Thema 26:
Stervende persoon vermengd met coïtus.
Gemengd.

37 × 50 cm

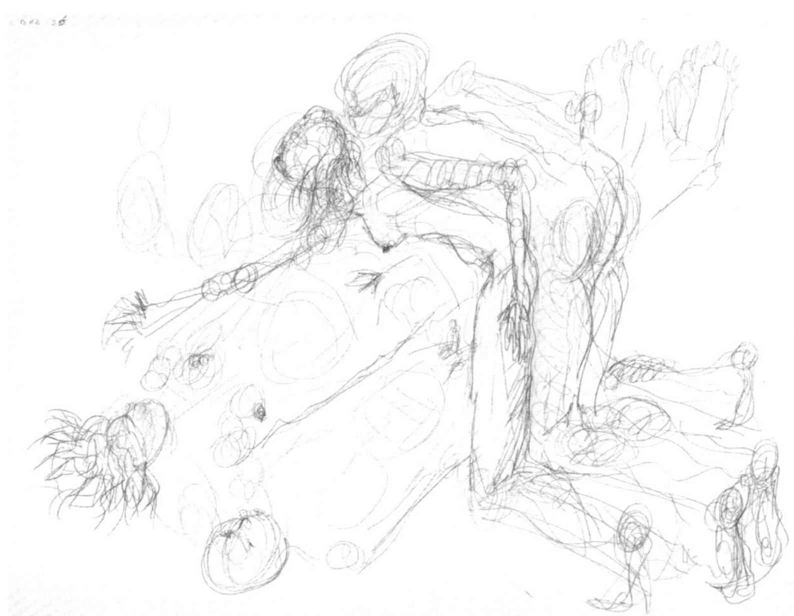

Theme 26:
Dying person mixed with coitus.
Mixed.

Thema 26:
Stervende persoon vermengd met coïtus.
Gemengd.

38 × 50 cm

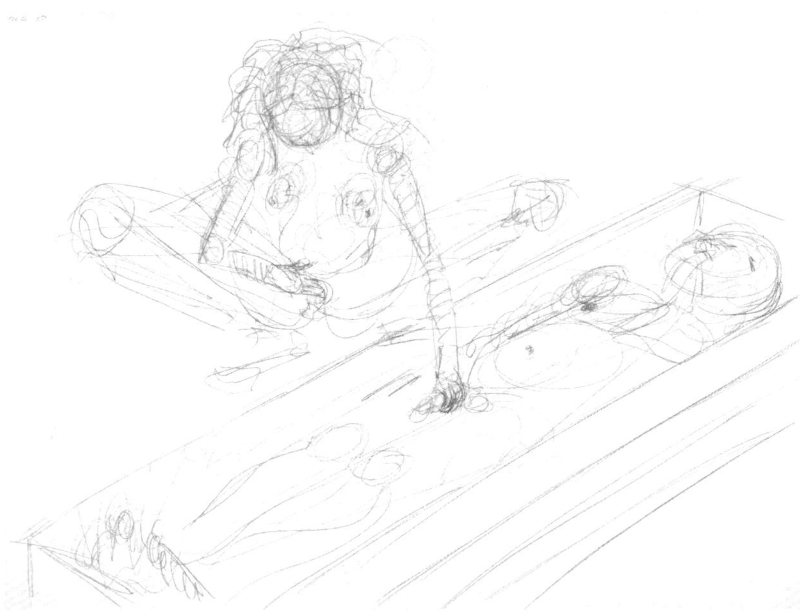

Theme 28:
Woman holds dying penis.

Thema 28:
Vrouw houdt stervende penis vast.

37 × 50 cm

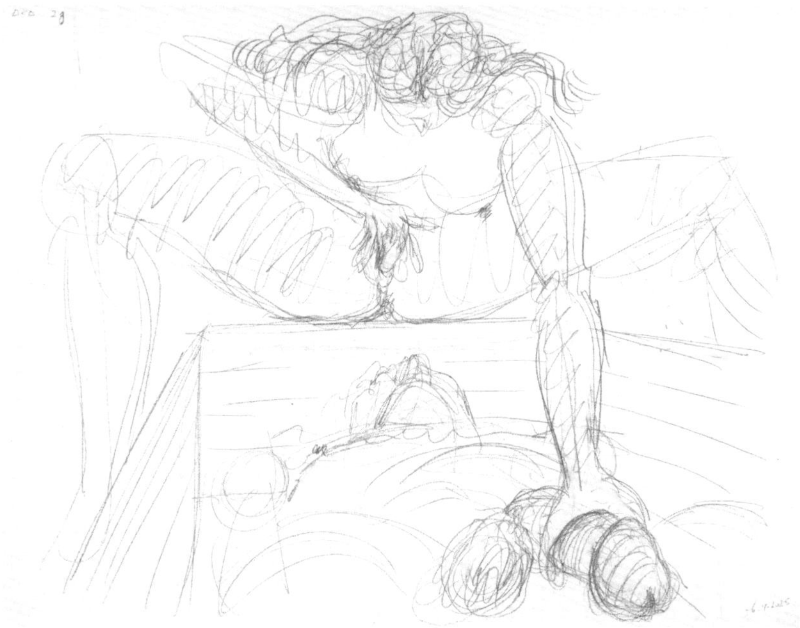

Theme 28:
Woman holds dying penis.

Thema 28:
Vrouw houdt stervende penis vast.

40 × 50 cm

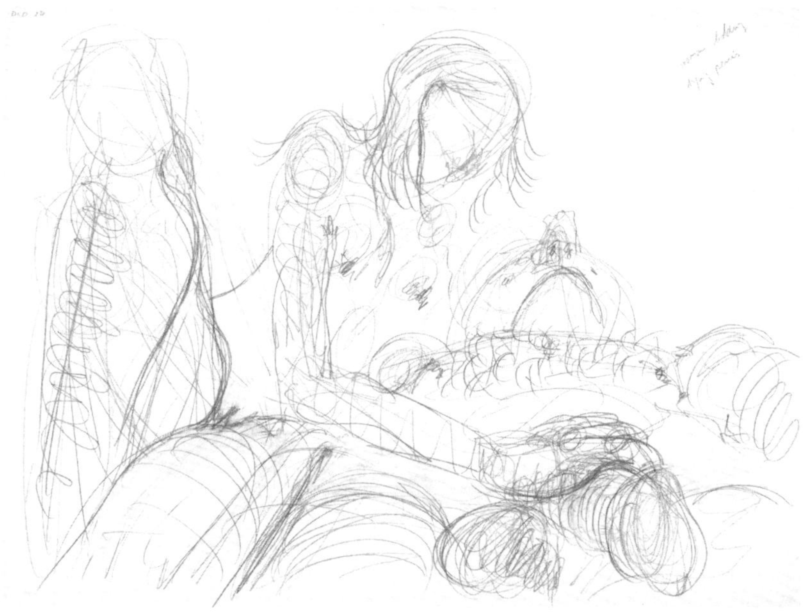

Theme 28:
Woman holds dying penis.

Thema 28:
Vrouw houdt stervende penis vast.

37 × 50 cm

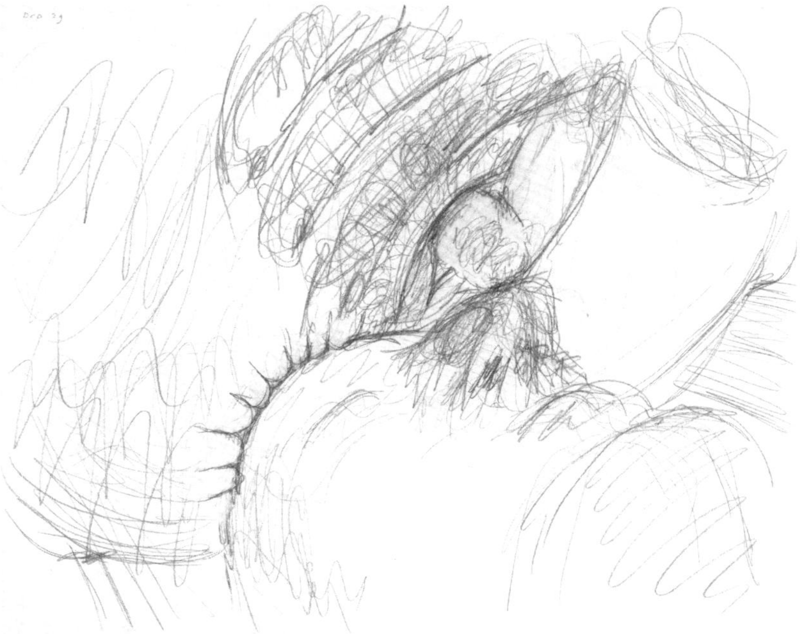

Theme 29:
Female sexual stimulation on dead man.
Male sexual stimulation on dead woman.

Thema 29:
Vrouwelijke seksuele stimulatie op dode man.
Mannelijke seksuele stimulatie op dode vrouw.

40 × 50 cm

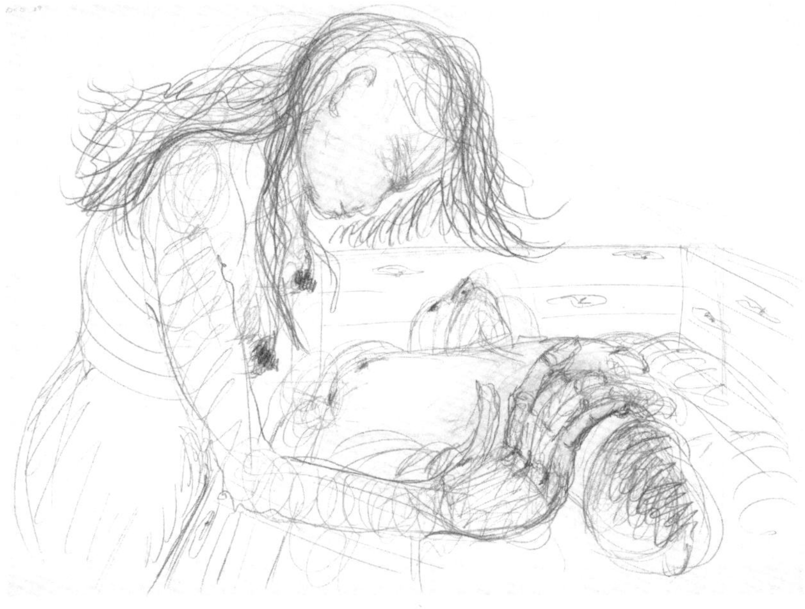

Theme 28:
Woman holds dying penis.

Thema 28:
Vrouw houdt stervende penis vast.

37 × 50 cm

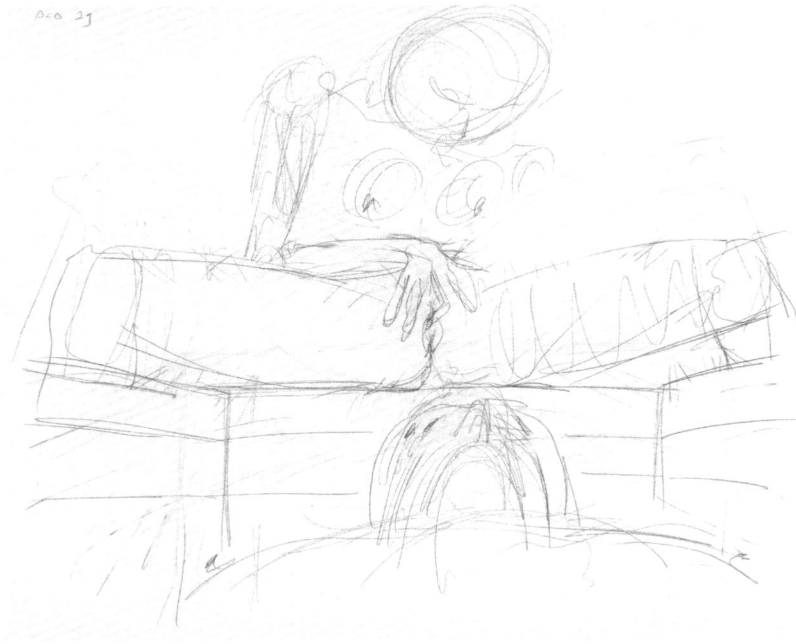

Theme 29:
Female sexual stimulation on dead man.
Male sexual stimulation on dead woman.

Thema 29:
Vrouwelijke seksuele stimulatie op dode man.
Mannelijke seksuele stimulatie op dode vrouw.

40 × 50 cm

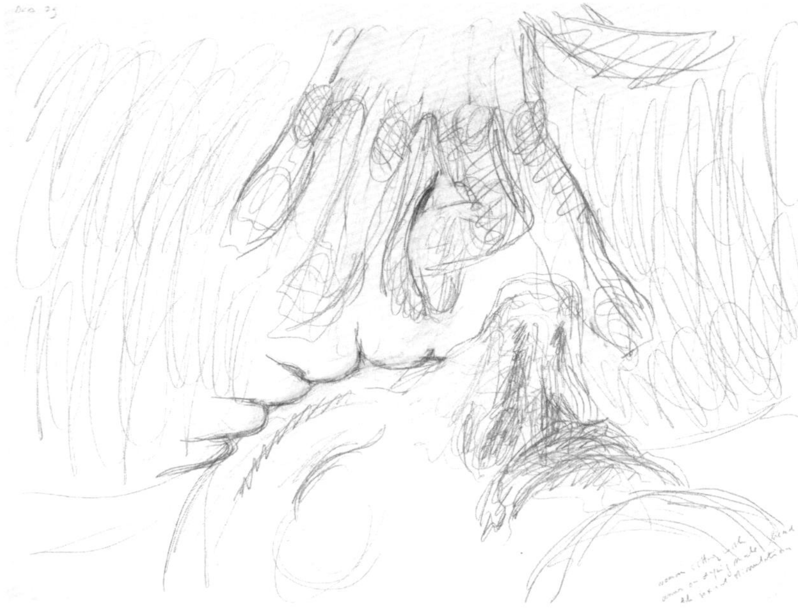

Theme 29:
Female sexual stimulation on dead man.
Male sexual stimulation on dead woman.

Thema 29:
Vrouwelijke seksuele stimulatie op dode man.
Mannelijke seksuele stimulatie op dode vrouw.

37 × 50 cm

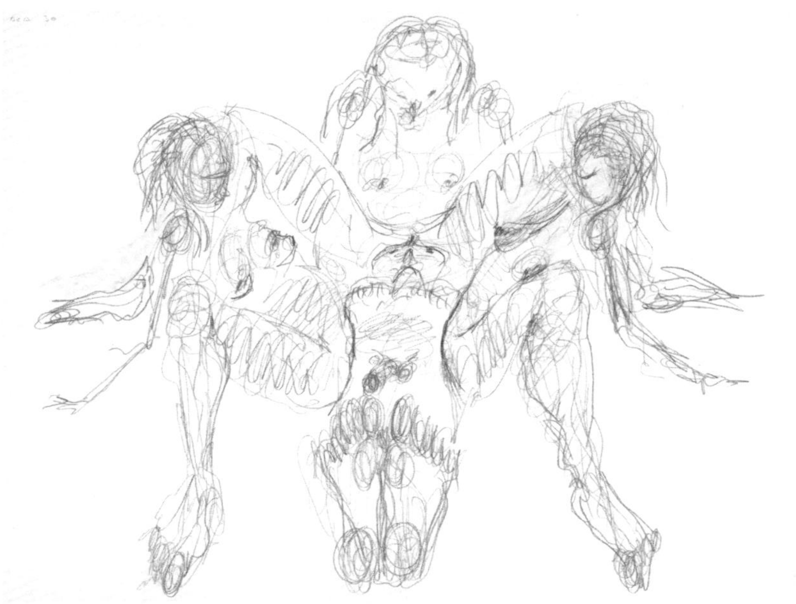

Theme 30:
Dead man surrounded by sexually aroused women.

Thema 30:
Dode man omringd door seksueel opgewonden vrouwen.

37 × 50 cm

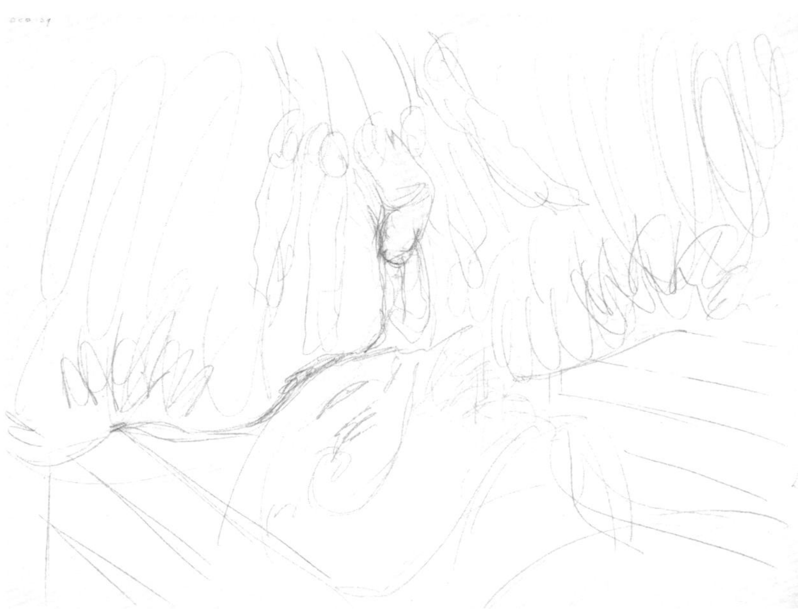

Theme 29:
Female sexual stimulation on dead man.
Male sexual stimulation on dead woman.

Thema 29:
Vrouwelijke seksuele stimulatie op dode man.
Mannelijke seksuele stimulatie op dode vrouw.

37 × 50 cm

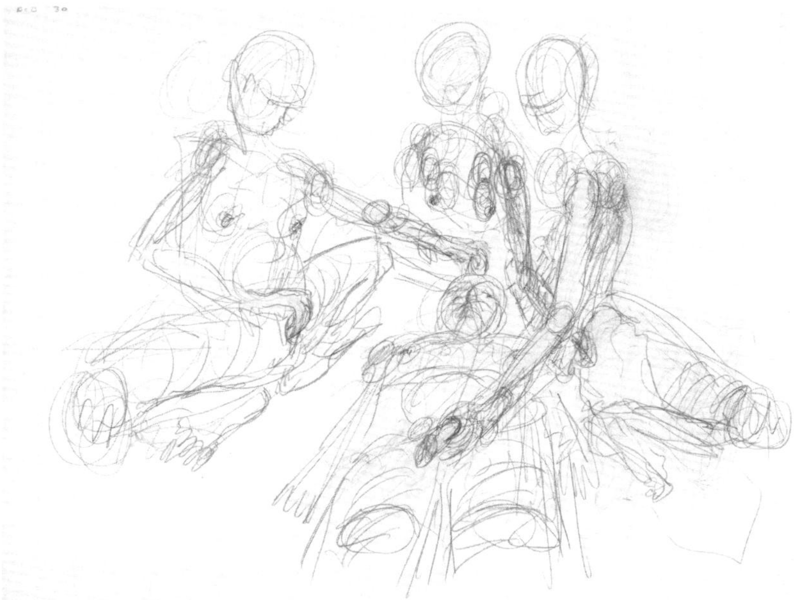

Theme 30:
Dead man surrounded by sexually aroused women.

Thema 30:
Dode man omringd door seksueel opgewonden vrouwen.

37 × 50 cm

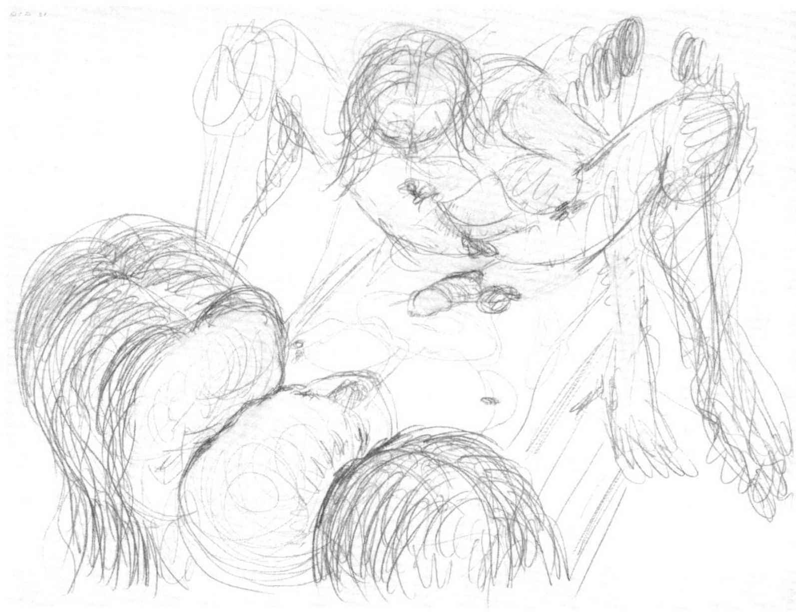

Theme 31:
Dead man in coffin.
Face clamped between living faces.
Dead penis touched by living vagina.

Thema 31:
Dode man in kist.
Gezicht geklemd tussen levende gezichten.
Dode penis aangeraakt door levende vagina.

37 × 50 cm

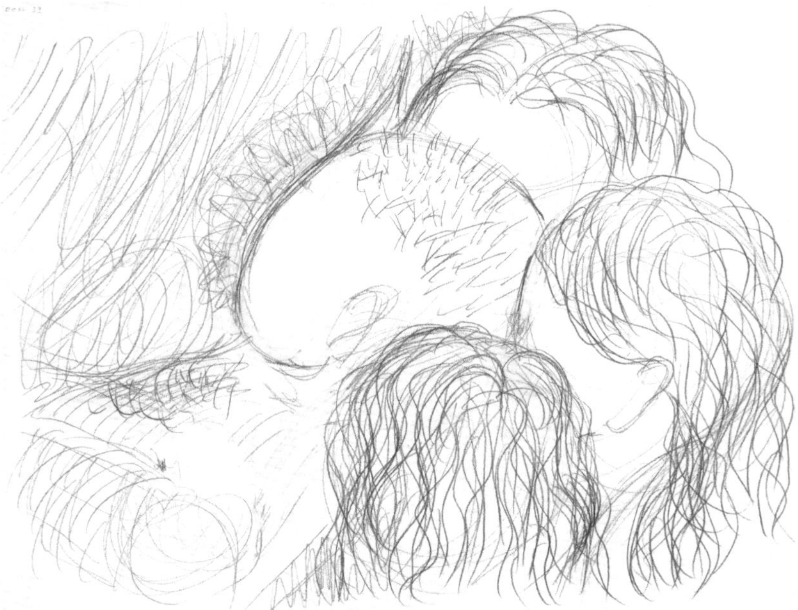

Theme 32:
Head of dying man pressed onto vagina by other women.

Thema 32:
Hoofd van stervende man op vagina gedrukt door andere vrouwen.

38 × 50 cm

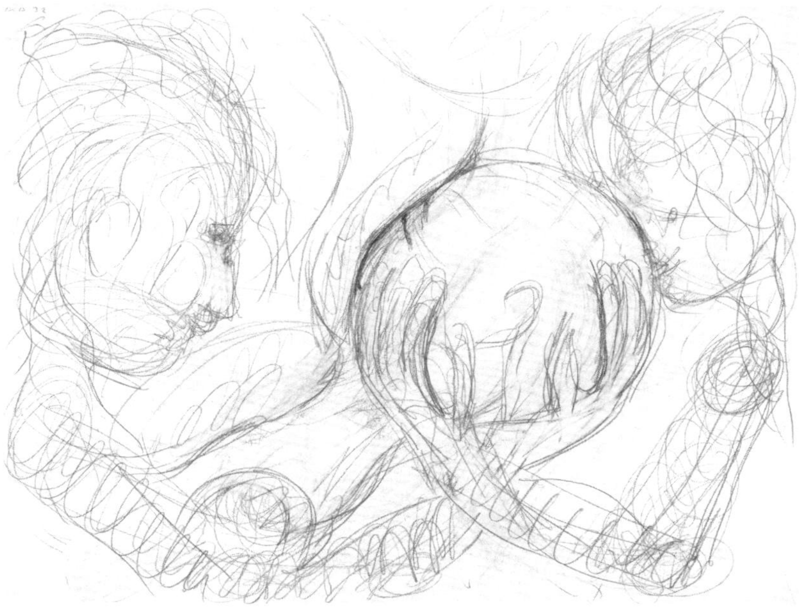

Theme 32:
Head of dying man pressed onto vagina by other women.

Thema 32:
Hoofd van stervende man op vagina gedrukt door andere vrouwen.

37 × 50 cm

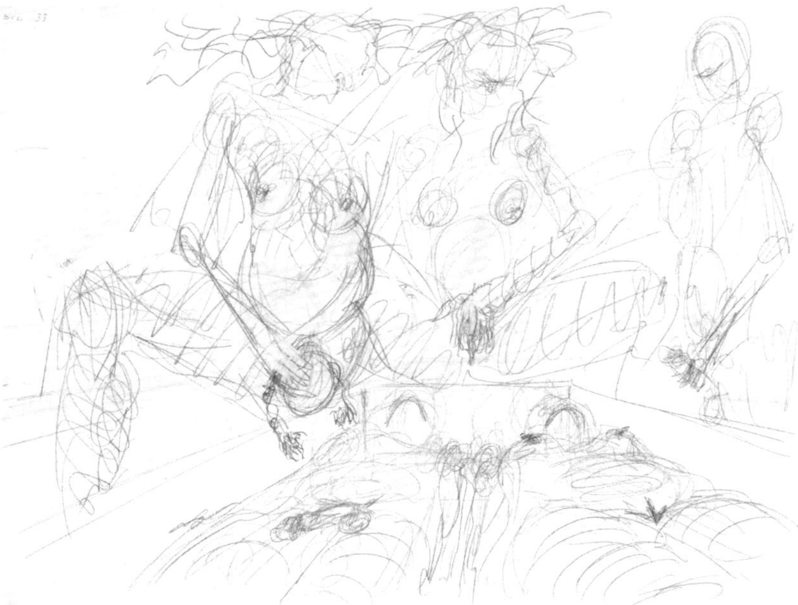

Theme 33:
Woman in labor stimulates vagina and penis.
Birth on dying couple.
Baby grasps genitals of the dead.

Thema 33:
Barende vrouw stimuleert vagina en penis.
Geboorte op stervend paar.
Baby grijpt genitaliën van de doden.

38 × 50 cm

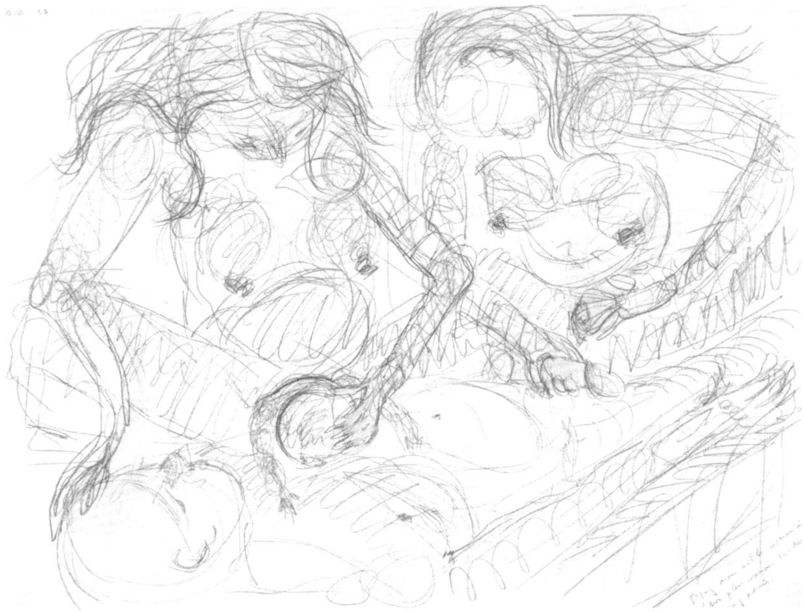

Theme 33:
Woman in labor stimulates vagina and penis.
Birth on dying couple.
Baby grasps genitals of the dead.

Thema 33:
Barende vrouw stimuleert vagina en penis.
Geboorte op stervend paar.
Baby grijpt genitaliën van de doden.

37 × 50 cm

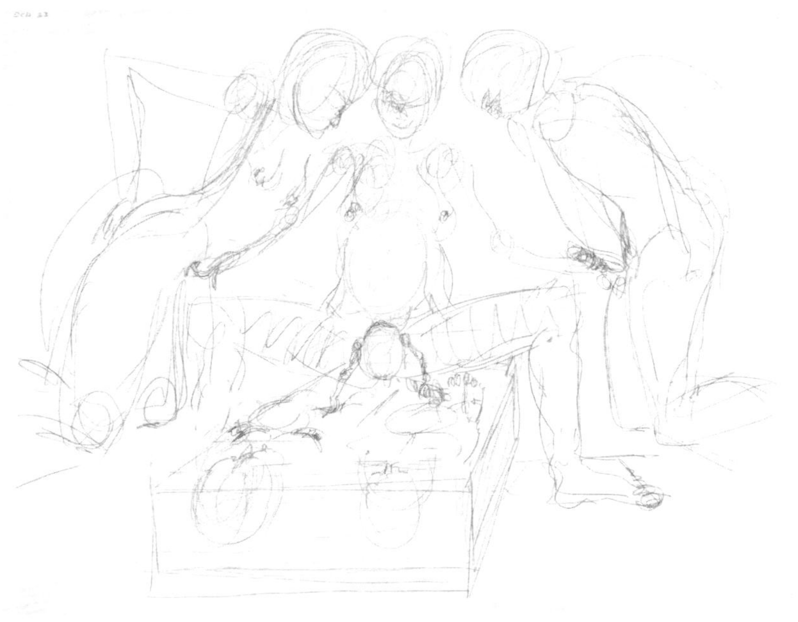

Theme 33:
Woman in labor stimulates vagina and penis.
Birth on dying couple.
Baby grasps genitals of the dead.

Thema 33:
Barende vrouw stimuleert vagina en penis.
Geboorte op stervend paar.
Baby grijpt genitaliën van de doden.

38 × 50 cm

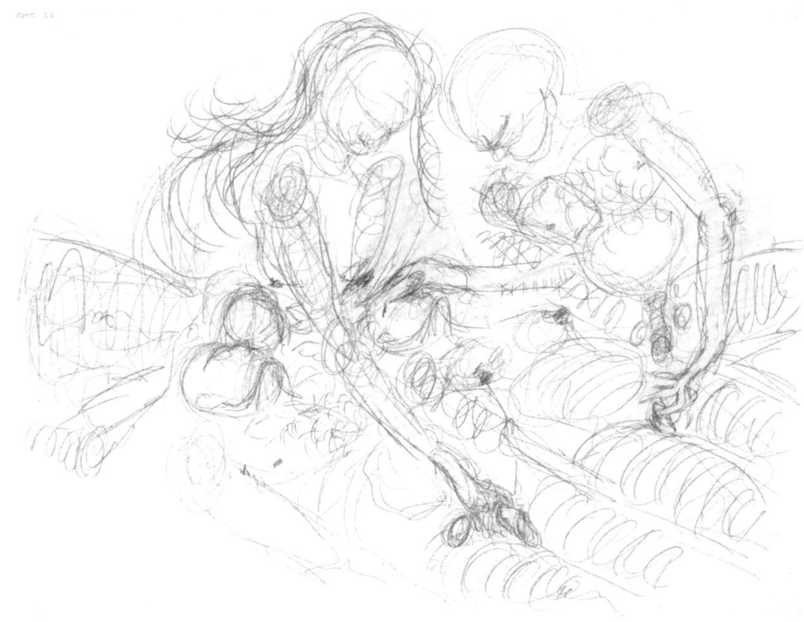

Theme 33:
Woman in labor stimulates vagina and penis.
Birth on dying couple.
Baby grasps genitals of the dead.

Thema 33:
Barende vrouw stimuleert vagina en penis.
Geboorte op stervend paar.
Baby grijpt genitaliën van de doden.

38 × 50 cm

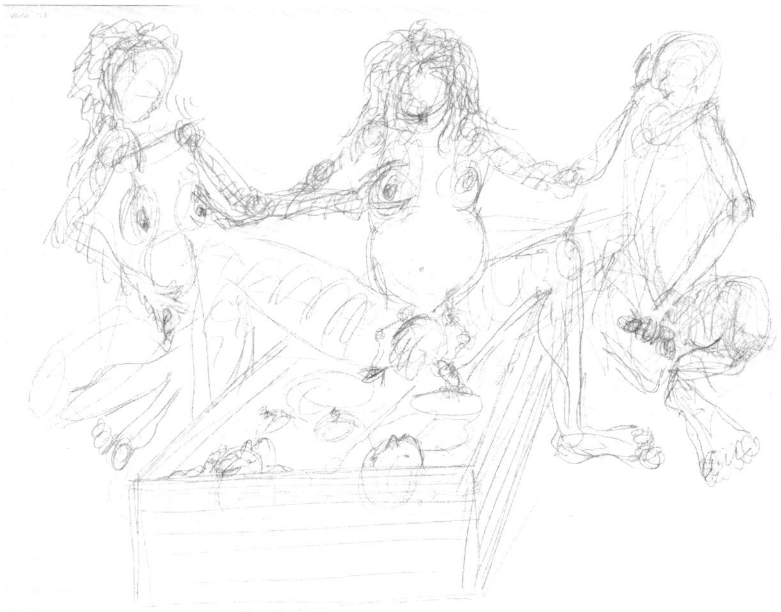

Theme 33:
Woman in labor stimulates vagina and penis.
Birth on dying couple.
Baby grasps genitals of the dead.

Thema 33:
Barende vrouw stimuleert vagina en penis.
Geboorte op stervend paar.
Baby grijpt genitaliën van de doden.

38 × 50 cm

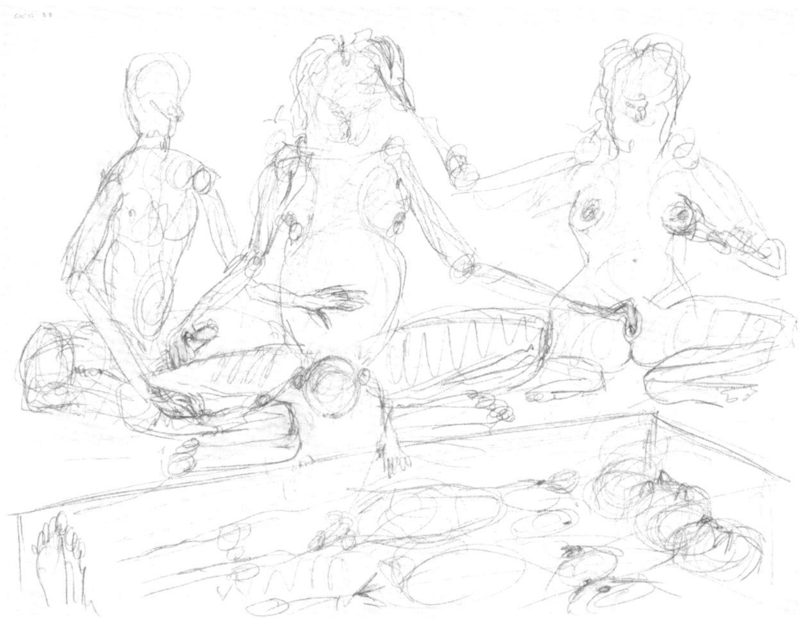

Theme 33:
Woman in labor stimulates vagina and penis.
Birth on dying couple.
Baby grasps genitals of the dead.

Thema 33:
Barende vrouw stimuleert vagina en penis.
Geboorte op stervend paar.
Baby grijpt genitaliën van de doden.

38 × 50 cm

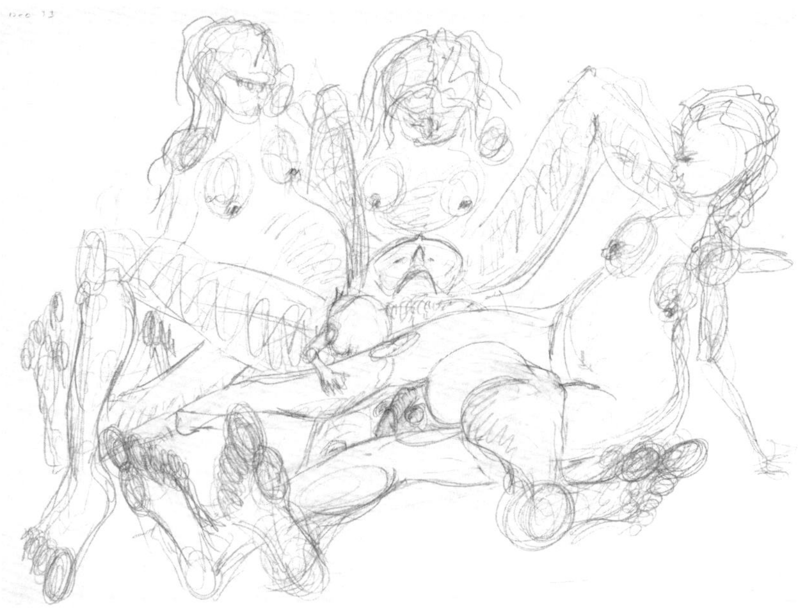

Theme 33:
Woman in labor stimulates vagina and penis.
Birth on dying couple.
Baby grasps genitals of the dead.

Thema 33:
Barende vrouw stimuleert vagina en penis.
Geboorte op stervend paar.
Baby grijpt genitaliën van de doden.

37 × 50 cm

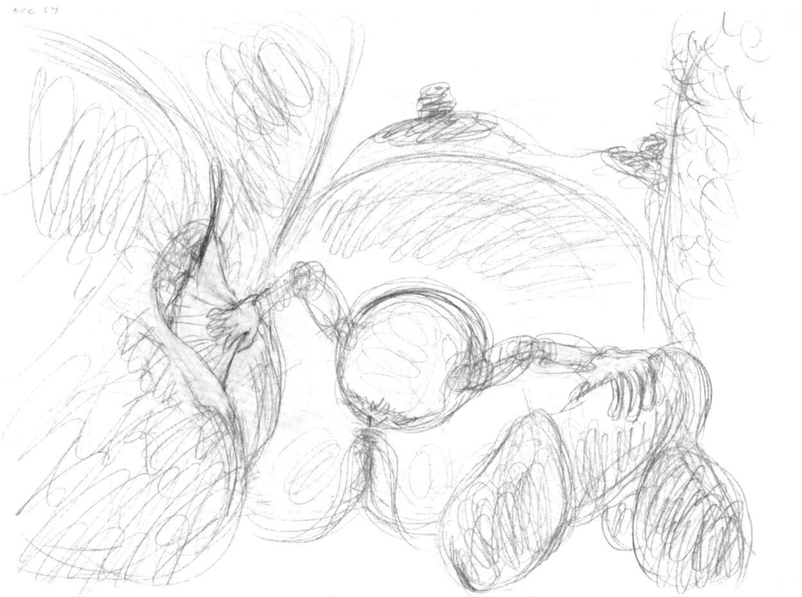

Theme 34:
Woman gives birth on coffin.
Acting baby touches dead and living penis and vagina.

Thema 34:
Vrouw bevalt in kist.
Handelend kind raakt dode en levende penis en vagina aan.

38 × 50 cm

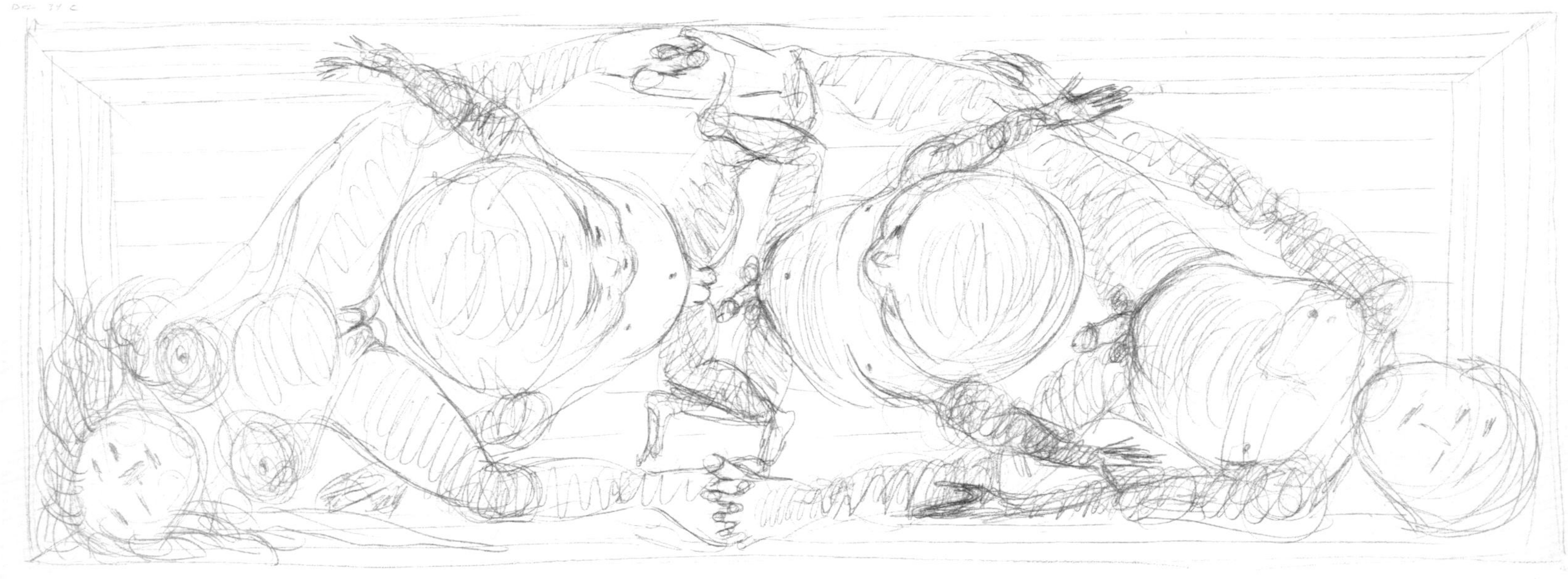

Theme 34:
Woman gives birth on coffin.
Acting baby touches dead and living penis and vagina.

Thema 34:
Vrouw bevalt in kist.
Handelend kind raakt dode en levende penis en vagina aan.

32 × 85 cm

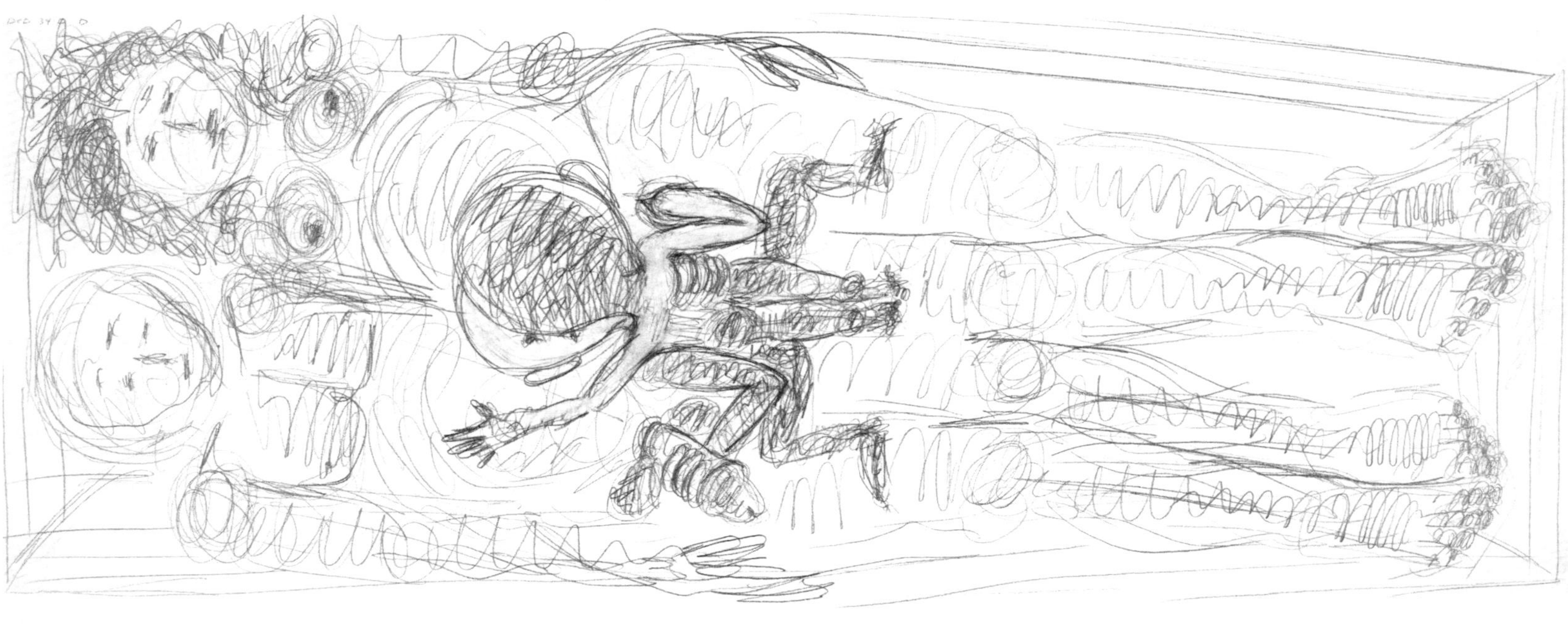

Theme 34:
Woman gives birth on coffin.
Acting baby touches dead and living penis and vagina.

Thema 34:
Vrouw bevalt in kist
Handelend kind raakt dode en levende penis en vagina aan.

32 × 85 cm

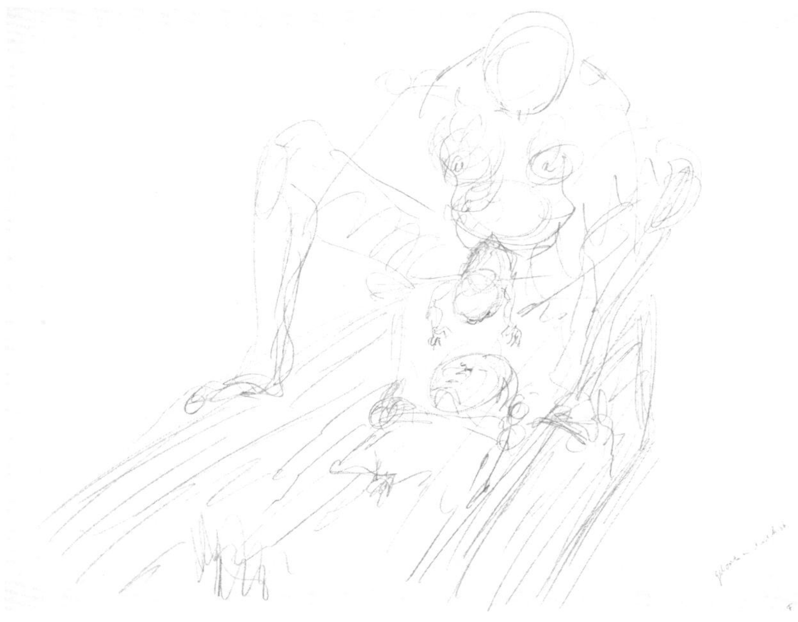

Theme 34:
Woman gives birth on coffin.
Acting baby touches dead and living penis and vagina.

Thema 34:
Vrouw bevalt in kist.
Handelend kind raakt dode en levende penis en vagina aan.

40 × 50 cm

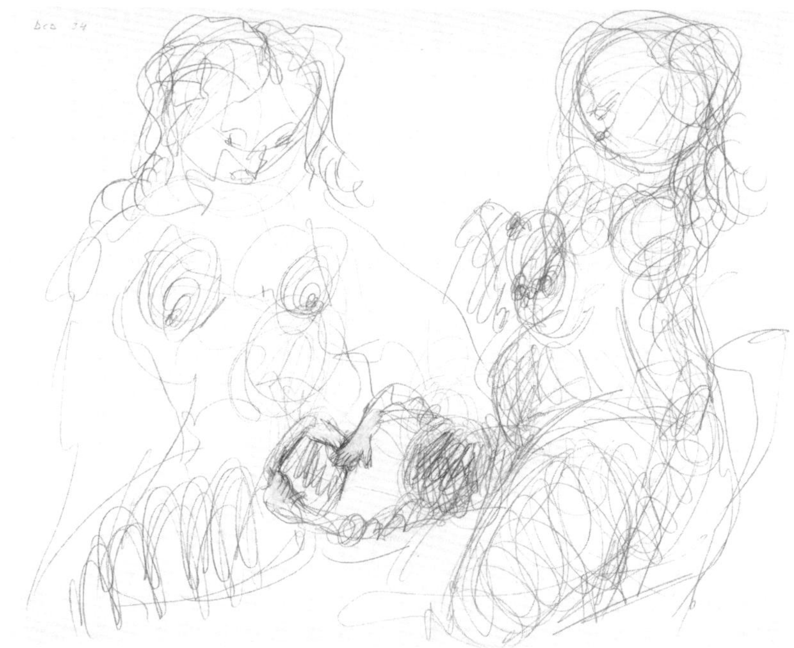

Theme 34:
Woman gives birth on coffin.
Acting baby touches dead and living penis and vagina.

Thema 34:
Vrouw bevalt in kist.
Handelend kind raakt dode en levende penis en vagina aan.

40 × 50 cm

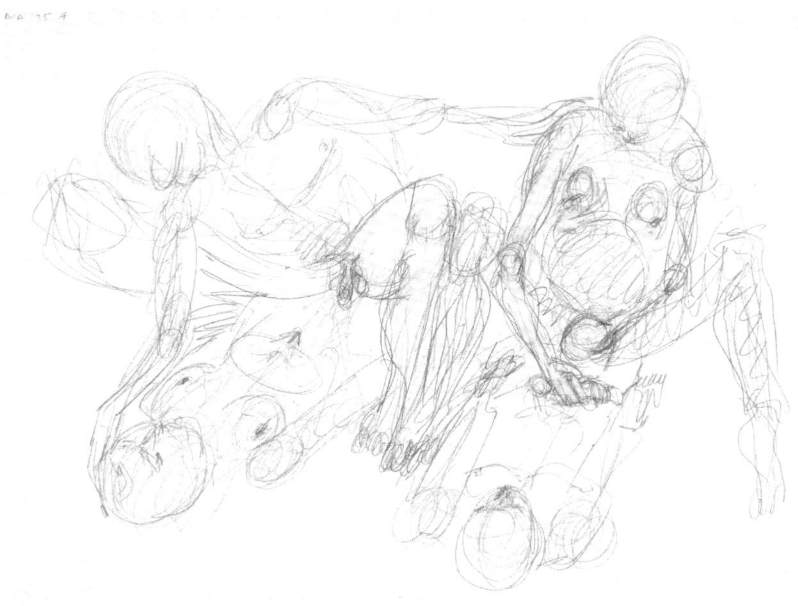

Theme 35:
Dying man / dying couple with birth scene.
The dying grasp genitals of the living.
Active hands of the dead.
Active hands of the living.

Thema 35:
Stervende man / stervend paar met geboortescène.
Stervenden grijpen de genitaliën van de levenden.
Actieve handen van de doden.
Actieve handen van de levenden.

37 × 50 cm

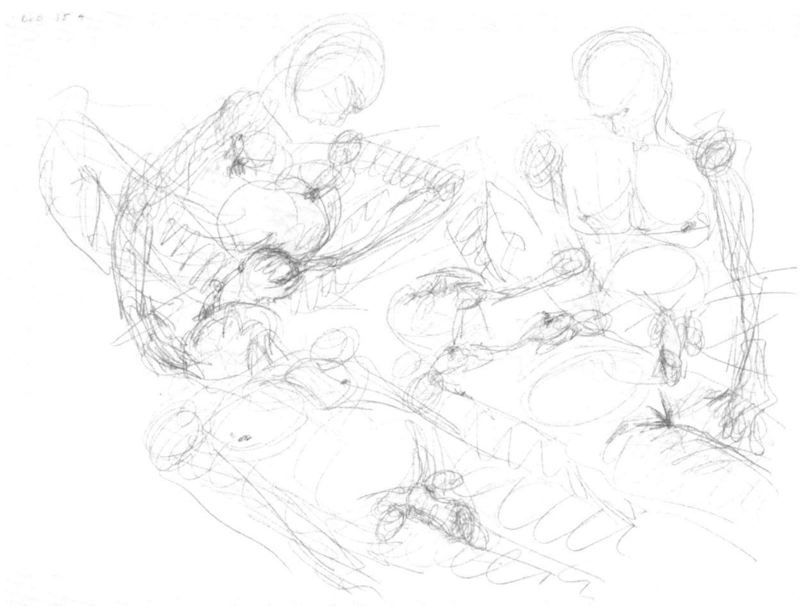

Theme 35:
Dying man / dying couple with birth scene.
The dying grasp genitals of the living.
Active hands of the dead.
Active hands of the living.

Thema 35:
Stervende man / stervend paar met geboortescène.
Stervenden grijpen de genitaliën van de levenden.
Actieve handen van de doden.
Actieve handen van de levenden.

37 × 50 cm

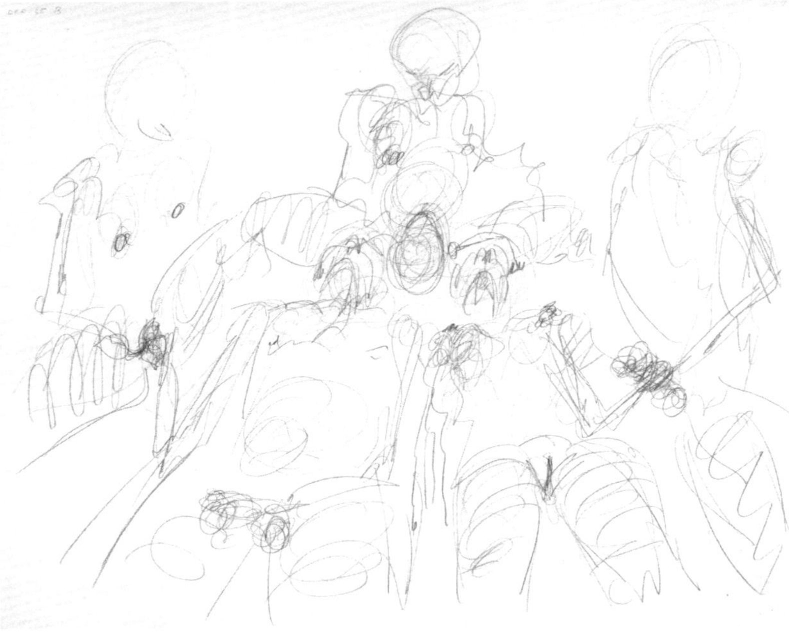

Theme 35:
Dying man / dying couple with birth scene.
The dying grasp genitals of the living.
Active hands of the dead.
Active hands of the living.

Thema 35:
Stervende man / stervend paar met geboortescène.
Stervenden grijpen de genitaliën van de levenden.
Actieve handen van de doden.
Actieve handen van de levenden.

40 × 50 cm

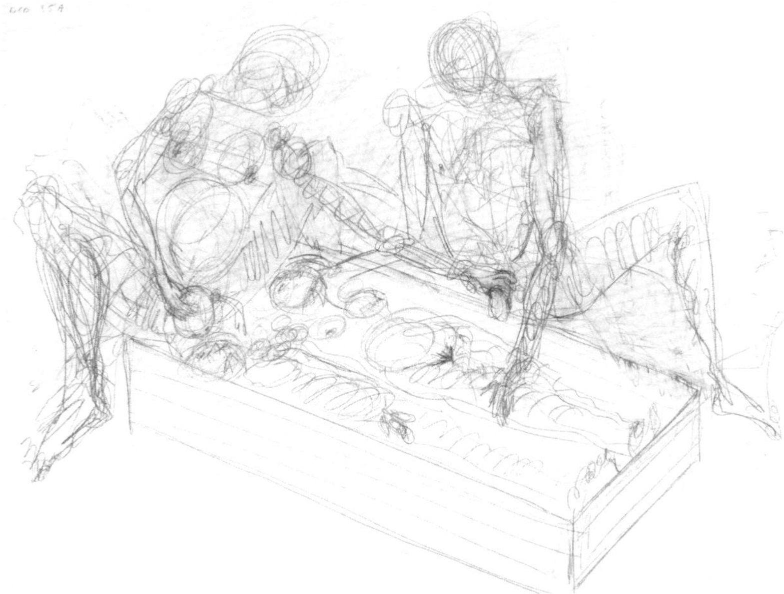

Theme 35:
Dying man / dying couple with birth scene.
The dying grasp genitals of the living.
Active hands of the dead.
Active hands of the living.

Thema 35:
Stervende man / stervend paar met geboortescène.
Stervenden grijpen de genitaliën van de levenden.
Actieve handen van de doden.
Actieve handen van de levenden.

37 × 50 cm

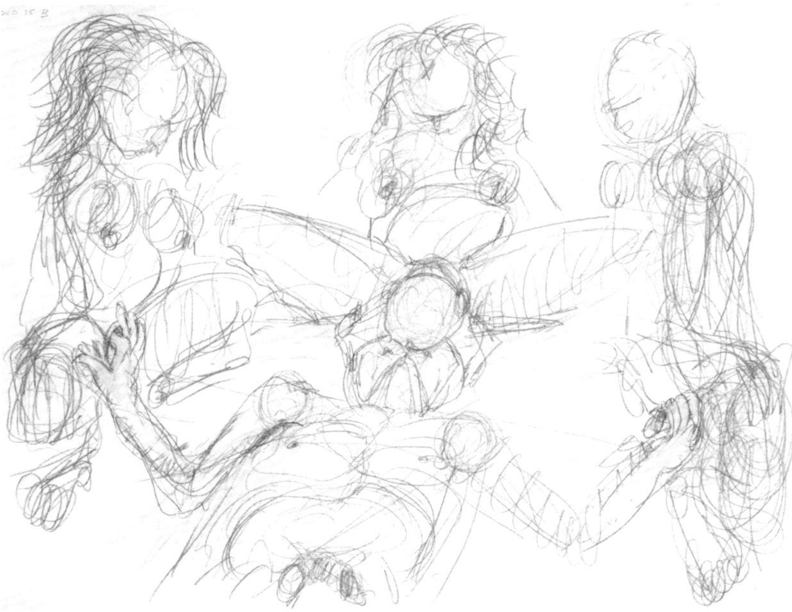

Theme 35:
Dying man / dying couple with birth scene.
The dying grasp genitals of the living.
Active hands of the dead.
Active hands of the living.

Thema 35:
Stervende man / stervend paar met geboortescène.
Stervenden grijpen de genitaliën van de levenden.
Actieve handen van de doden.
Actieve handen van de levenden.

38 × 50 cm

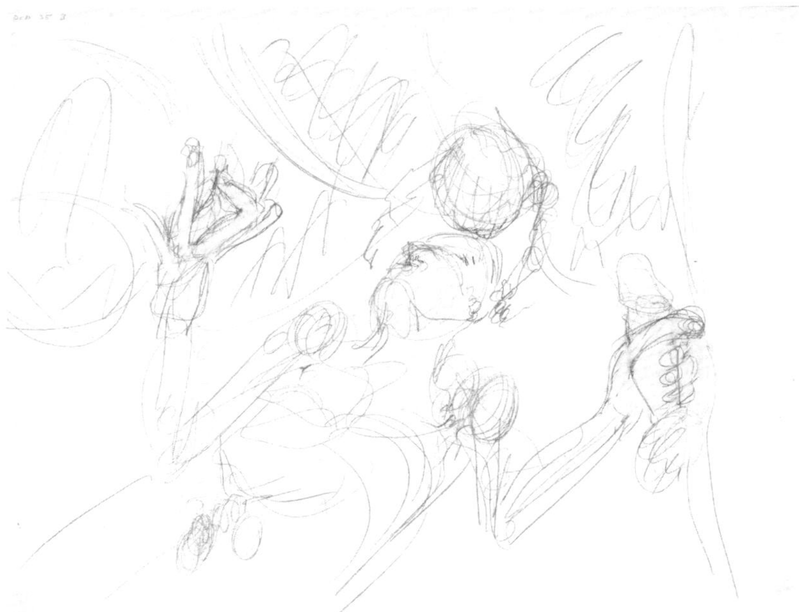

Theme 35:
Dying man / dying couple with birth scene.
The dying grasp genitals of the living.
Active hands of the dead.
Active hands of the living.

Thema 35:
Stervende man / stervend paar met geboortescène.
Stervenden grijpen de genitaliën van de levenden.
Actieve handen van de doden.
Actieve handen van de levenden.

38 × 50 cm

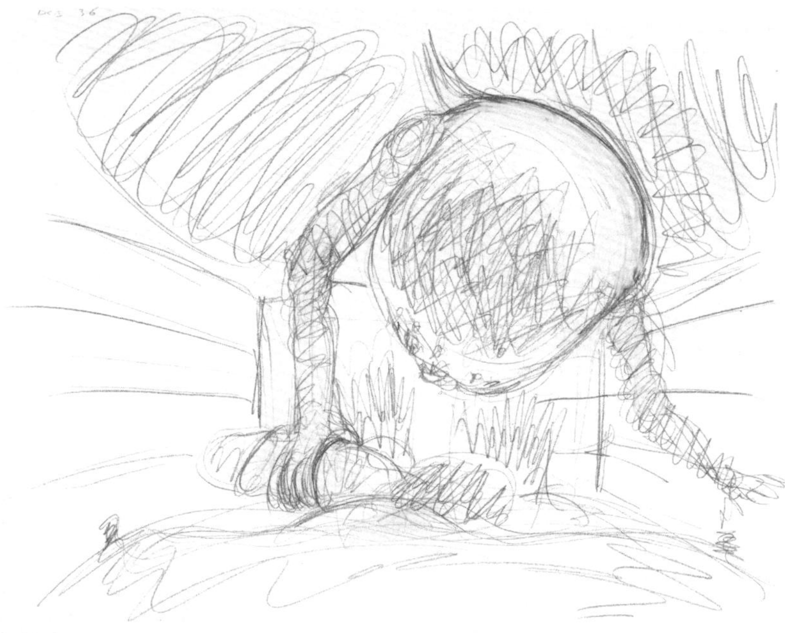

Theme 36:
Birth as seen from coffin.
The gaze of a dead person.

Thema 36:
Geboorte gezien vanuit de kist.
De blik van een dode.

40 × 50 cm

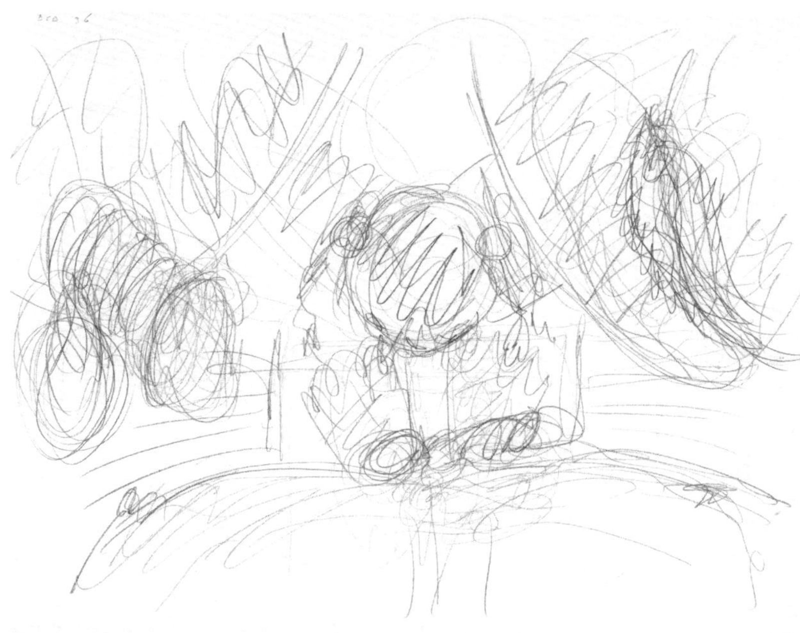

Theme 36:
Birth as seen from coffin.
The gaze of a dead person.

Thema 36:
Geboorte gezien vanuit de kist.
De blik van een dode.

40 × 50 cm

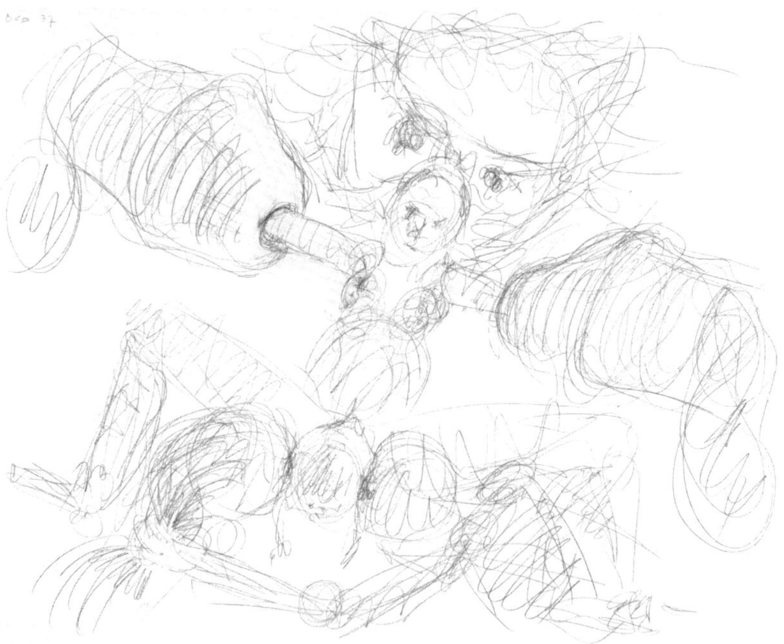

Theme 37:
Birth.
Head of baby and of woman giving birth clamped.

Thema 37:
Geboorte.
Hoofd van baby en barende vrouw opeengeperst.

40 × 50cm

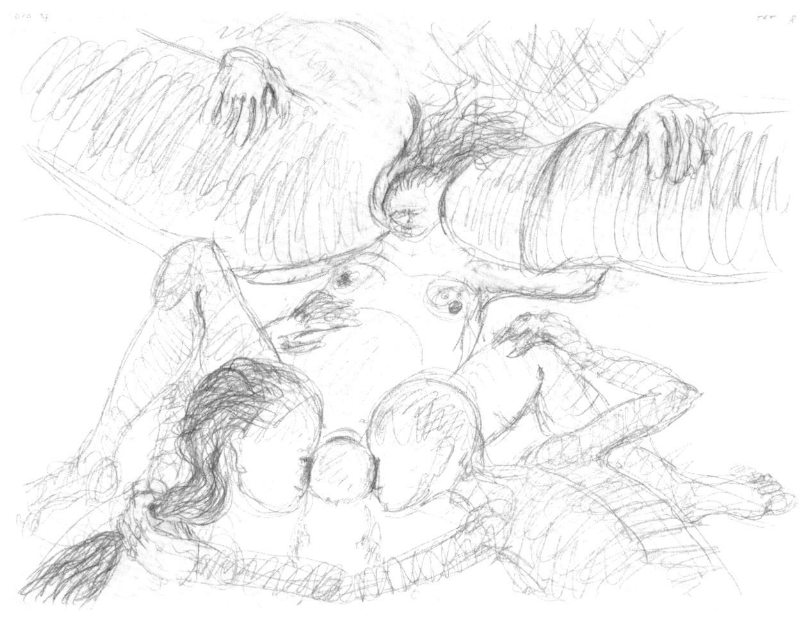

Theme 37:
Birth.
Head of baby and of woman giving birth clamped.

Thema 37:
Geboorte.
Hoofd van baby en barende vrouw opeengeperst.

37 × 50 cm

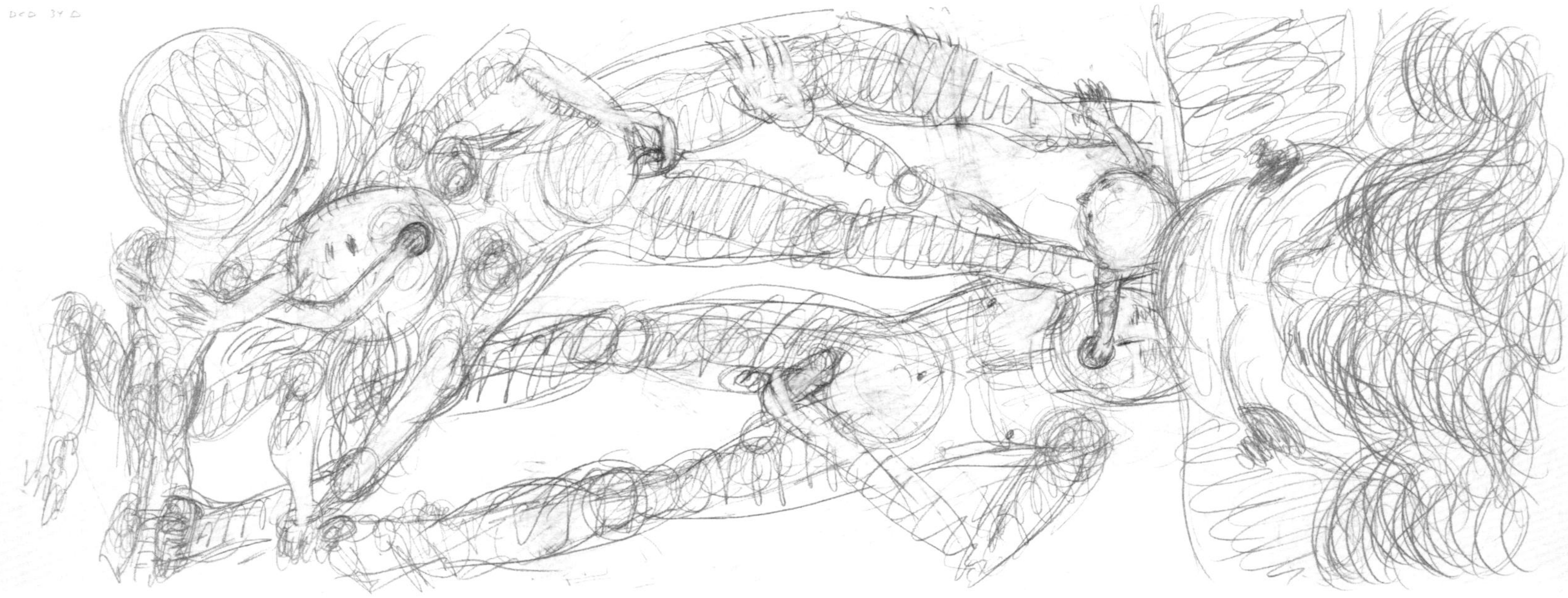

Theme 34:
Woman gives birth on coffin.
Acting baby touches dead and living penis and vagina.

Thema 34:
Vrouw bevalt in kist.
Handelend kind raakt dode en levende penis en vagina aan.

32 × 85 cm

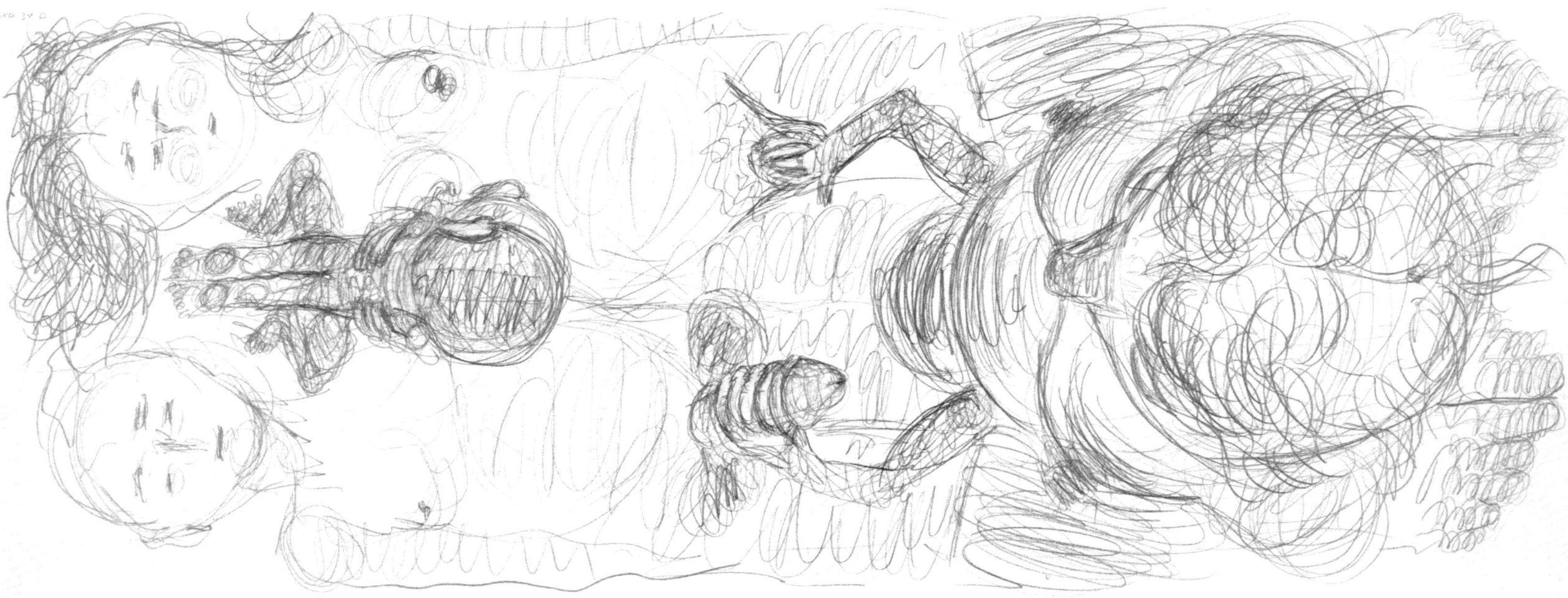

Theme 34:
Woman gives birth on coffin.
Acting baby touches dead and living penis and vagina.

Thema 34:
Vrouw bevalt in kist.
Handelend kind raakt dode en levende penis en vagina aan.

32 × 85 cm

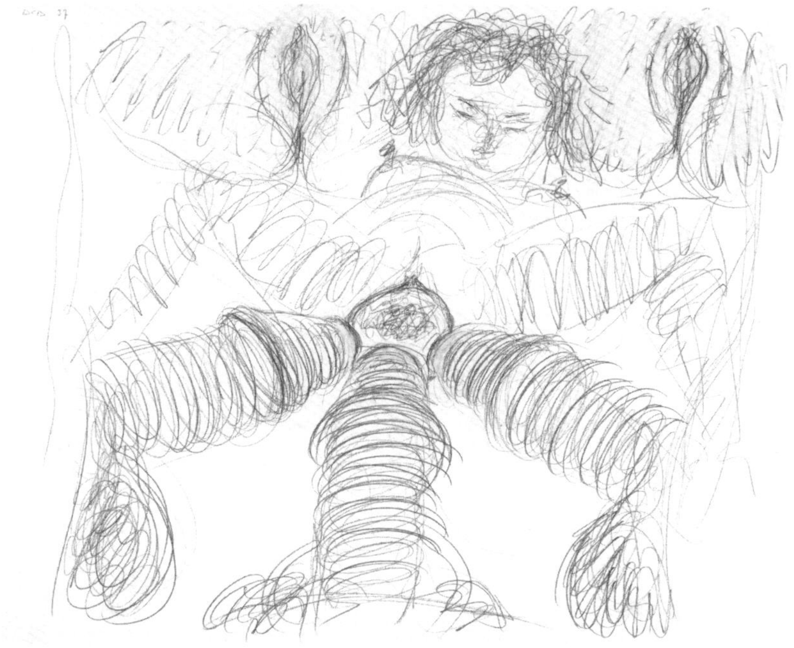

Theme 37:
Birth.
Head of baby and of woman giving birth clamped.

Thema 37:
Geboorte.
Hoofd van baby en barende vrouw opeengeperst.

40 × 50cm

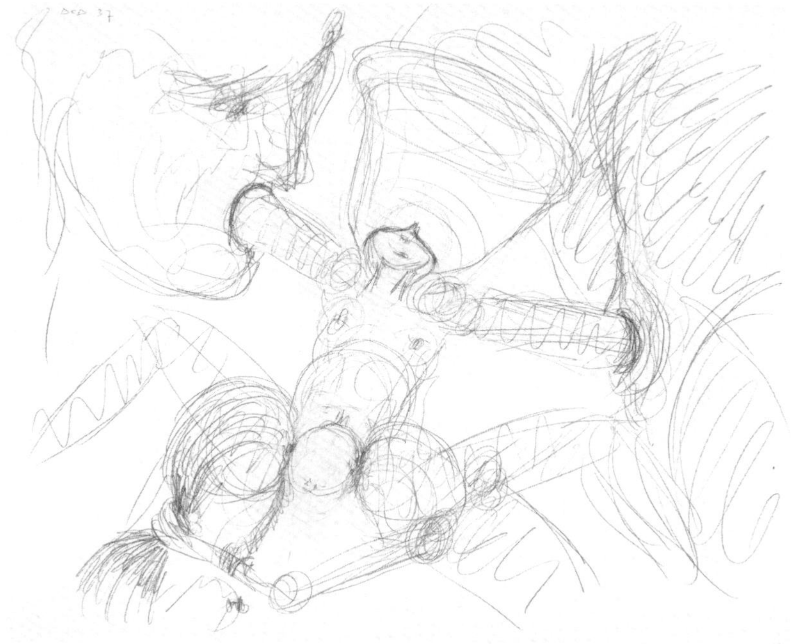

Theme 37:
Birth.
Head of baby and of woman giving birth clamped.

Thema 37:
Geboorte.
Hoofd van baby en barende vrouw opeengeperst.

40 × 50cm

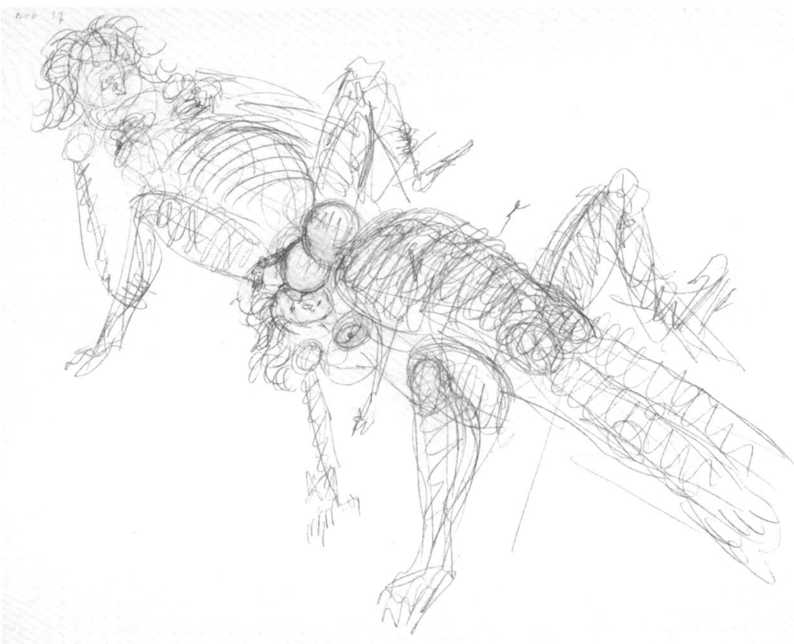

Theme 37:
Birth.
Head of baby and of woman giving birth clamped.

Thema 37:
Geboorte.
Hoofd van baby en barende vrouw opeengeperst.

40 × 50 cm

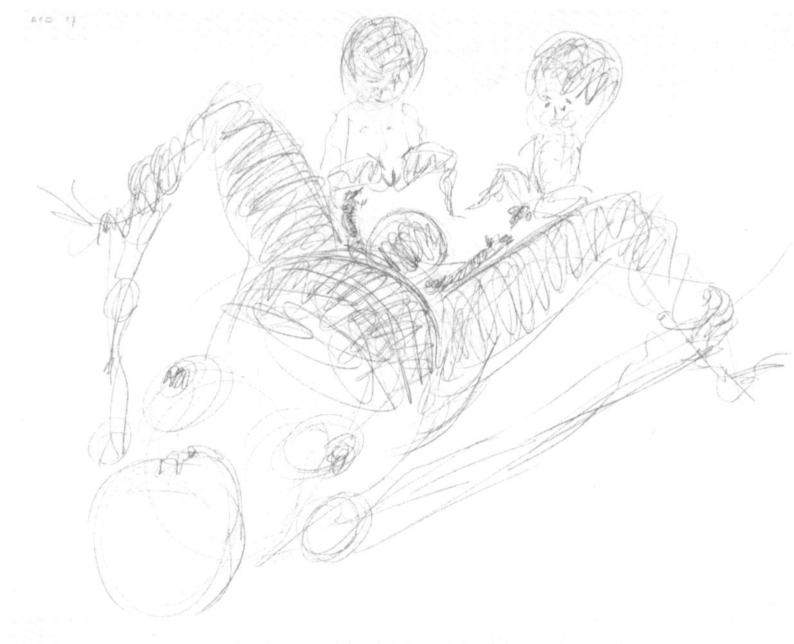

Theme 37:
Birth.
Head of baby and of woman giving birth clamped.

Thema 37:
Geboorte.
Hoofd van baby en barende vrouw opeengeperst.

40 × 50cm

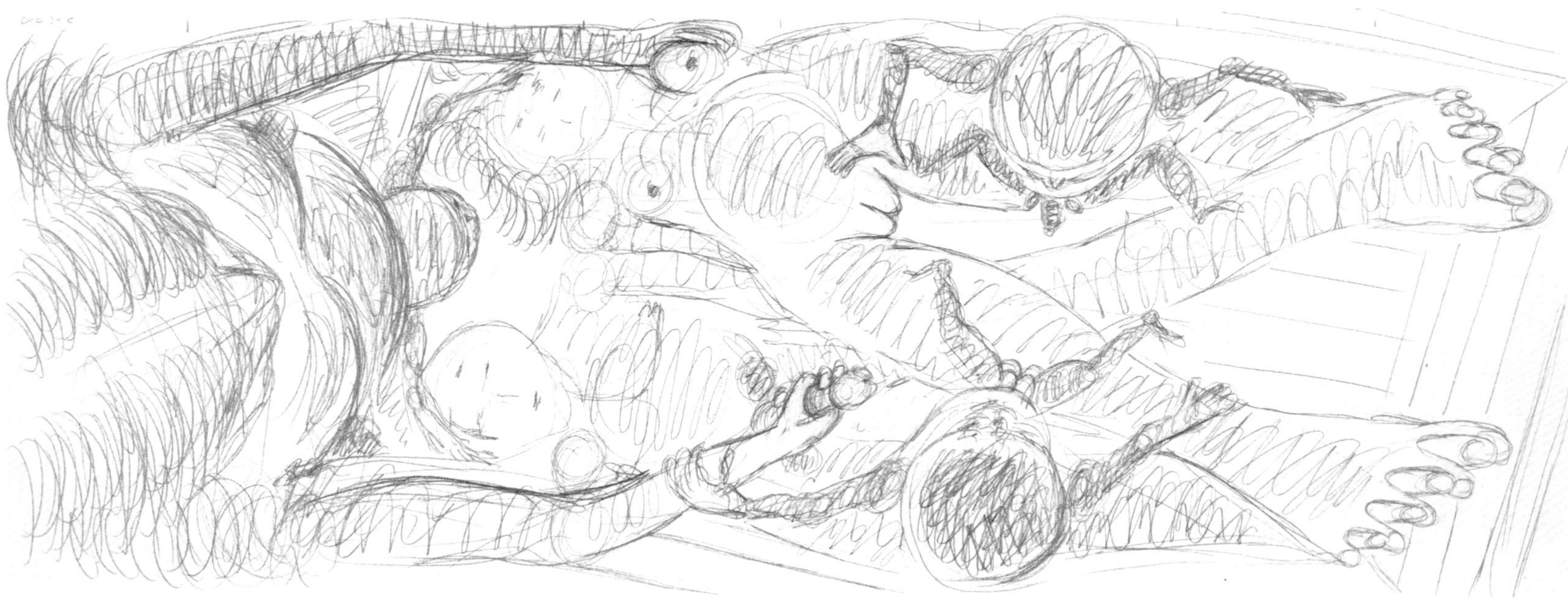

Theme 34:
Woman gives birth on coffin.
Acting baby touches dead and living penis and vagina.

Thema 34:
Vrouw bevalt in kist.
Handelend kind raakt dode en levende penis en vagina aan.

32 × 85 cm

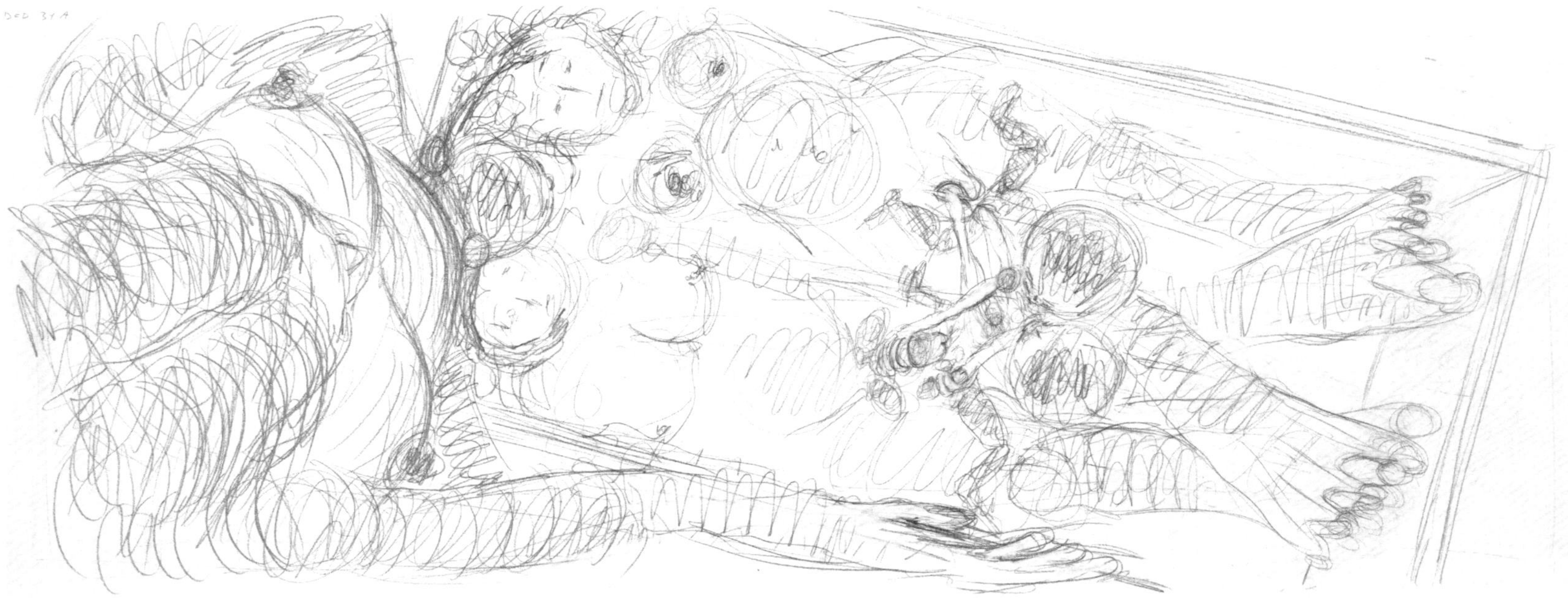

Theme 34:
Woman gives birth on coffin.
Acting baby touches dead and living penis and vagina.

Thema 34:
Vrouw bevalt in kist.
Handelend kind raakt dode en levende penis en vagina aan.

32 × 85 cm

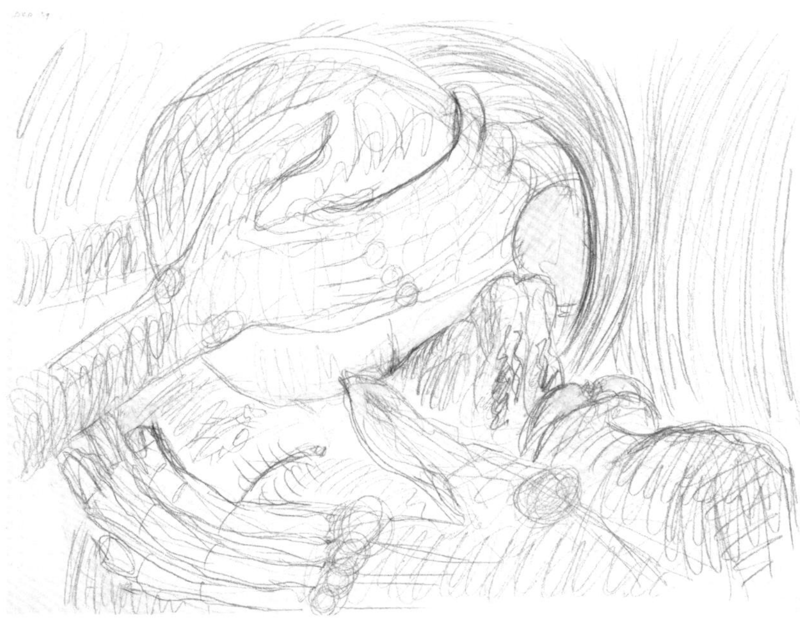

Theme 39:
Birth on dying head.
With hands.

Thema 39:
Geboorte op stervend hoofd.
Met handen.

37 × 50 cm

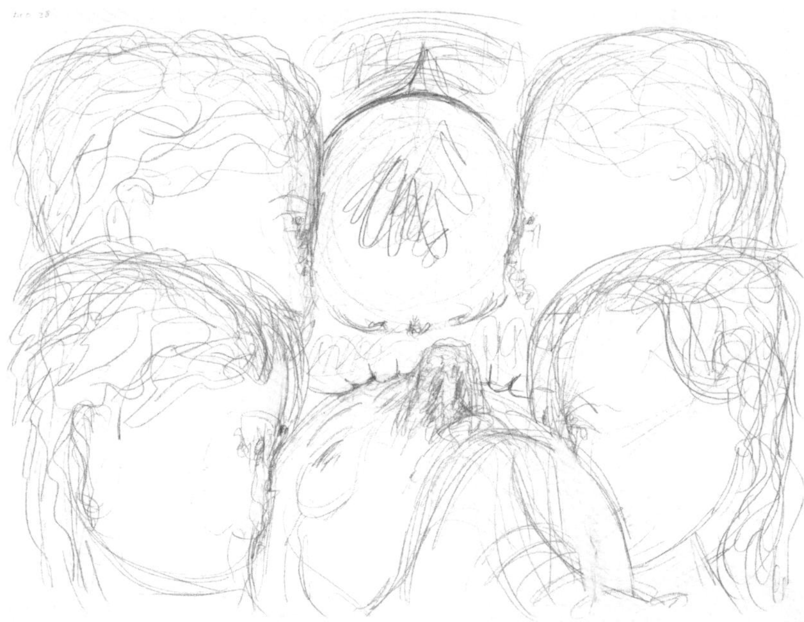

Theme 38:
Birth on dying man.
Head of baby and head of living person clamped by heads of living persons.

Thema 38:
Geboorte op stervende man.
Hoofd van de baby en hoofd van de levende persoon geklemd tussen hoofden van de levenden.

38 × 50 cm

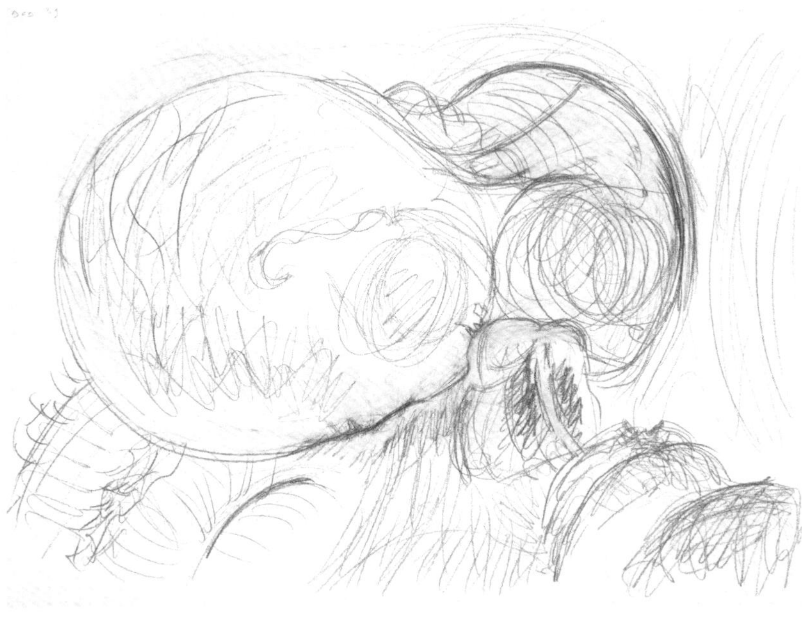

Theme 39:
Birth on dying head.
With hands.

Thema 39:
Geboorte op stervend hoofd.
Met handen.

37 × 50 cm

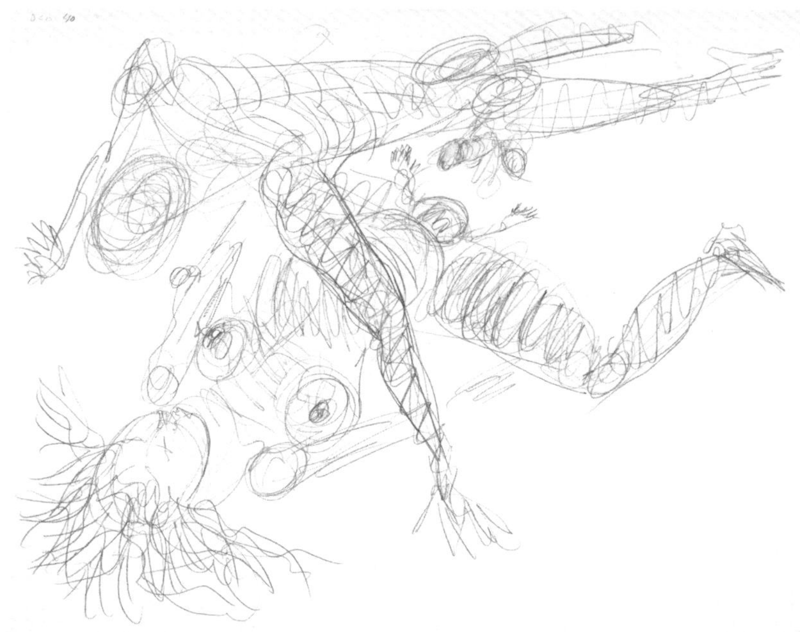

Theme 40:
Birth on coitus.
Birth and penetration.
Acting babies touch coitus.
Acting babies entangle with coitus.
Birth presses on coitus.

Thema 40:
Geboorte op coïtus.
Geboorte en penetratie.
Handelende baby's raken coïtus aan.
Handelende baby's verstrengelen zich met coïtus.
Geboorte drukt op coïtus.

40 × 50 cm

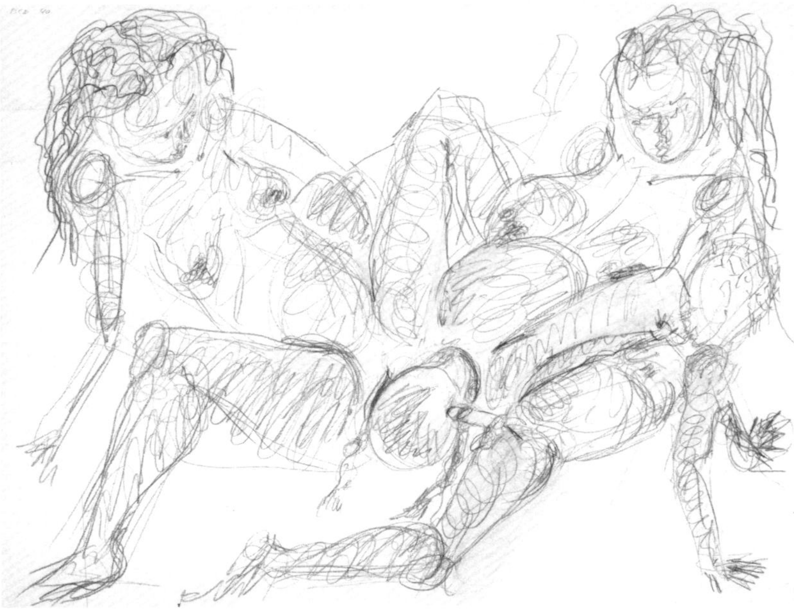

Theme 40:
Birth on coitus.
Birth and penetration.
Acting babies touch coitus.
Acting babies entangle with coitus.
Birth presses on coitus.

Thema 40:
Geboorte op coïtus.
Geboorte en penetratie.
Handelende baby's raken coïtus aan.
Handelende baby's verstrengelen zich met coïtus.
Geboorte drukt op coïtus.

37 × 50 cm

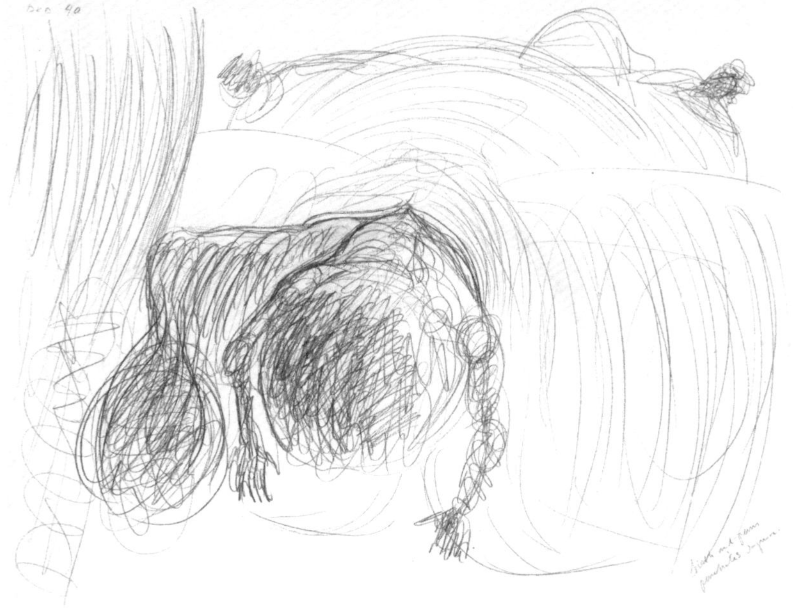

Theme 40:
Birth on coitus.
Birth and penetration.
Acting babies touch coitus.
Acting babies entangle with coitus.
Birth presses on coitus.

Thema 40:
Geboorte op coïtus.
Geboorte en penetratie.
Handelende baby's raken coïtus aan.
Handelende baby's verstrengelen zich met coïtus.
Geboorte drukt op coïtus.

40 × 50 cm

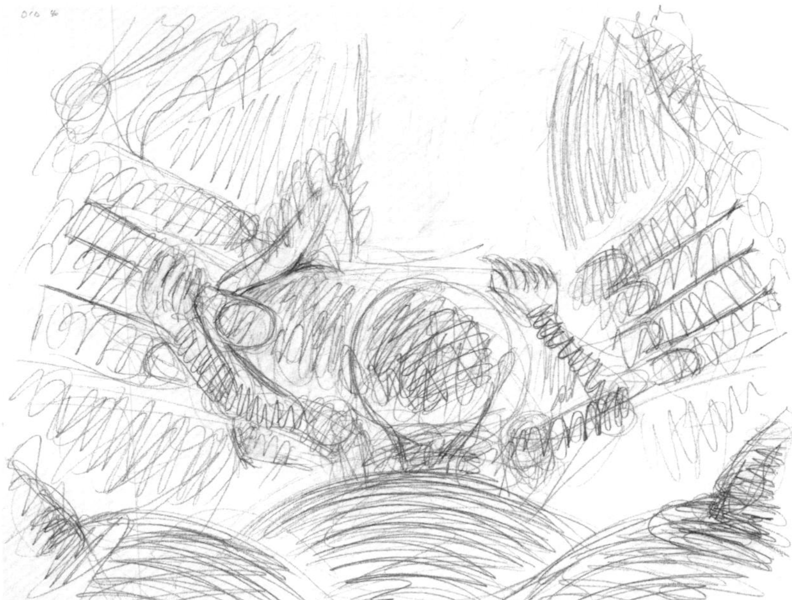

Theme 40:
Birth on coitus.
Birth and penetration.
Acting babies touch coitus.
Acting babies entangle with coitus.
Birth presses on coitus.

Thema 40:
Geboorte op coïtus.
Geboorte en penetratie.
Handelende baby's raken coïtus aan.
Handelende baby's verstrengelen zich met coïtus.
Geboorte drukt op coïtus.

40 × 50 cm

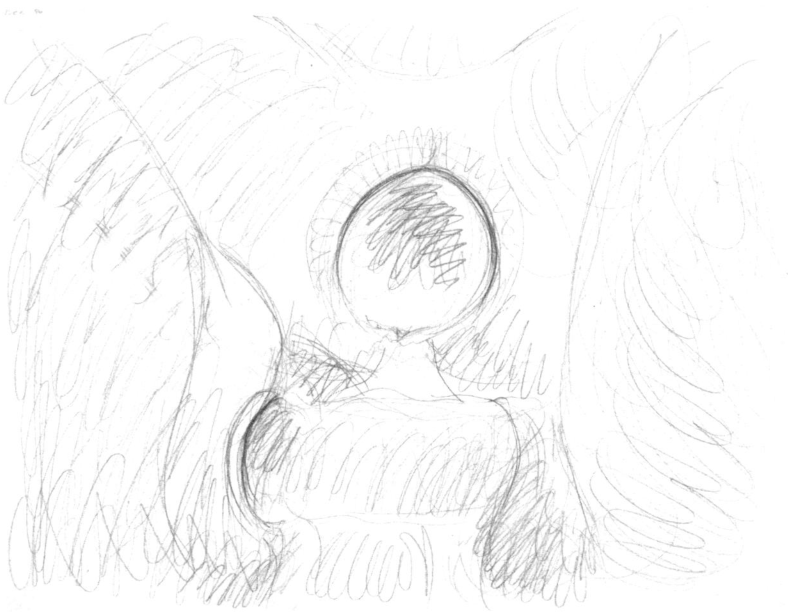

Theme 40:
Birth on coitus.
Birth and penetration.
Acting babies touch coitus.
Acting babies entangle with coitus.
Birth presses on coitus.

Thema 40:
Geboorte op coïtus.
Geboorte en penetratie.
Handelende baby's raken coïtus aan.
Handelende baby's verstrengelen zich met coïtus.
Geboorte drukt op coïtus.

40 × 50 cm

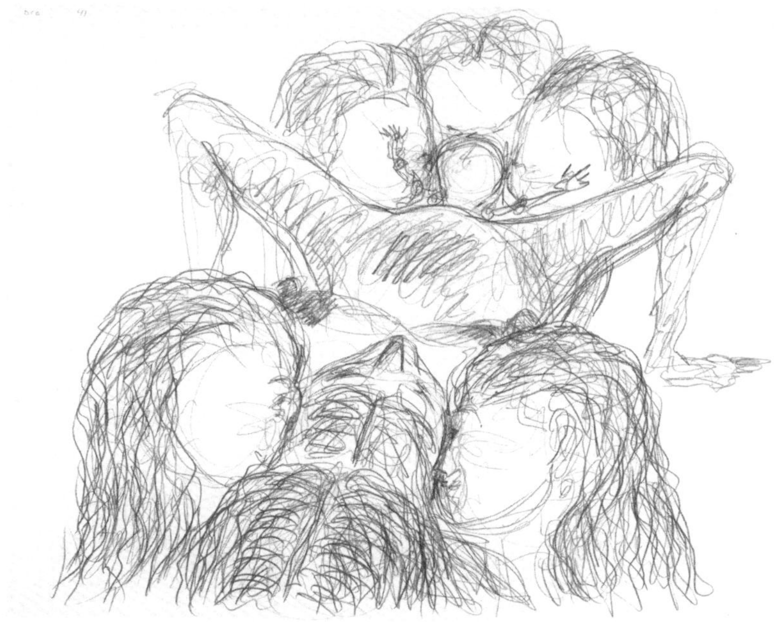

Theme 41:
Birth as seen by woman in labor.
Head of baby clamped by heads of living persons.
Societal.

Thema 41:
Geboorte gezien vanuit de barende vrouw.
Hoofd van de baby geklemd door hoofden van levende personen.
Maatschappelijk.

38 × 50 cm

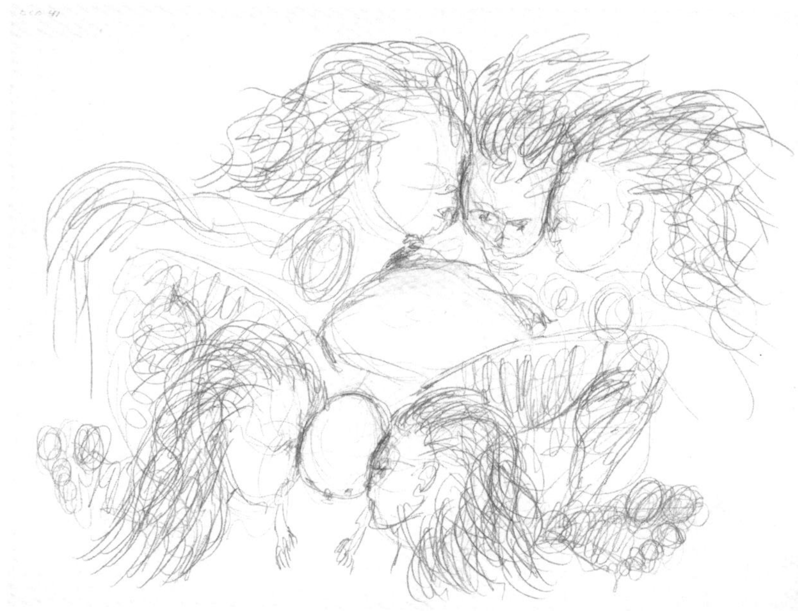

Theme 41:
Birth as seen by woman in labor.
Head of baby clamped by heads of living persons.
Societal.

Thema 41:
Geboorte gezien vanuit de barende vrouw.
Hoofd van de baby geklemd door hoofden van levende personen.
Maatschappelijk.

37 × 50 cm

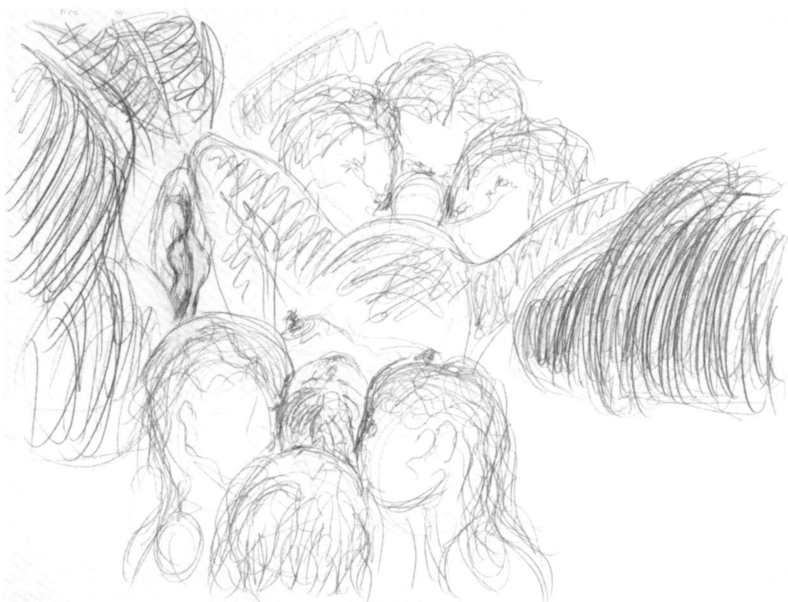

Theme 41:
Birth as seen by woman in labor.
Head of baby clamped by heads of living persons.
Societal.

Thema 41:
Geboorte gezien vanuit de barende vrouw.
Hoofd van de baby geklemd door hoofden van levende personen.
Maatschappelijk.

38 × 50 cm

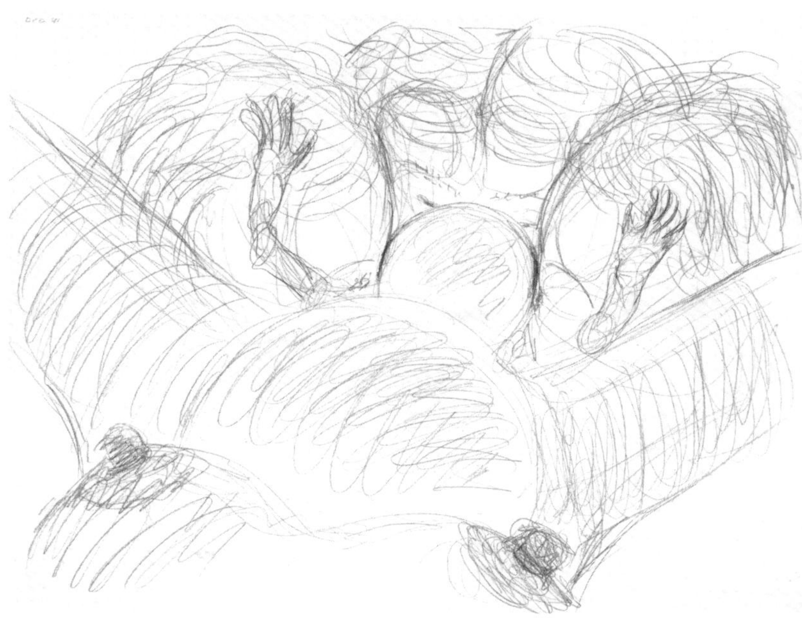

Theme 41:
Birth as seen by woman in labor.
Head of baby clamped by heads of living persons.
Societal.

Thema 41:
Geboorte gezien vanuit de barende vrouw.
Hoofd van de baby geklemd door hoofden van levende personen.
Maatschappelijk.

38 × 50 cm

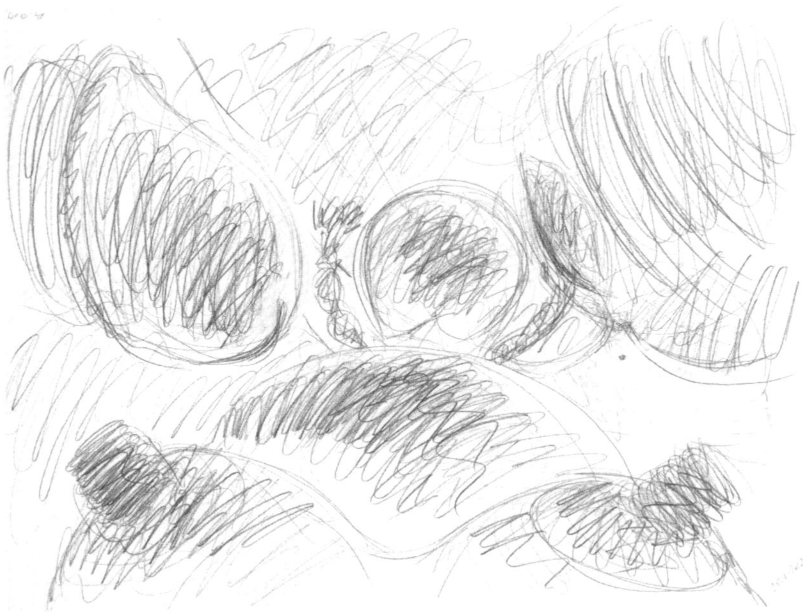

Theme 41:
Birth as seen by woman in labor.
Head of baby clamped by heads of living persons.
Societal.

Thema 41:
Geboorte gezien vanuit de barende vrouw.
Hoofd van de baby geklemd door hoofden van levende personen.
Maatschappelijk.

37 × 50 cm

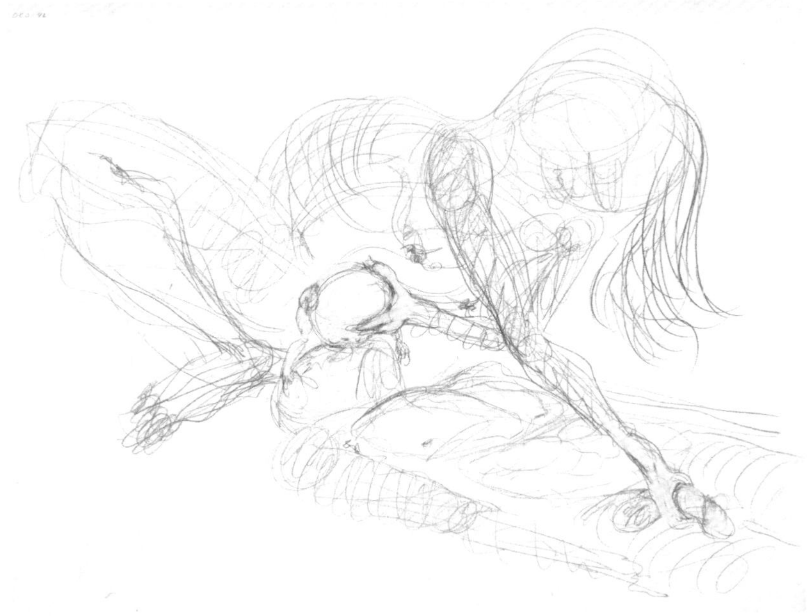

Theme 42:
Birth on dying man.
Woman in labor grasps penis of dying man.

Thema 42:
Geboorte op stervende man.
Barende vrouw grijpt penis van stervende man.

38 × 50 cm

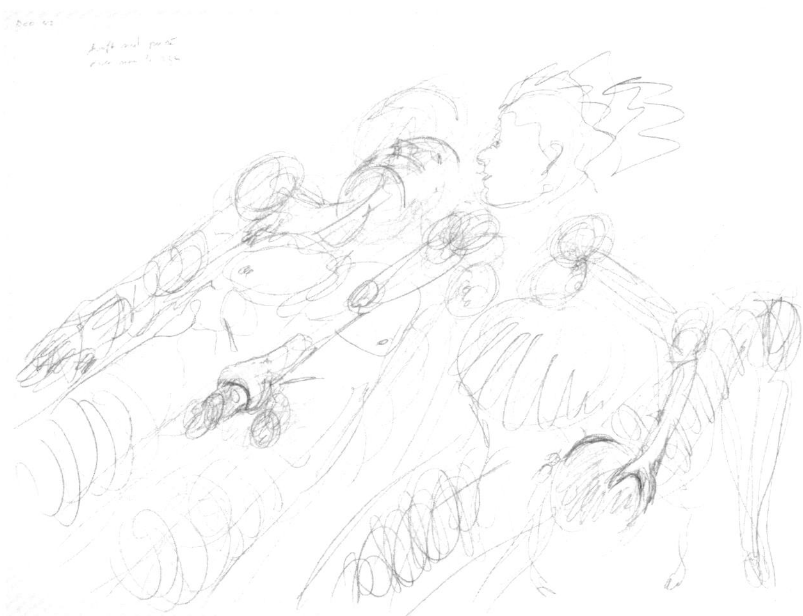

Theme 42:
Birth on dying man.
Woman in labor grasps penis of dying man.

Thema 42:
Geboorte op stervende man.
Barende vrouw grijpt penis van stervende man.

38 × 50 cm

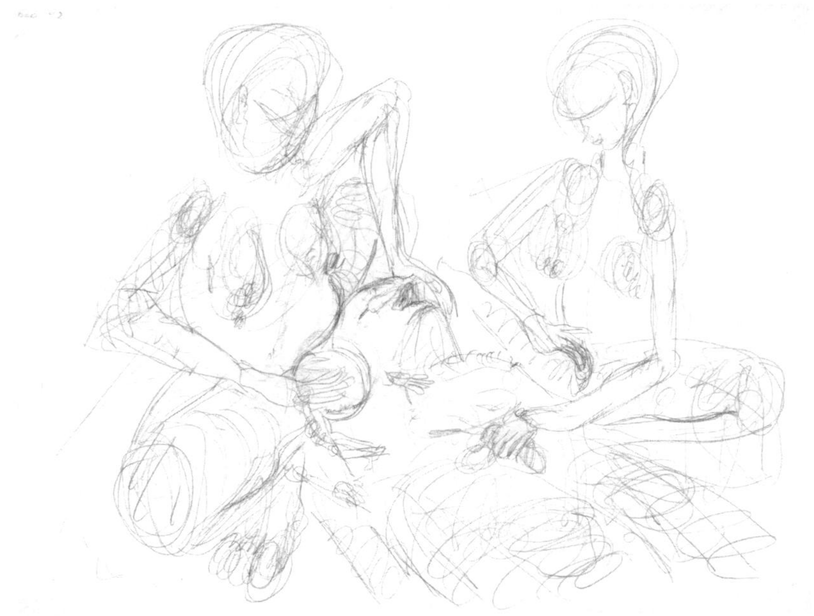

Theme 42:
Birth on dying man.
Woman in labor grasps penis of dying man.

Thema 42:
Geboorte op stervende man.
Barende vrouw grijpt penis van stervende man.

38 × 50 cm

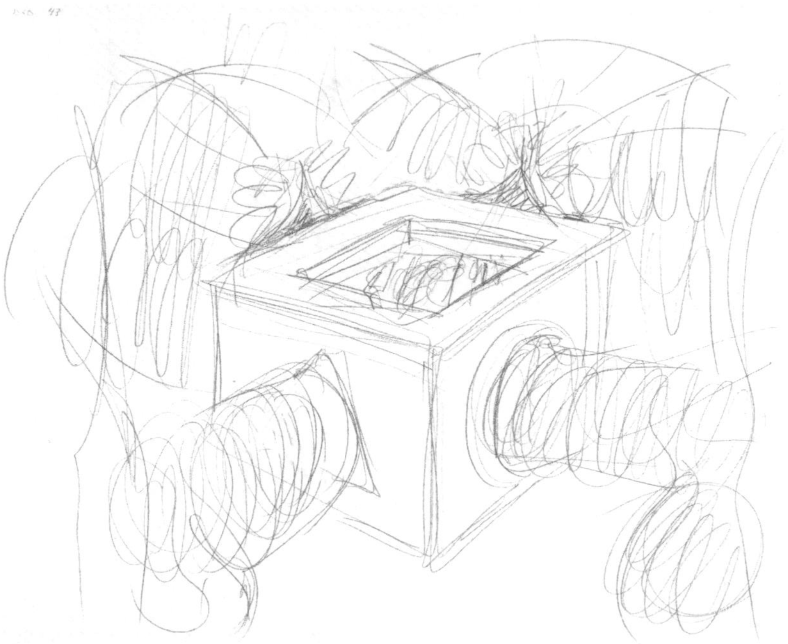

Theme 43:
(Dead) bodies and geometry.
Toddler plays with geometric forms.
Birth and geometric forms.
Geometry.
Distorted geometry.

Thema 43:
(Dode) lichamen en geometrie.
Peuter speelt met geometrische vormen.
Geboorte en geometrische vormen.
Geometrie.
Vervormde geometrie.

40 × 50 cm

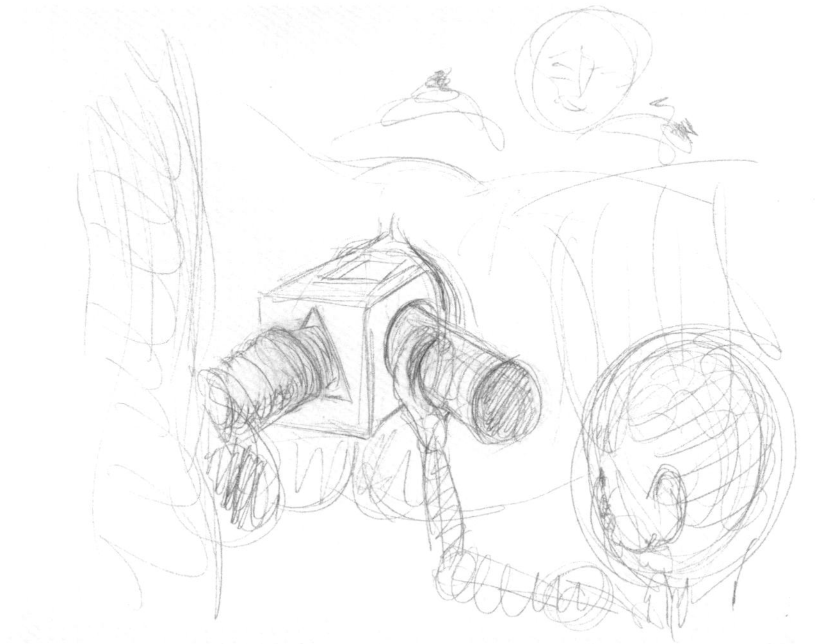

Theme 43:
(Dead) bodies and geometry.
Toddler plays with geometric forms.
Birth and geometric forms.
Geometry.
Distorted geometry.

Thema 43:
(Dode) lichamen en geometrie.
Peuter speelt met geometrische vormen.
Geboorte en geometrische vormen.
Geometrie.
Vervormde geometrie.

40 × 50 cm

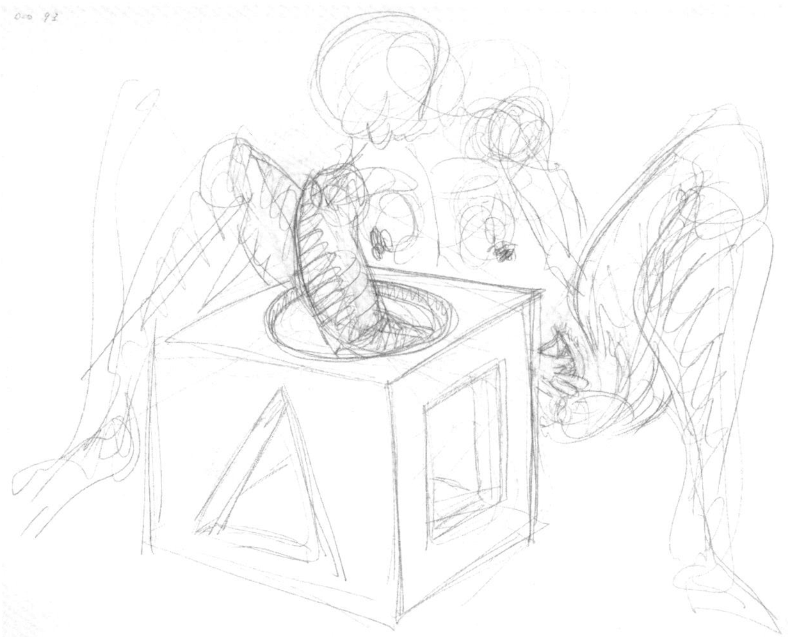

Theme 43:
(Dead) bodies and geometry.
Toddler plays with geometric forms.
Birth and geometric forms.
Geometry.
Distorted geometry.

Thema 43:
(Dode) lichamen en geometrie.
Peuter speelt met geometrische vormen.
Geboorte en geometrische vormen.
Geometrie.
Vervormde geometrie.

40 × 50 cm

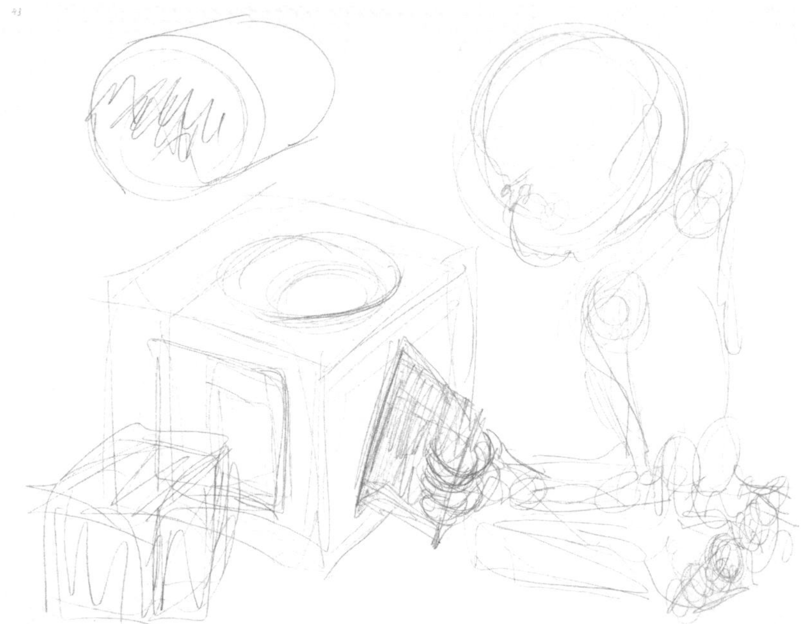

Theme 43:
(Dead) bodies and geometry.
Toddler plays with geometric forms.
Birth and geometric forms.
Geometry.
Distorted geometry.

Thema 43:
(Dode) lichamen en geometrie.
Peuter speelt met geometrische vormen.
Geboorte en geometrische vormen.
Geometrie.
Vervormde geometrie.

40 × 50 cm

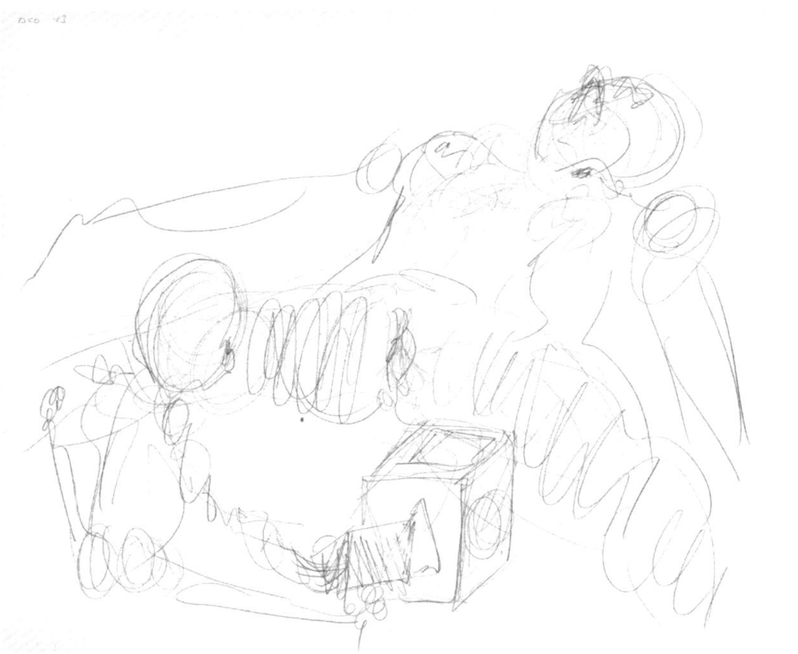

Theme 43:
(Dead) bodies and geometry.
Toddler plays with geometric forms.
Birth and geometric forms.
Geometry.
Distorted geometry.

Thema 43:
(Dode) lichamen en geometrie.
Peuter speelt met geometrische vormen.
Geboorte en geometrische vormen.
Geometrie.
Vervormde geometrie.

40 × 50 cm

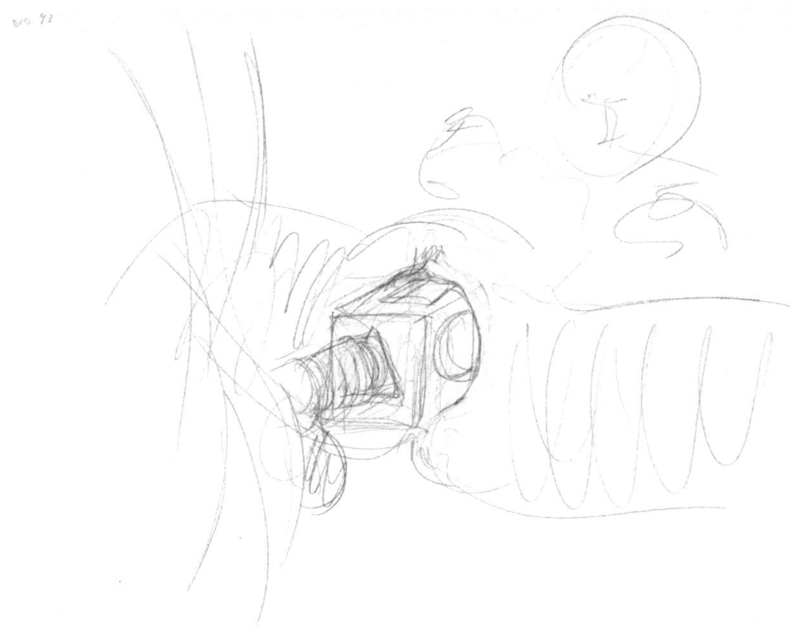

Theme 43:
(Dead) bodies and geometry.
Toddler plays with geometric forms.
Birth and geometric forms.
Geometry.
Distorted geometry.

Thema 43:
(Dode) lichamen en geometrie.
Peuter speelt met geometrische vormen.
Geboorte en geometrische vormen.
Geometrie.
Vervormde geometrie.

40 × 50 cm

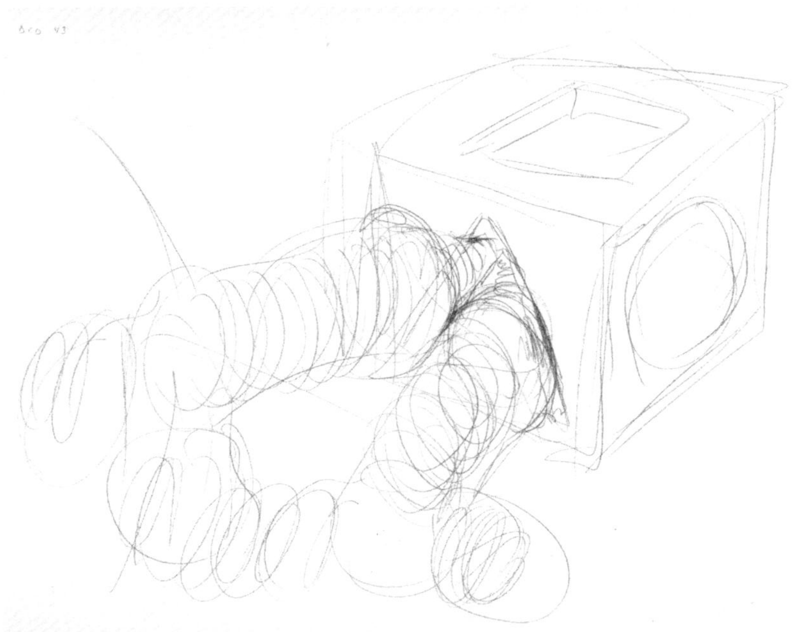

Theme 43:
(Dead) bodies and geometry.
Toddler plays with geometric forms.
Birth and geometric forms.
Geometry.
Distorted geometry.

Thema 43:
(Dode) lichamen en geometrie.
Peuter speelt met geometrische vormen.
Geboorte en geometrische vormen.
Geometrie.
Vervormde geometrie.

40 × 50 cm

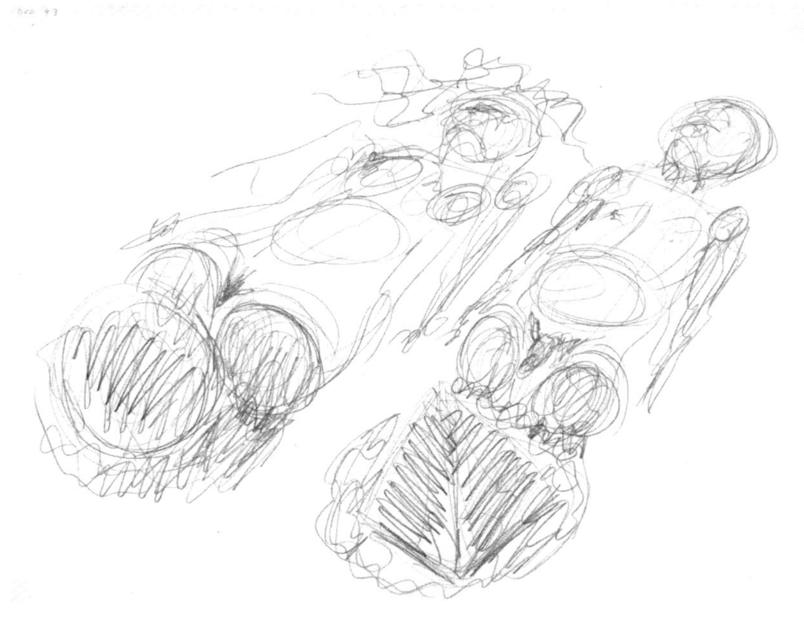

Theme 43:
(Dead) bodies and geometry.
Toddler plays with geometric forms.
Birth and geometric forms.
Geometry.
Distorted geometry.

Thema 43:
(Dode) lichamen en geometrie.
Peuter speelt met geometrische vormen.
Geboorte en geometrische vormen.
Geometrie.
Vervormde geometrie.

37 × 50 cm

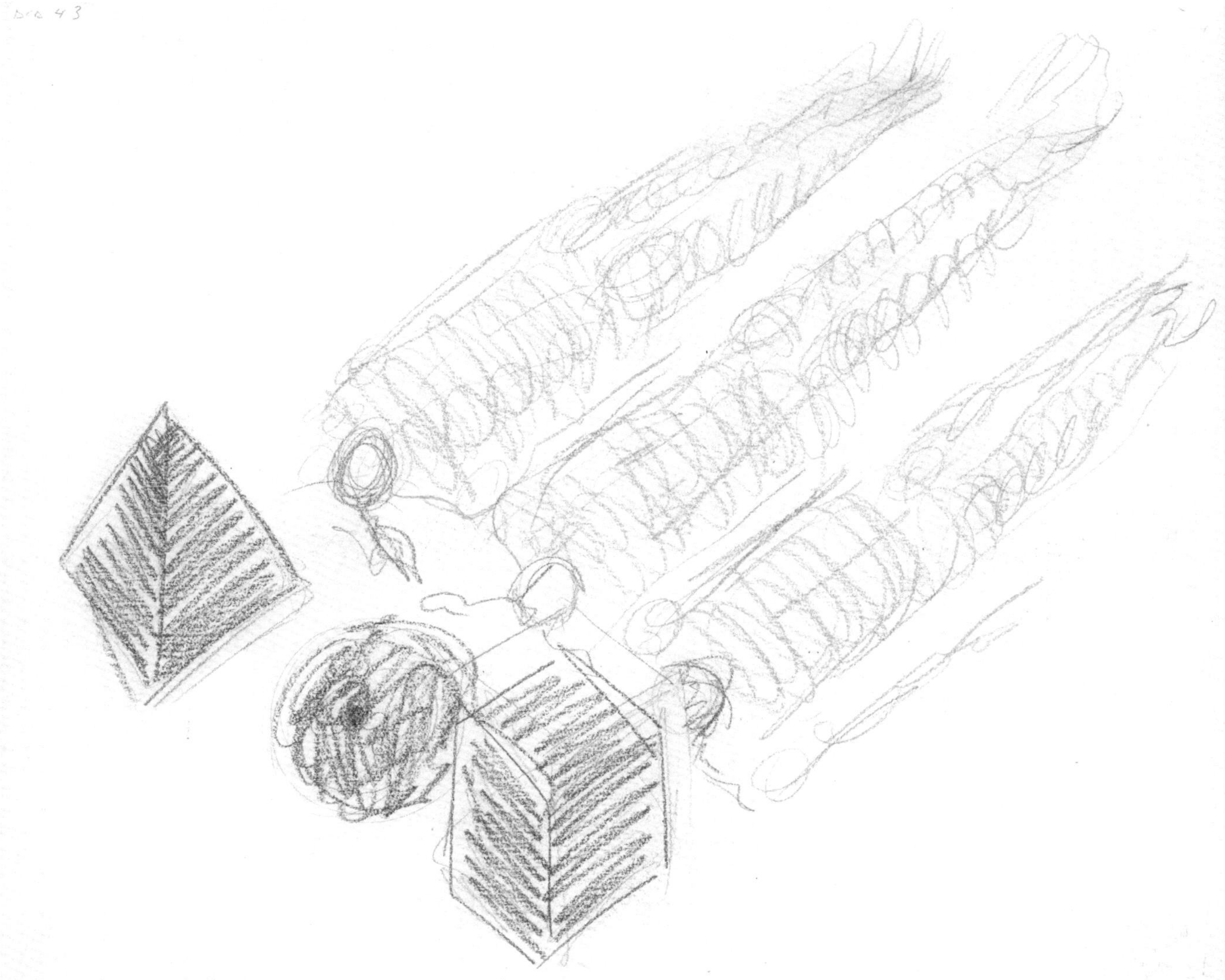

† † †

Theme 43:
(Dead) bodies and geometry.
Toddler plays with geometric forms.
Birth and geometric forms.
Geometry.
Distorted geometry.

Thema 43:
(Dode) lichamen en geometrie.
Peuter speelt met geometrische vormen.
Geboorte en geometrische vormen.
Geometrie.
Vervormde geometrie.

37 × 50 cm

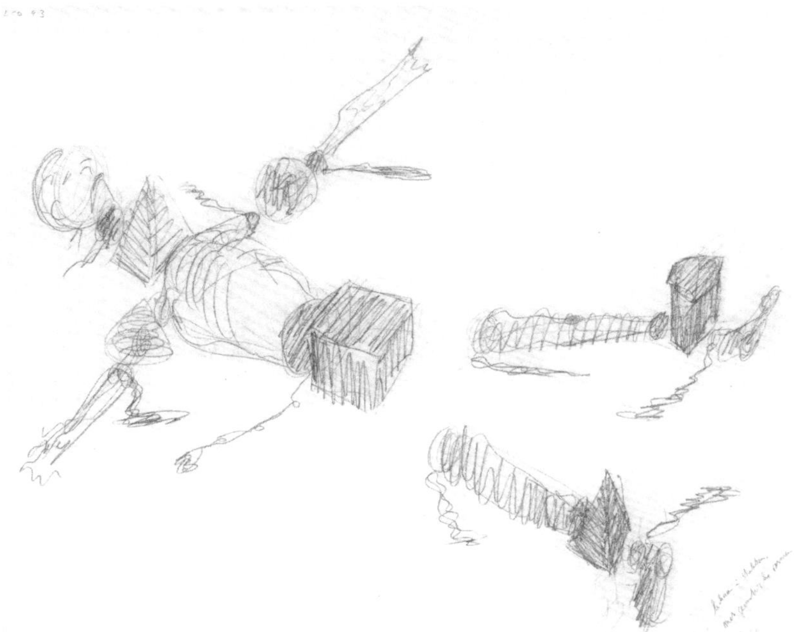

Theme 43:
(Dead) bodies and geometry.
Toddler plays with geometric forms.
Birth and geometric forms.
Geometry.
Distorted geometry.

Thema 43:
(Dode) lichamen en geometrie.
Peuter speelt met geometrische vormen.
Geboorte en geometrische vormen.
Geometrie.
Vervormde geometrie.

40 × 50 cm

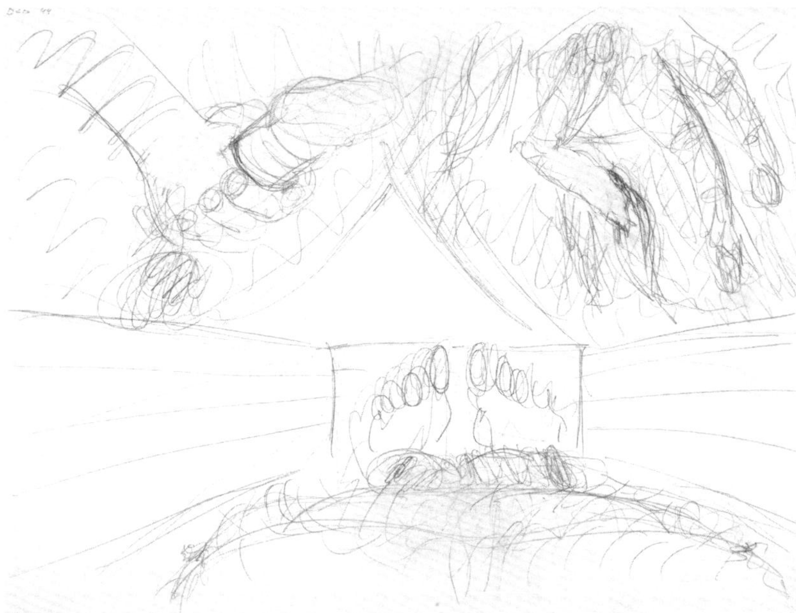

Theme 44:
Dead person watches from coffin.
Sexual stimulation as seen from coffin.

Thema 44:
Dode kijkt vanuit zijn kist.
Seksuele stimulatie gezien vanuit de kist.

38 × 50 cm

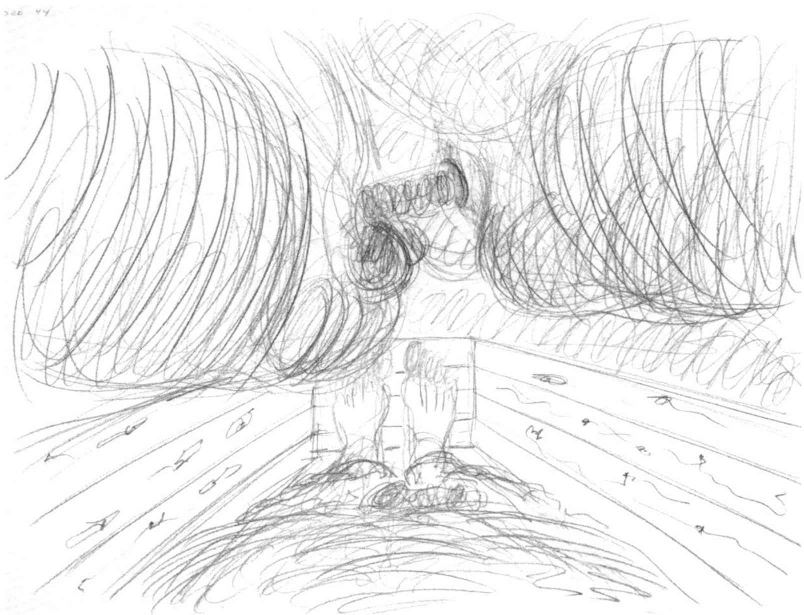

Theme 44:
Dead person watches from coffin.
Sexual stimulation as seen from coffin.

Thema 44:
Dode kijkt vanuit zijn kist.
Seksuele stimulatie gezien vanuit de kist.

38 × 50 cm

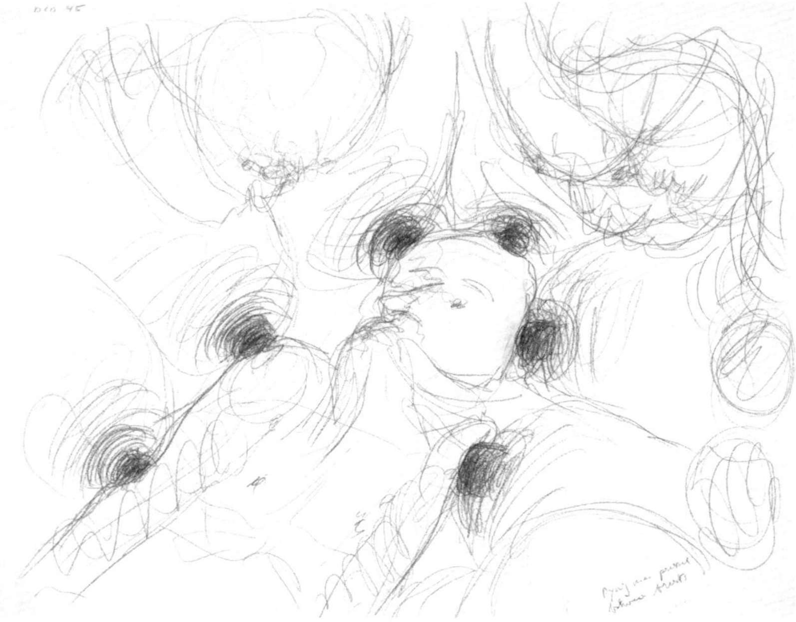

Theme 45:
Dying man surrounded by women.

Thema 45:
Stervende man omringd door vrouwen.

38 × 50 cm

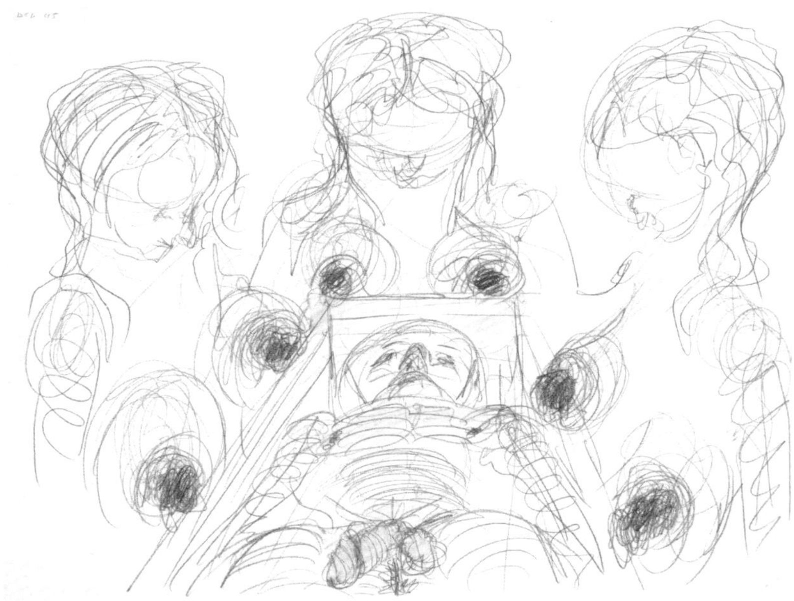

Theme 45:
Dying man surrounded by women.

Thema 45:
Stervende man omringd door vrouwen.

38 × 50 cm

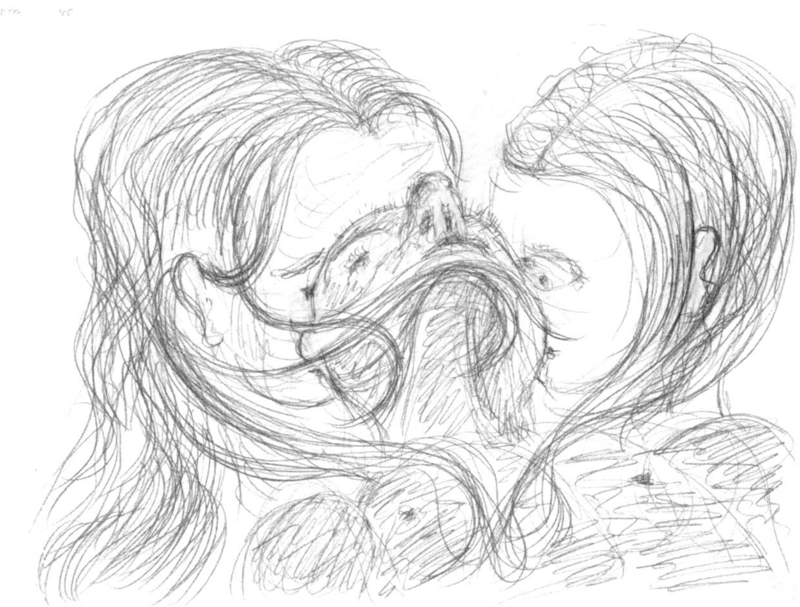

Theme 45:
Dying man surrounded by women.

Thema 45:
Stervende man omringd door vrouwen.

38 × 50 cm

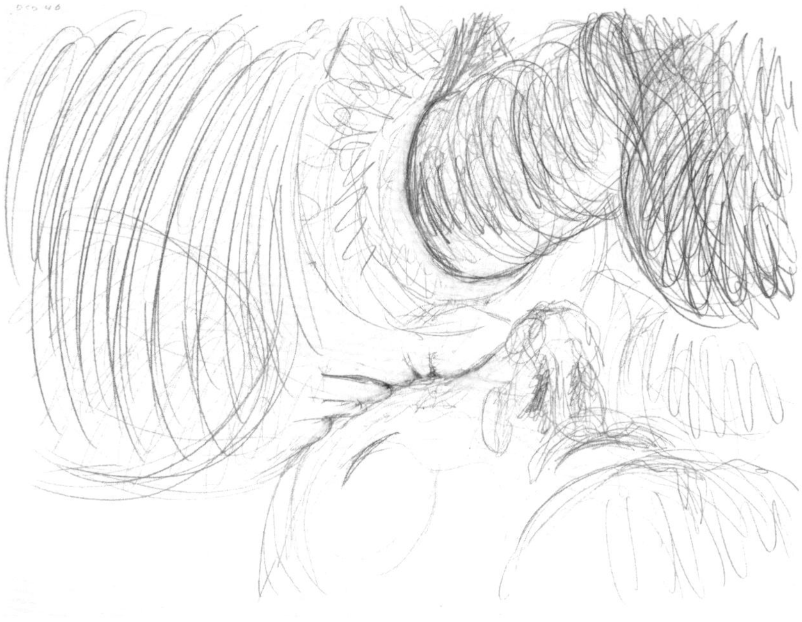

Theme 46:
Woman presses anus on dying male head.
Coitus.

Thema 46:
Vrouw drukt anus op stervend mannenhoofd.
Coïtus.

38 × 50 cm

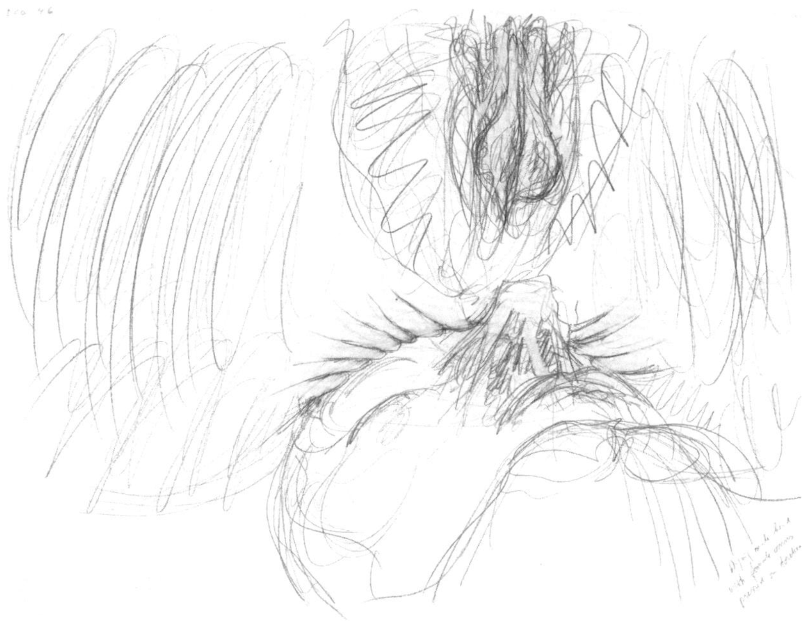

Theme 46:
Woman presses anus on dying male head.
Coitus.

Thema 46:
Vrouw drukt anus op stervend mannenhoofd.
Coïtus.

38 × 50 cm

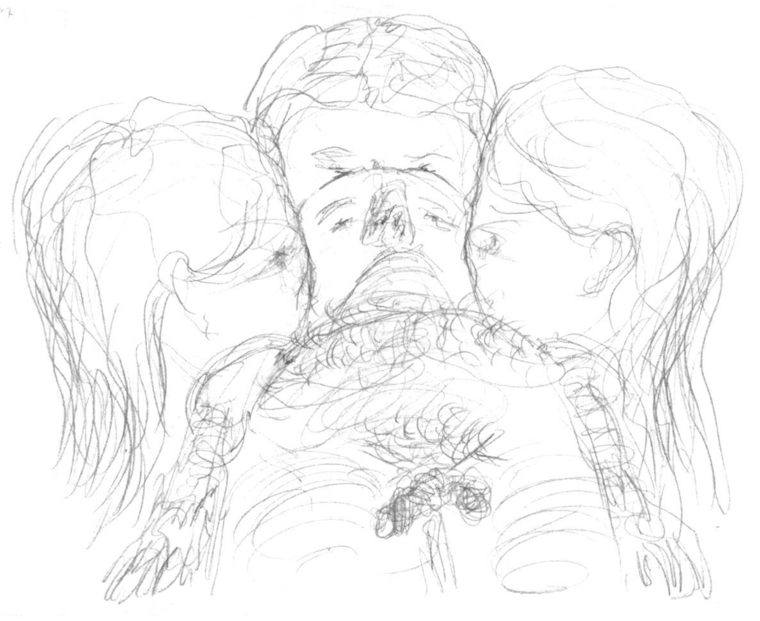

Theme 47:
Women press their heads against dying male head.

Thema 47:
Vrouwen drukken hun hoofden tegen stervend mannenhoofd.

38 × 50 cm

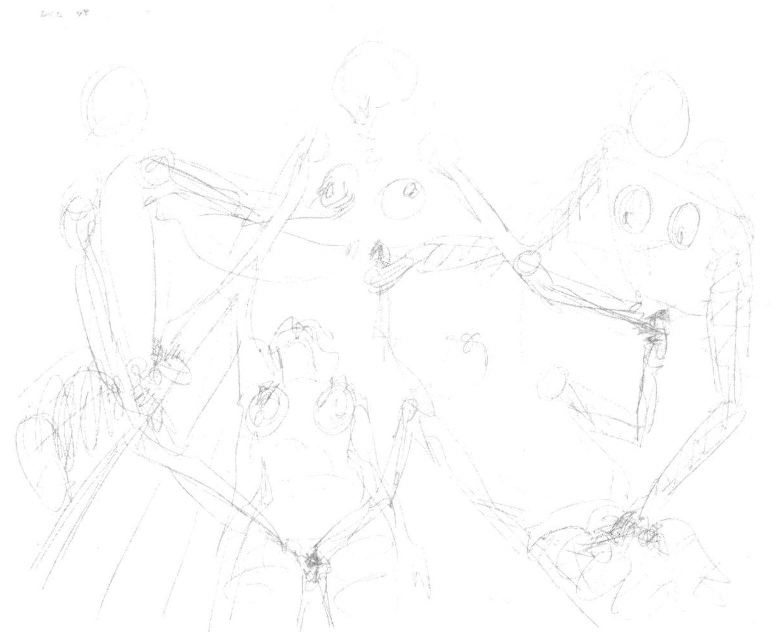

Theme 48:
Dying man / dying couple touches vagina and penis.

Thema 48:
Stervende man / stervend paar raakt vagina en penis aan.

40 x 50 cm

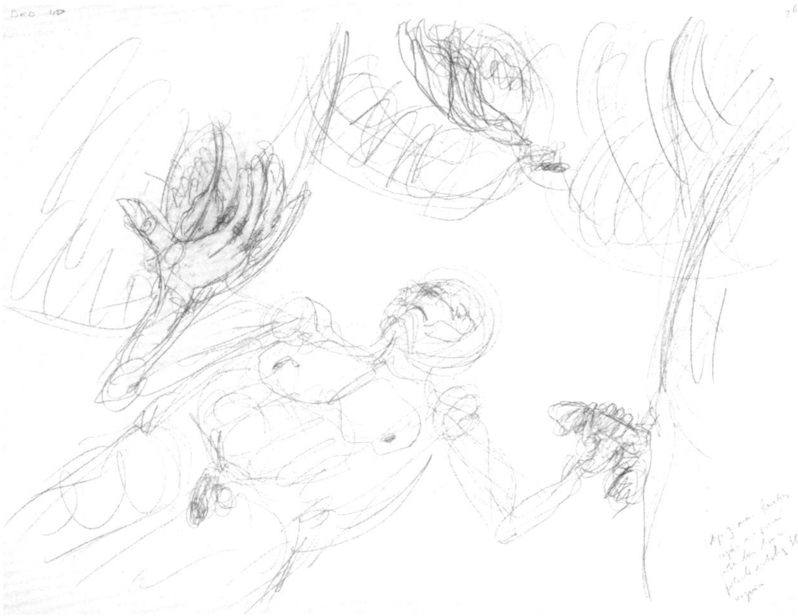

Theme 48:
Dying man / dying couple touches vagina and penis.

Thema 48:
Stervende man / stervend paar raakt vagina en penis aan.

38 x 50 cm

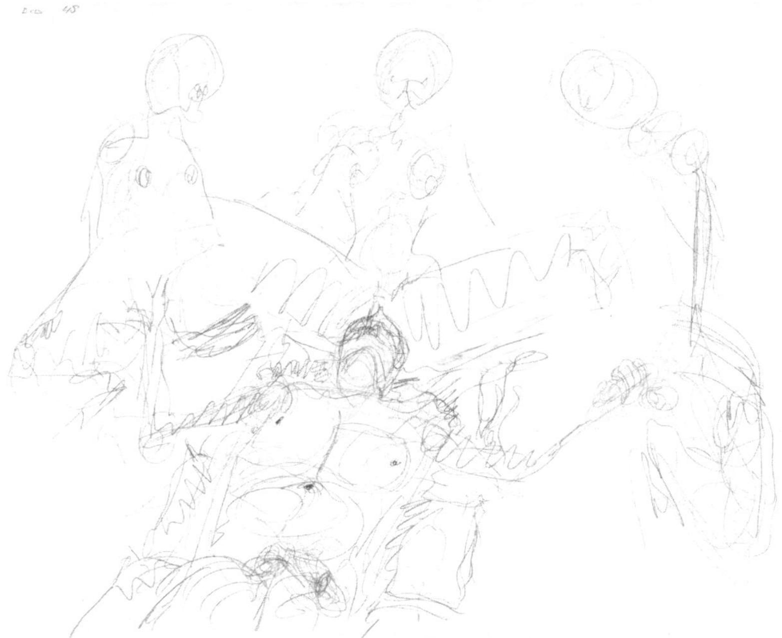

Theme 48:
Dying man / dying couple touches vagina and penis.

Thema 48:
Stervende man / stervend paar raakt vagina en penis aan.

40 x 50 cm

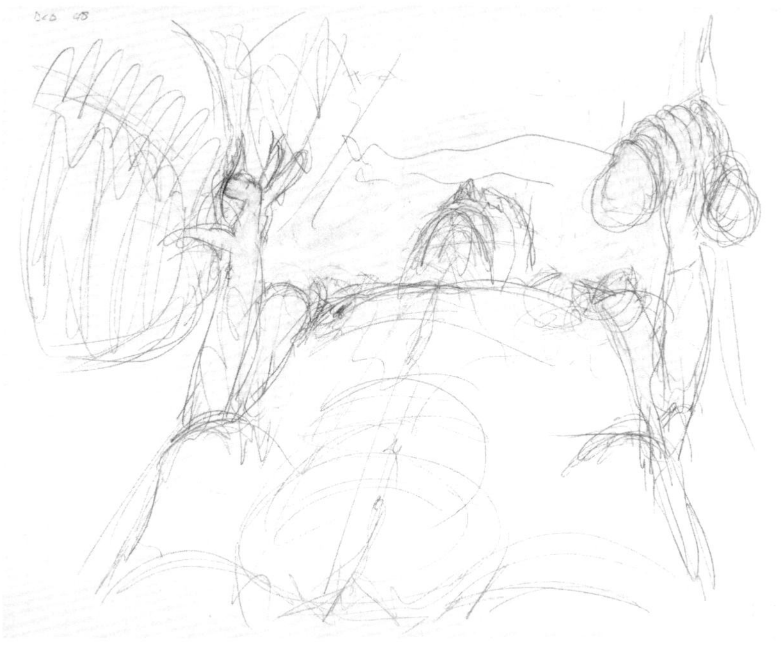

Theme 48:
Dying man / dying couple touches vagina and penis.

Thema 48:
Stervende man / stervend paar raakt vagina en penis aan.

40 x 50 cm

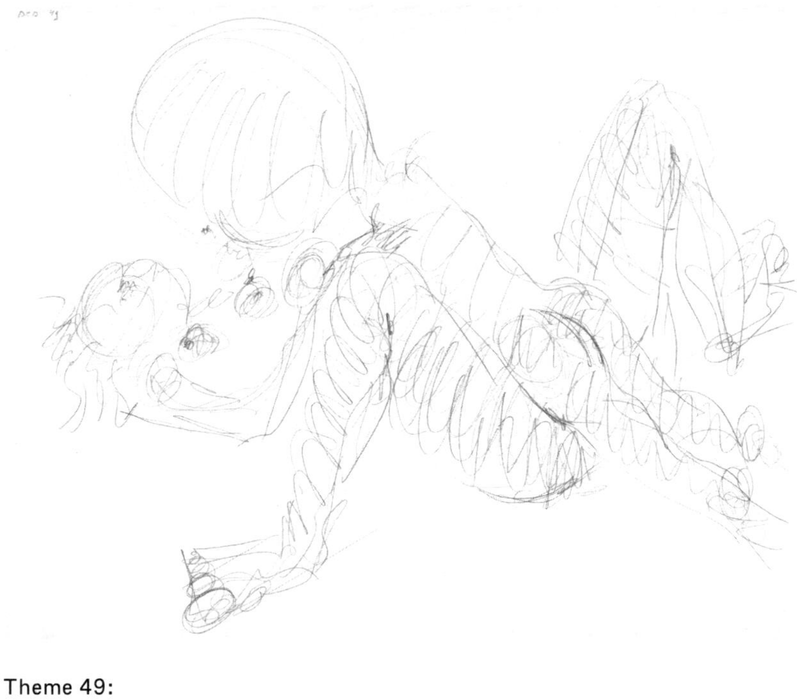

Theme 49:
Babies building coitus.
Babies carrying genitals.

Thema 49:
Baby's bouwen coïtus.
Baby's dragen genitaliën.

40 x 50 cm

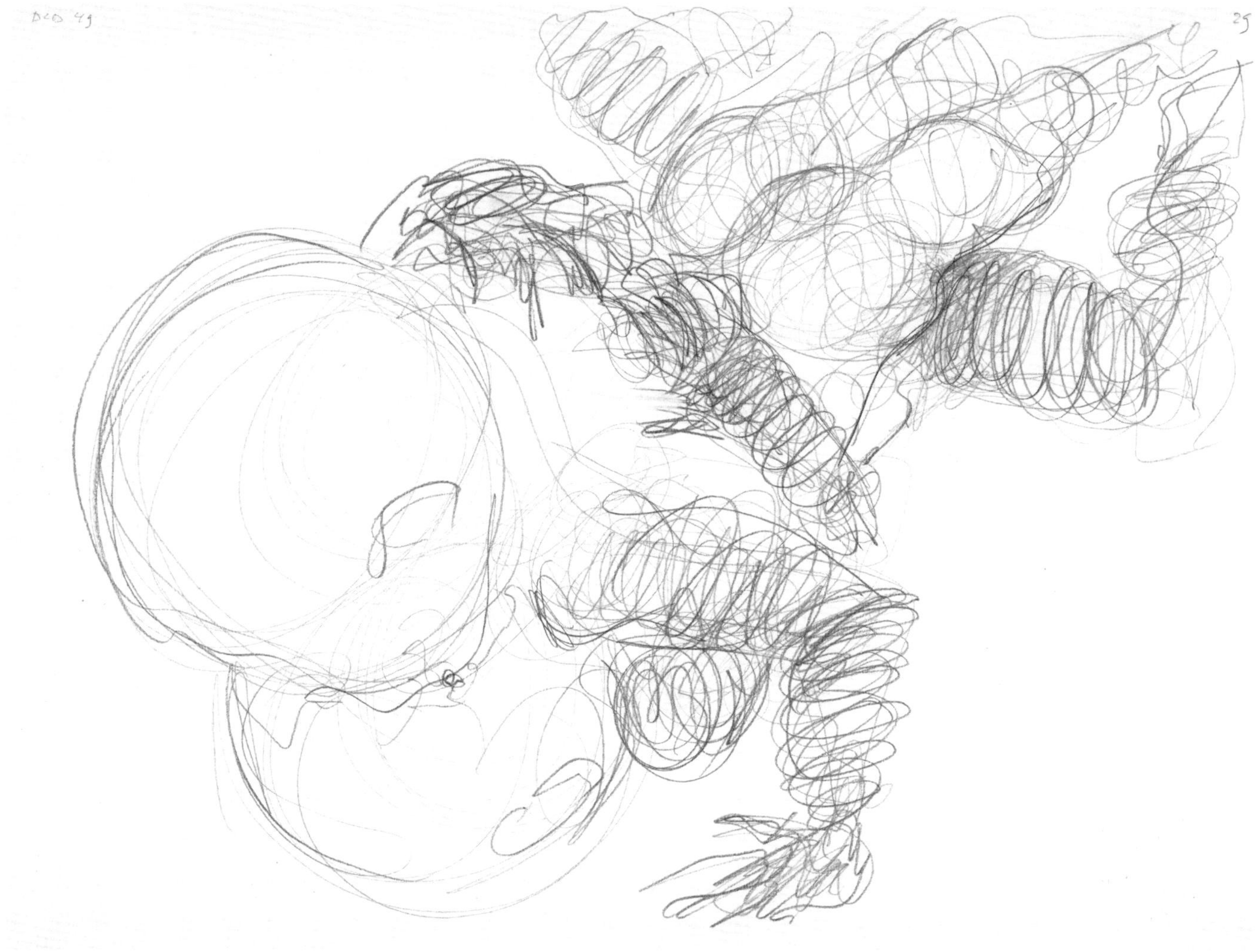

Theme 49:
Babies building coitus.
Babies carrying genitals.

Thema 49:
Baby's bouwen coïtus.
Baby's dragen genitaliën.

38 x 50 cm

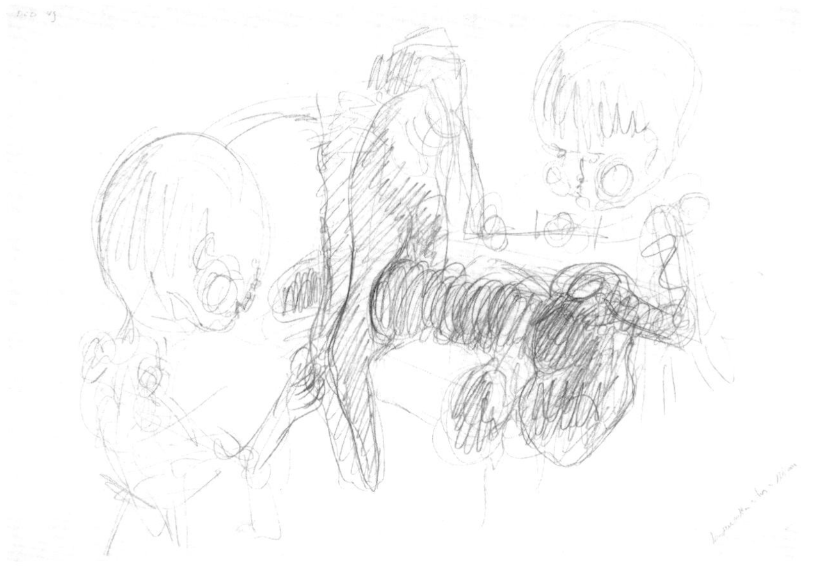

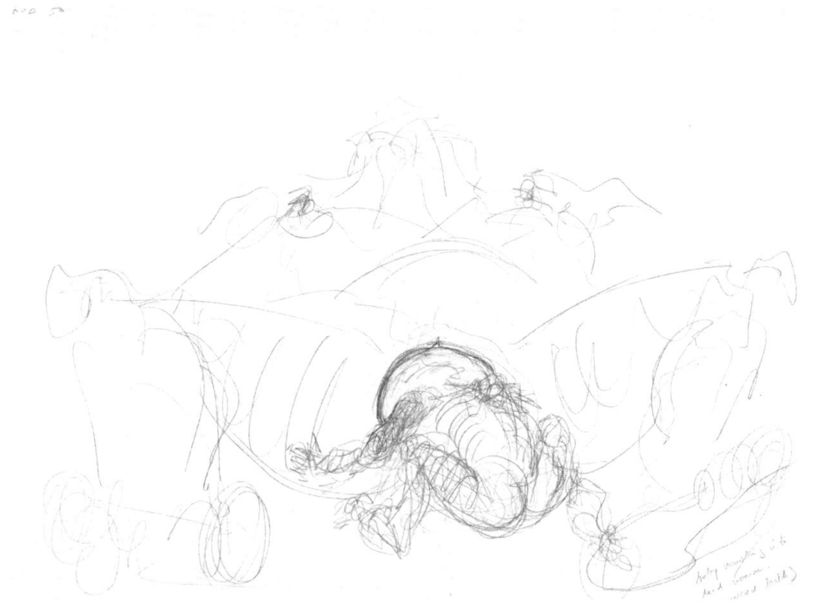

Theme 49:
Babies building coitus.
Babies carrying genitals.

Thema 49:
Baby's bouwen coïtus.
Baby's dragen genitaliën.

35 x 50 cm

Theme 50:
Giving birth in / on dead woman.
Head of dead woman shifts in penis.

Thema 50:
Bevallen in / op dode vrouw.
Hoofd van dode vrouw schuift in penis.

38 x 50 cm

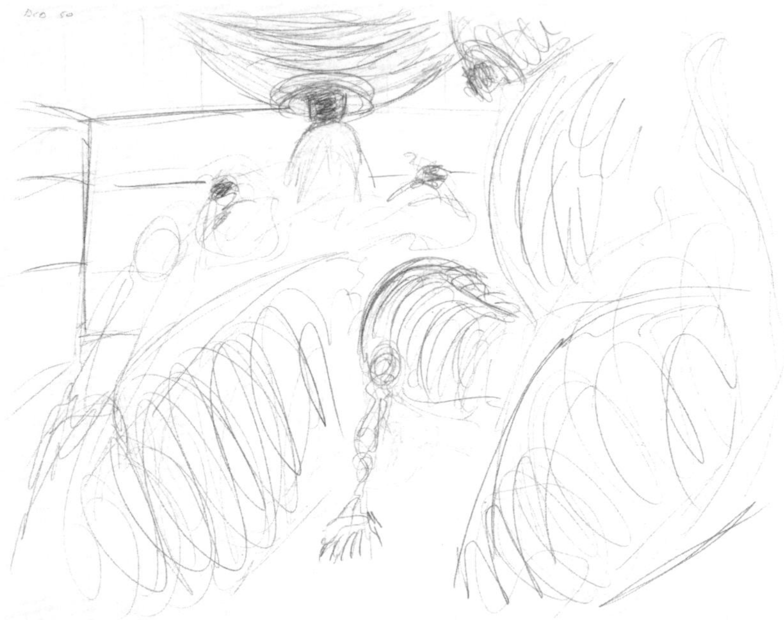

Theme 50:
Giving birth in / on dead woman.
Head of dead woman shifts in penis.

Thema 50:
Bevallen in / op dode vrouw.
Hoofd van dode vrouw schuift in penis.

40 × 50 cm

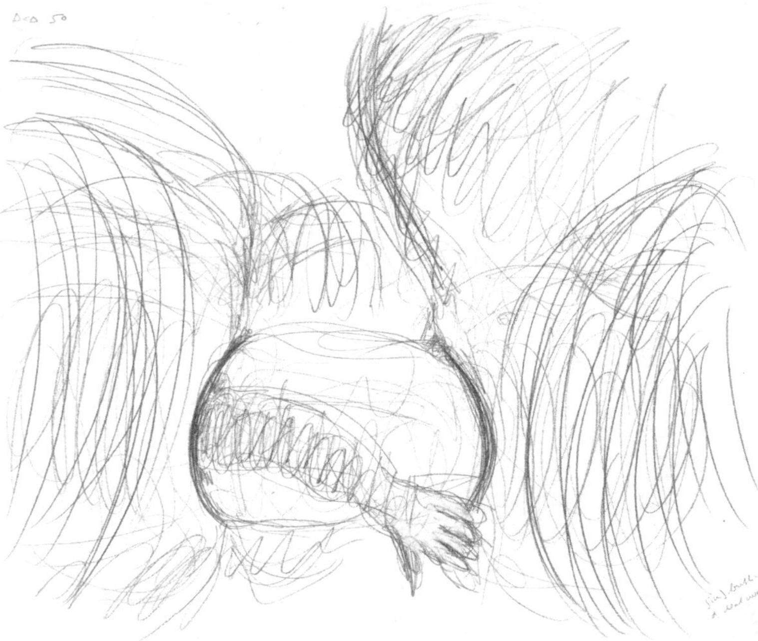

Theme 50:
Giving birth in / on dead woman.
Head of dead woman shifts in penis.

Thema 50:
Bevallen in / op dode vrouw.
Hoofd van dode vrouw schuift in penis.

40 × 50 cm

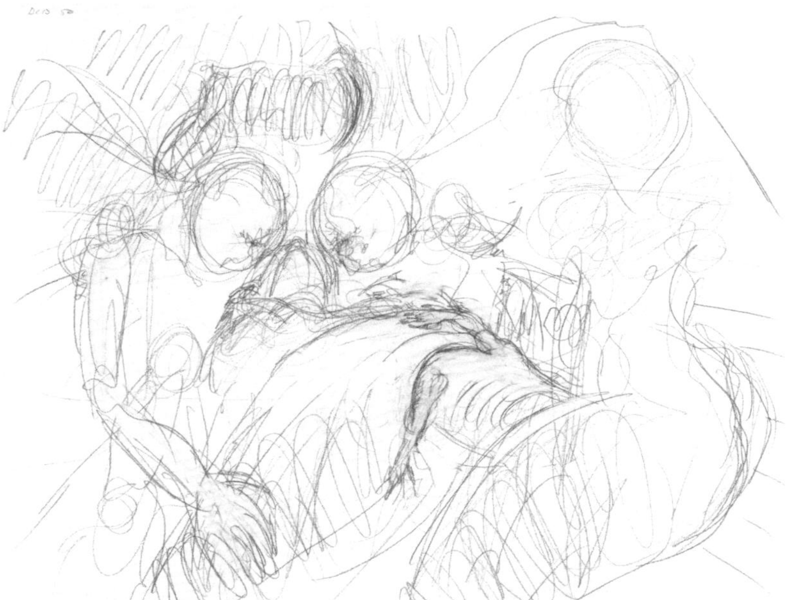

Theme 50:
Giving birth in / on dead woman.
Head of dead woman shifts in penis.

Thema 50:
Bevallen in / op dode vrouw.
Hoofd van dode vrouw schuift in penis.

40 × 50 cm

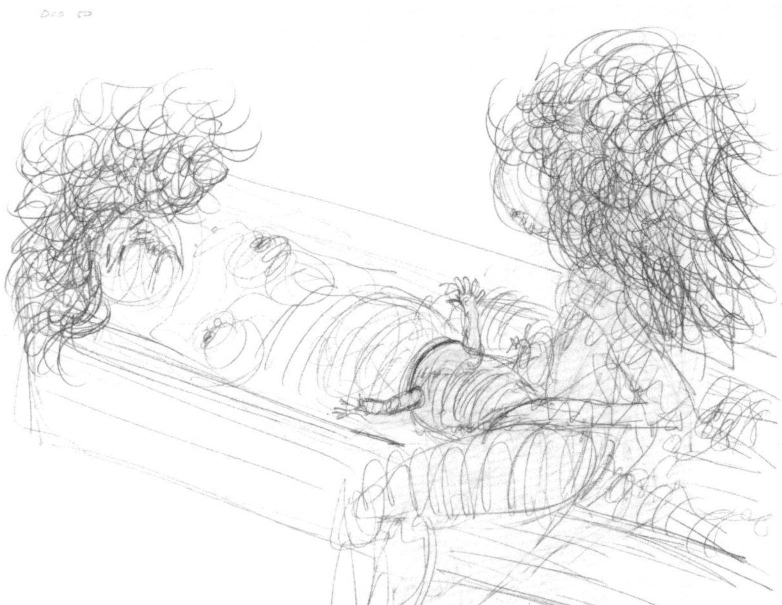

Theme 50:
Giving birth in / on dead woman.
Head of dead woman shifts in penis.

Thema 50:
Bevallen in / op dode vrouw.
Hoofd van dode vrouw schuift in penis.

40 × 50 cm

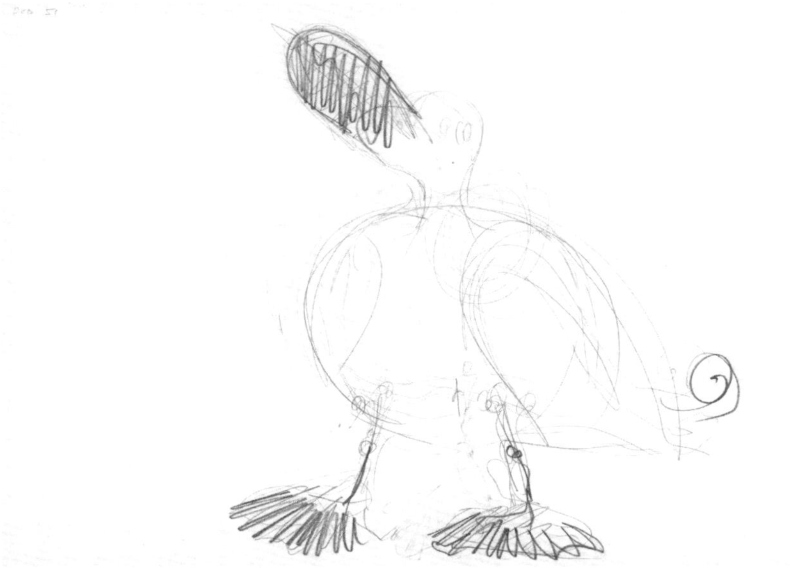

Theme 51:
Others.

Thema 51:
Anderen.

35 × 50 cm

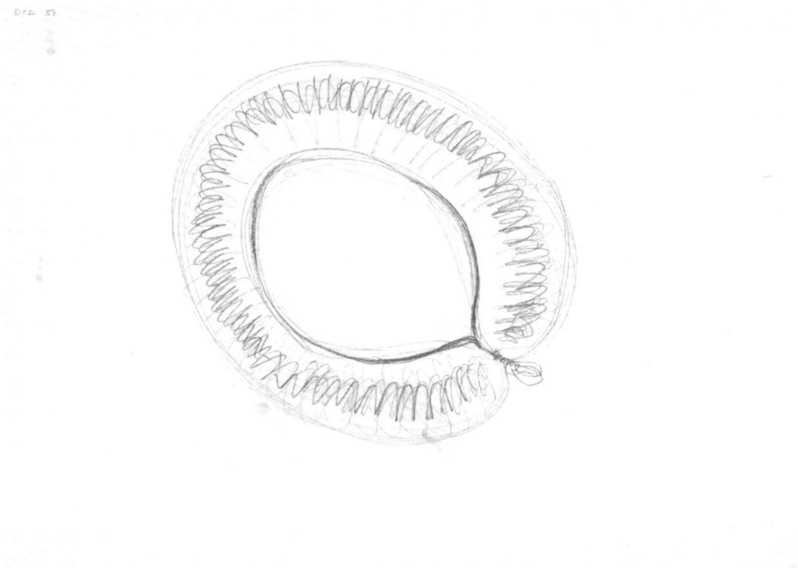

Theme 51:
Others.

Thema 51:
Anderen.

35 × 50 cm

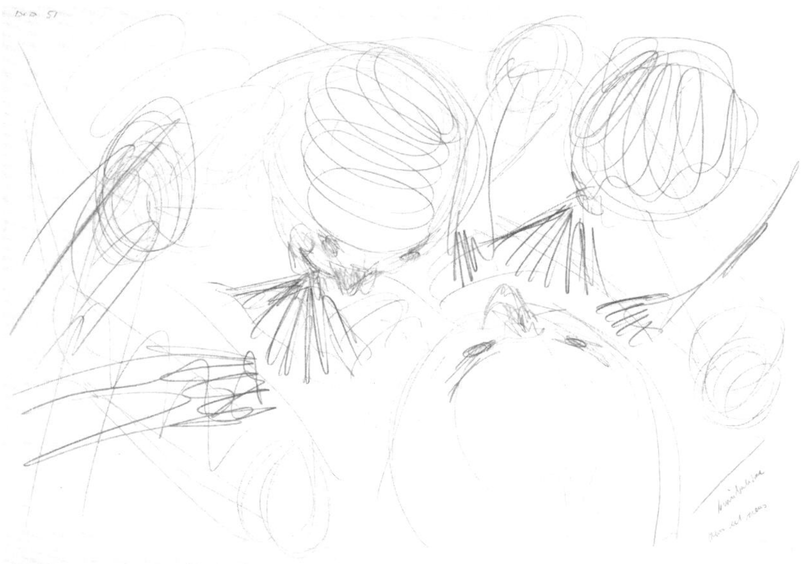

Theme 51:
Others.

Thema 51:
Anderen.

35 × 50 cm

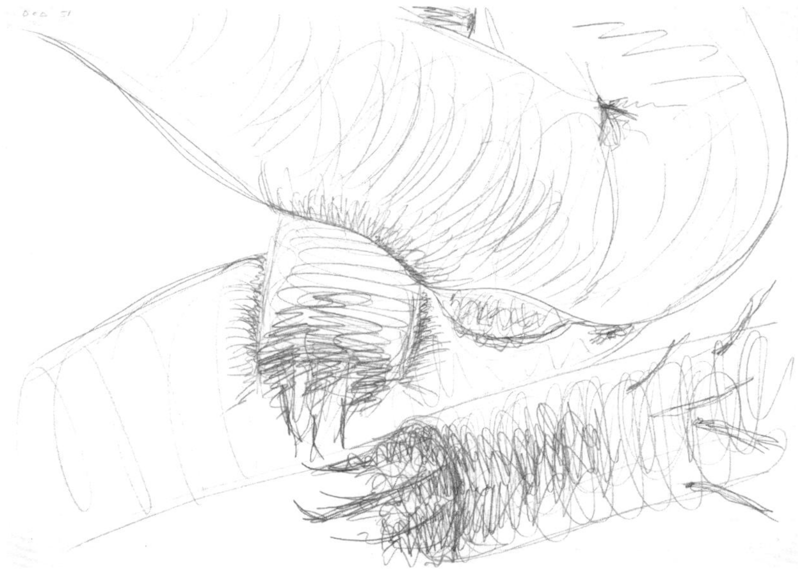

Theme 51:
Others.

Thema 51:
Anderen.

35 × 50 cm

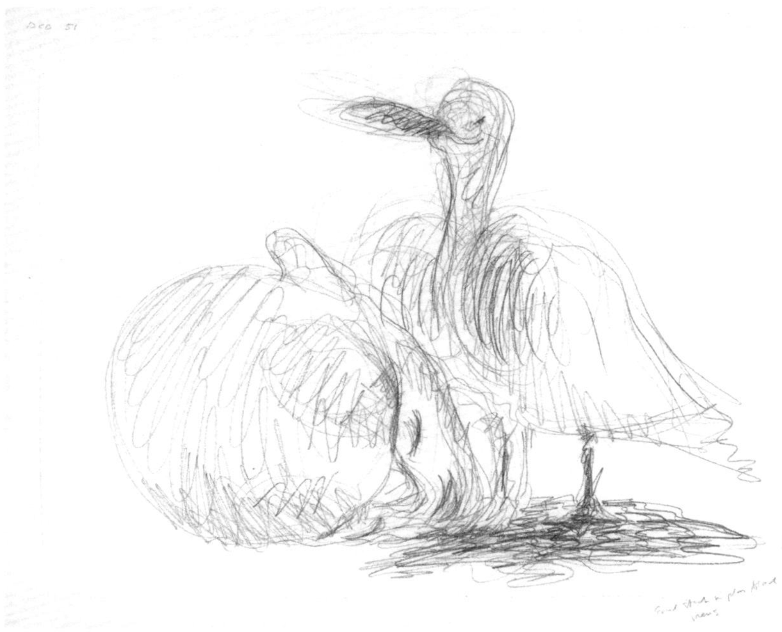

Theme 51:
Others.

Thema 51:
Anderen.

38 × 50 cm

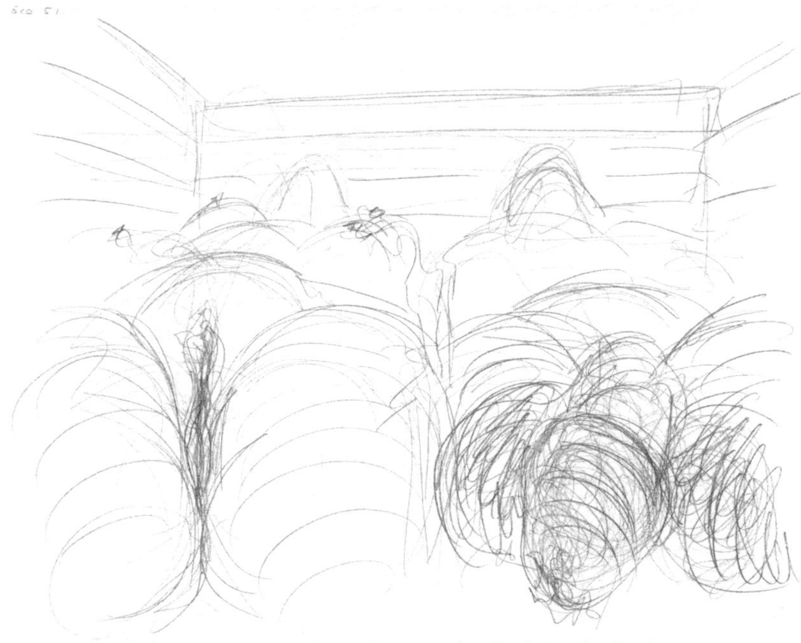

Theme 51:
Others.

Thema 51:
Anderen.

40 × 50 cm

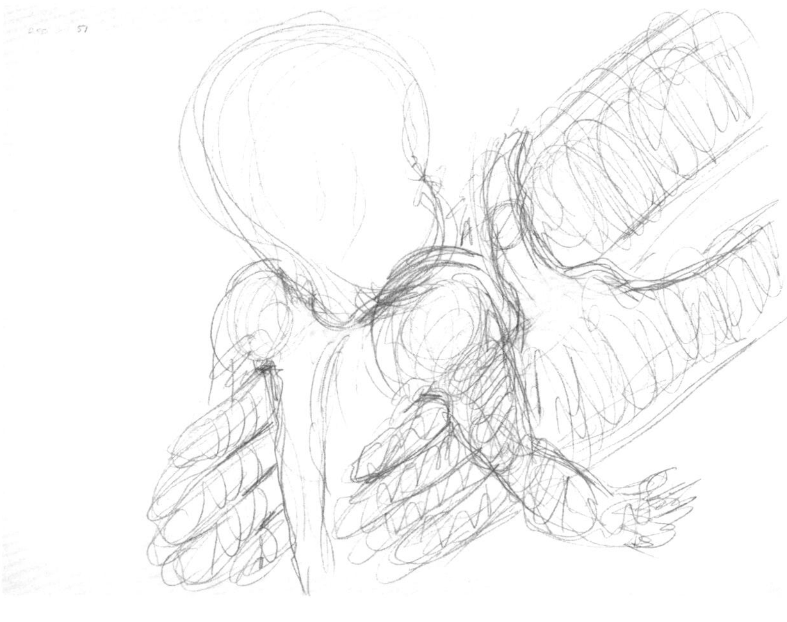

Theme 51:
Others.

Thema 51:
Anderen.

37 × 50 cm

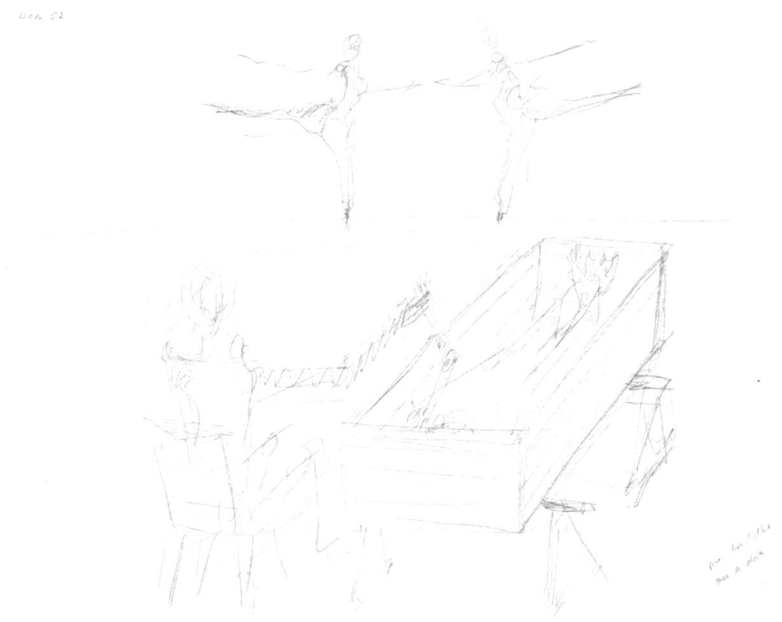

Theme 52:
Ballet for a dead audience.

Thema 52:
Ballet voor een dood publiek.

38 × 50 cm

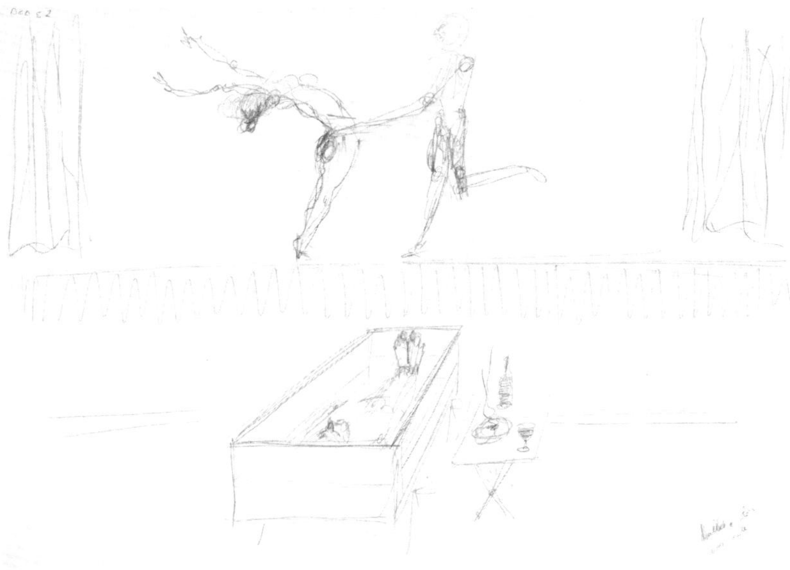

Theme 52:
Ballet for a dead audience.

Thema 52:
Ballet voor een dood publiek.

35 × 50 cm

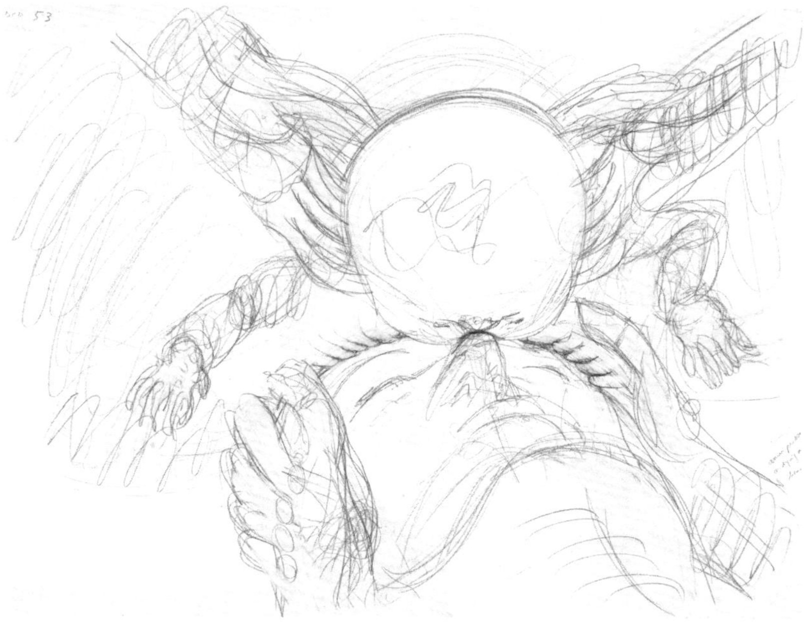

Theme 53:
Woman in labor presses her anus on dying male head.

Thema 53:
Barende vrouw drukt haar anus op stervend mannelijk hoofd.

38 × 50 cm

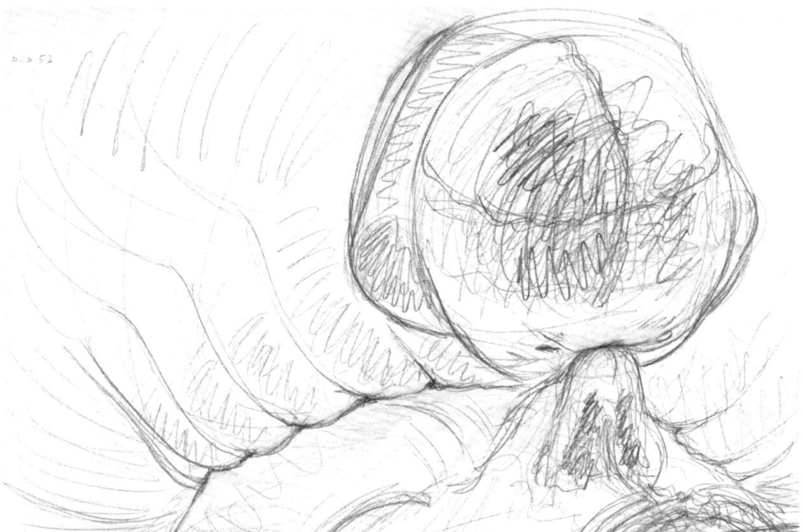

Theme 53:
Woman in labor presses her anus on dying male head.

Thema 53:
Barende vrouw drukt haar anus op stervend mannelijk hoofd.

38 × 50 cm

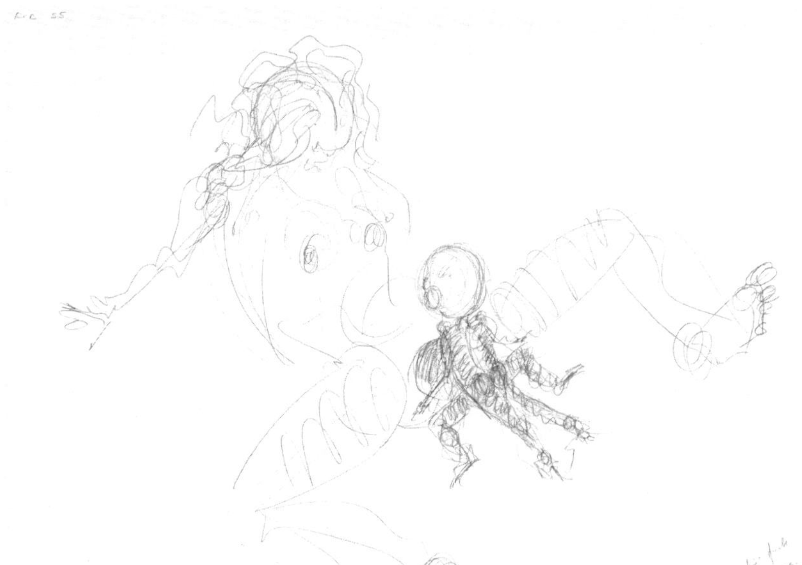

Theme 55:
Babies and vagina.

Thema 55:
Baby's en vagina.

40 × 50 cm

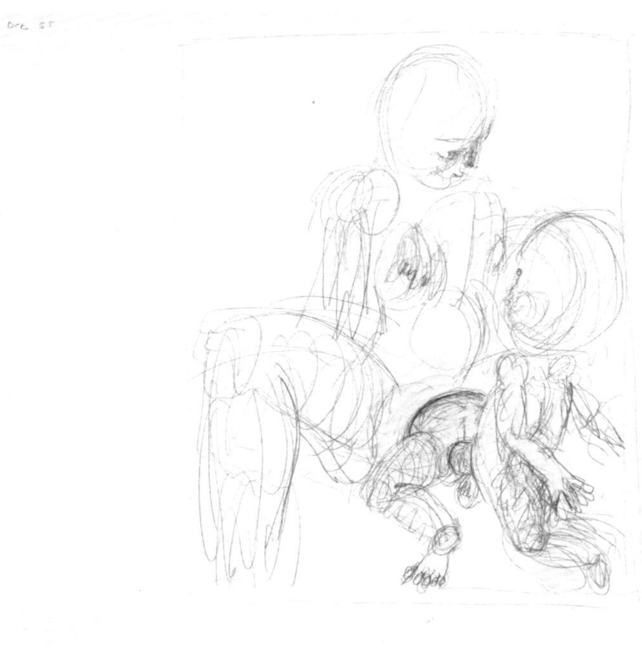

Theme 55:
Babies and vagina.

Thema 55:
Baby's en vagina.

40 × 50 cm

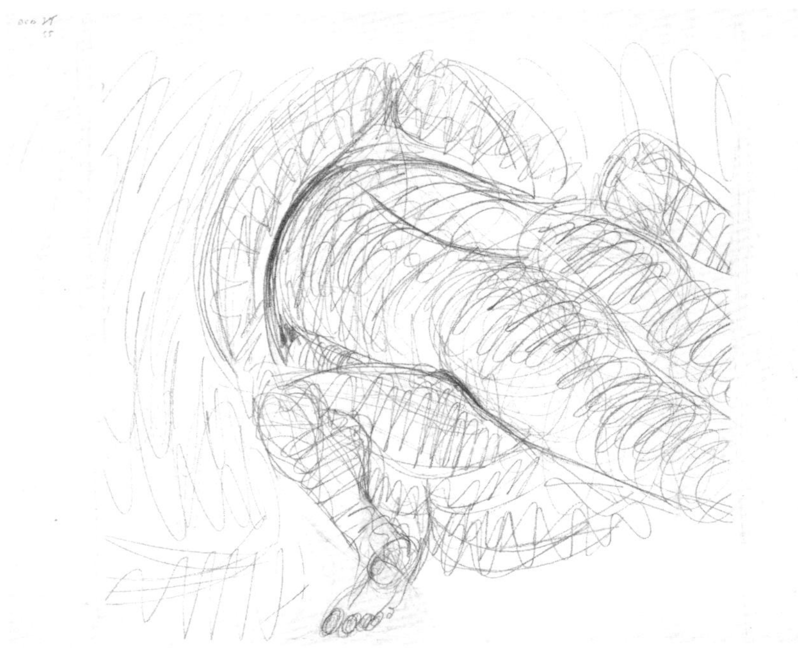

Theme 55:
Babies and vagina.

Thema 55:
Baby's en vagina.

40 × 50 cm

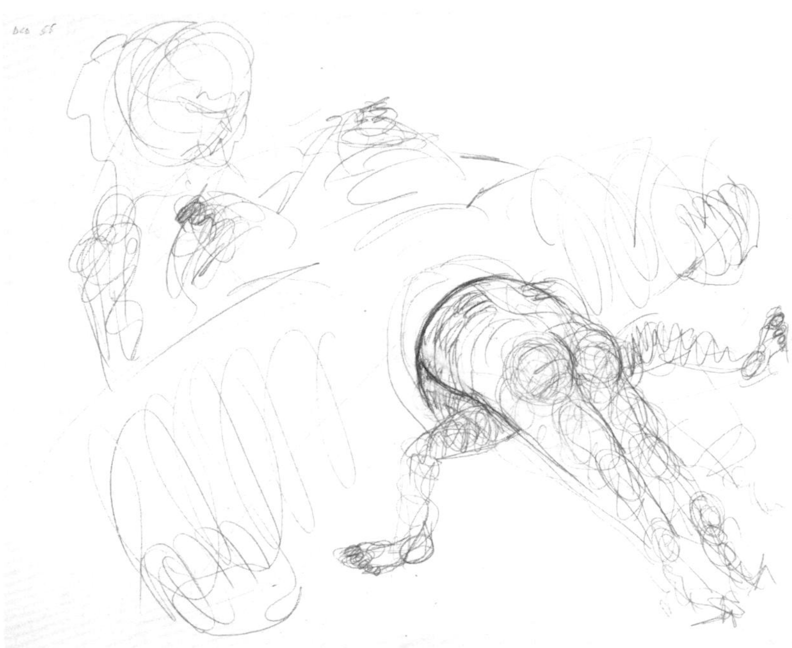

Theme 55:
Babies and vagina.

Thema 55:
Baby's en vagina.

40 × 50 cm

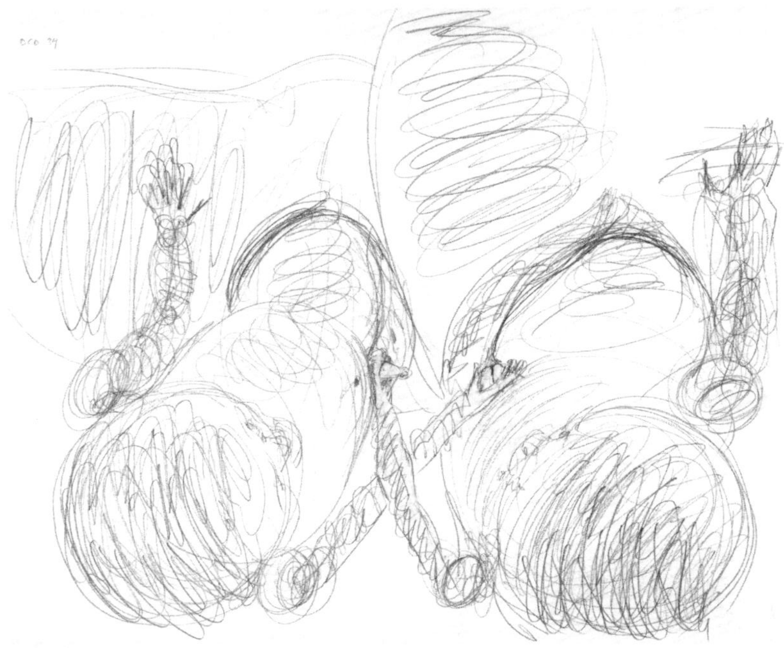

Theme 55:
Babies and vagina.

Thema 55:
Baby's en vagina.

40 × 50 cm

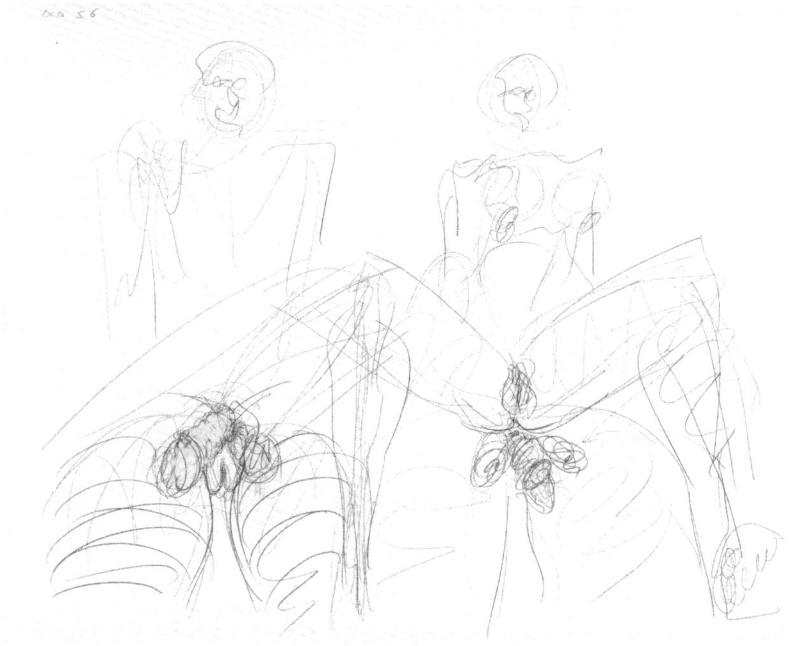

Theme 56:
Dead and living genitals entangled.
Living people sit on dead people.

Thema 56:
Dode en levende genitaliën verstrengeld.
Levende mensen zitten op dode mensen.

40 × 50 cm

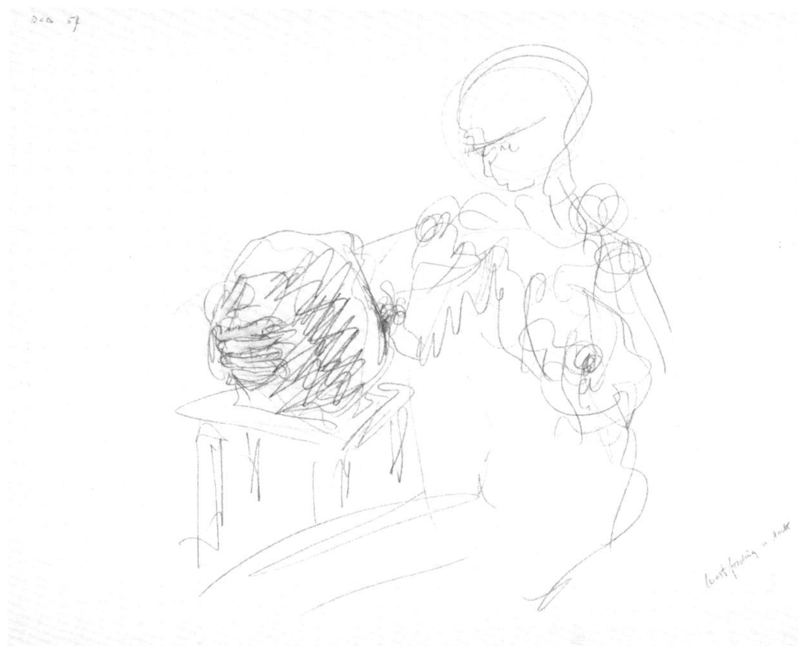

Theme 57:
Woman gives birth to a rock.
Woman breastfeeds a rock.

Thema 57:
Vrouw baart een rots.
Vrouw geeft een rots borstvoeding

40 × 50 cm

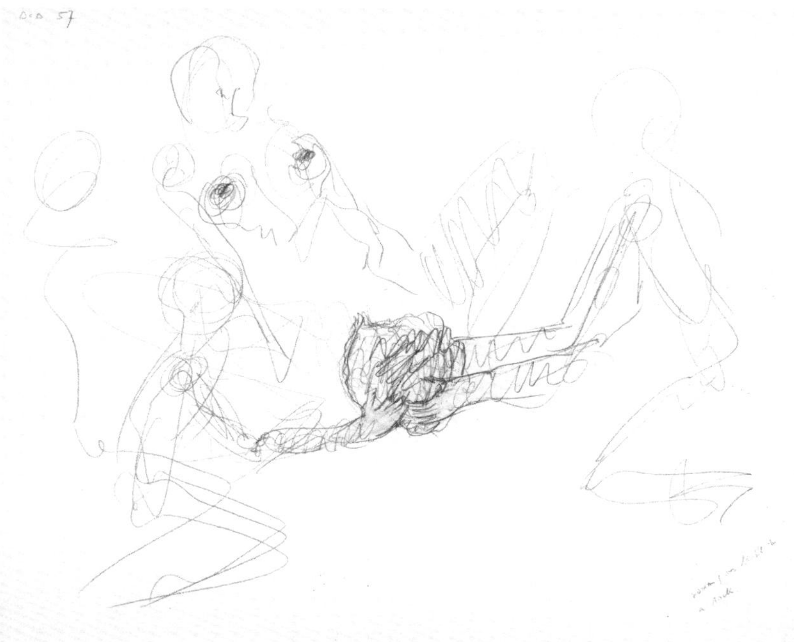

Theme 57:
Woman gives birth to a rock.
Woman breastfeeds a rock.

Thema 57:
Vrouw baart een rots.
Vrouw geeft een rots borstvoeding

40 × 50 cm

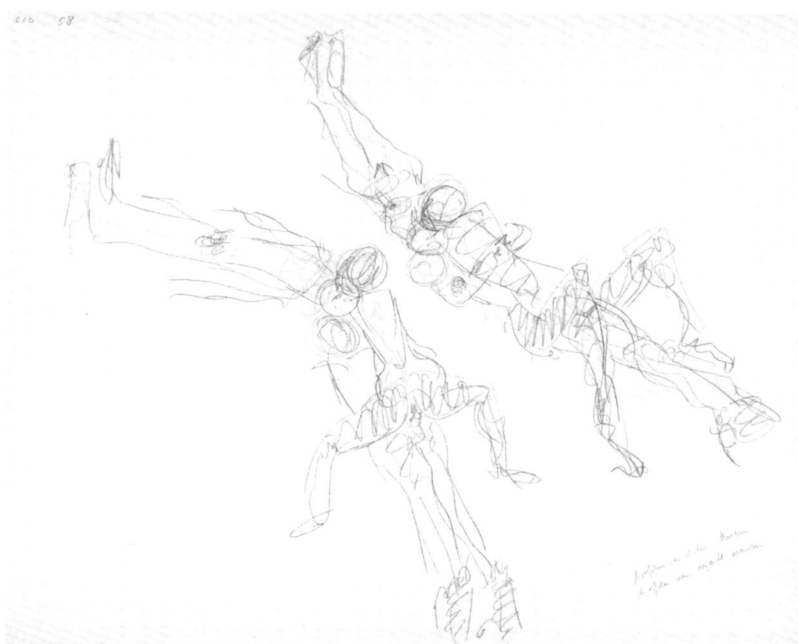

Theme 58:
Heads of dead couple pressed between heads of copulating couple.

Thema 58:
Hoofden van dood paar geklemd tussen hoofden van vrijend paar.

40 × 50 cm

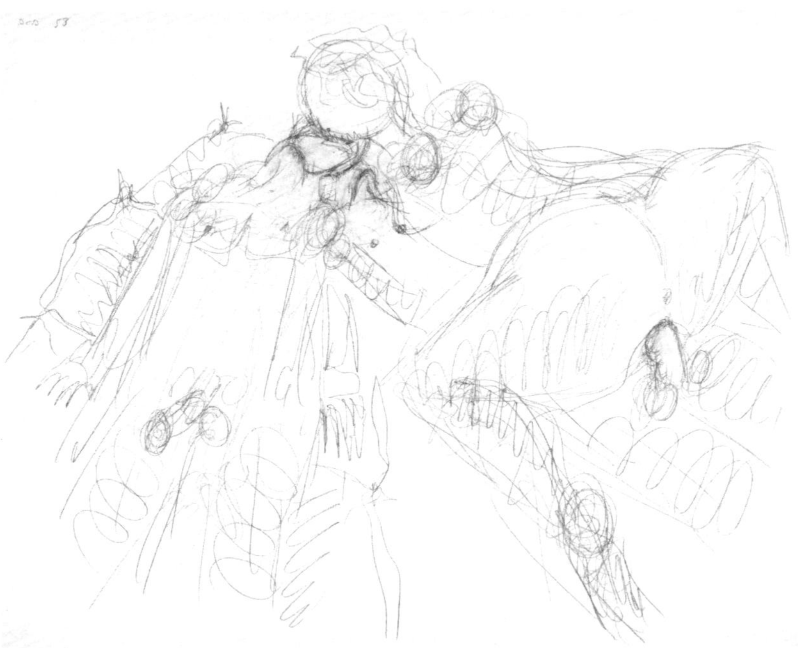

Theme 58:
Heads of dead couple pressed between heads of copulating couple.

Thema 58:
Hoofden van dood paar geklemd tussen hoofden van vrijend paar.

40 × 50 cm

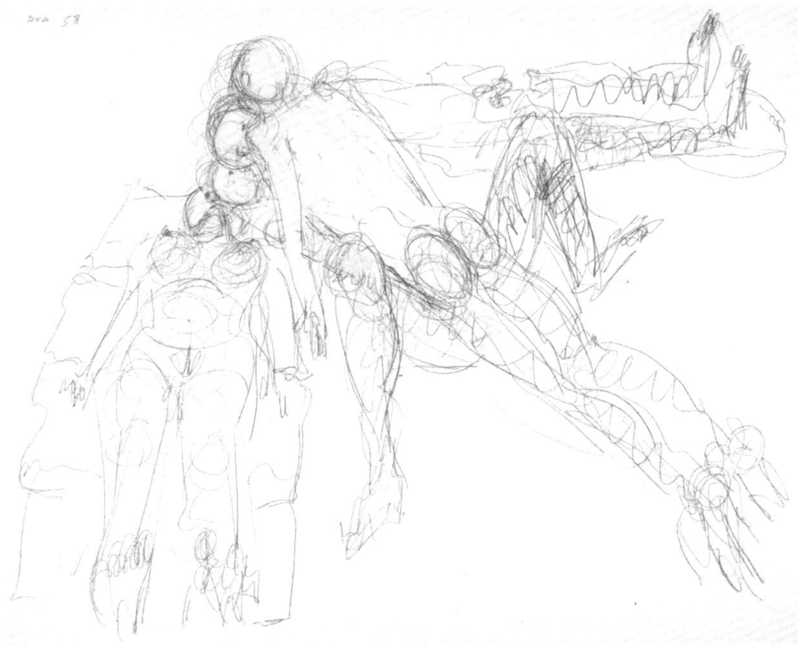

Theme 58:
Heads of dead couple pressed between heads of copulating couple.

Thema 58:
Hoofden van dood paar geklemd tussen hoofden van vrijend paar.

40 × 50 cm

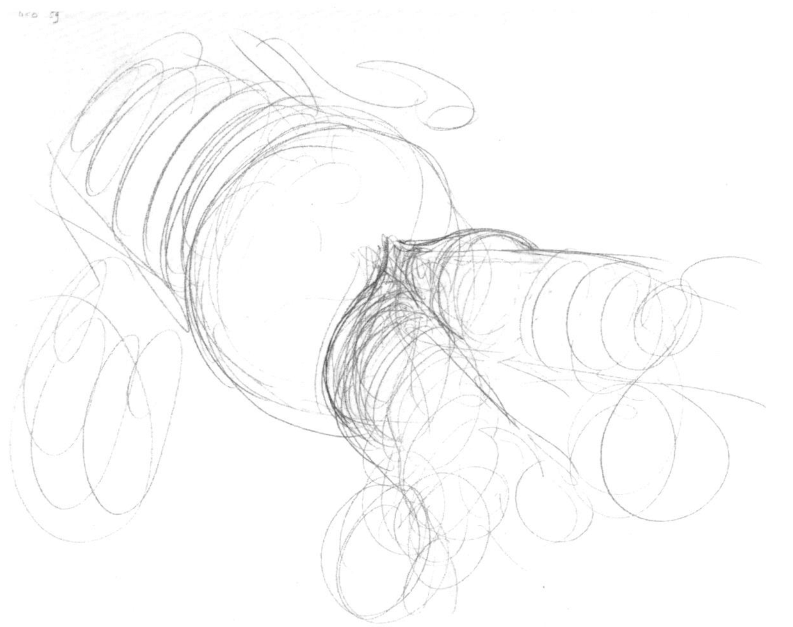

Theme 59:
Penis in penis.

Thema 59:
Penis in penis.

32 × 50 cm

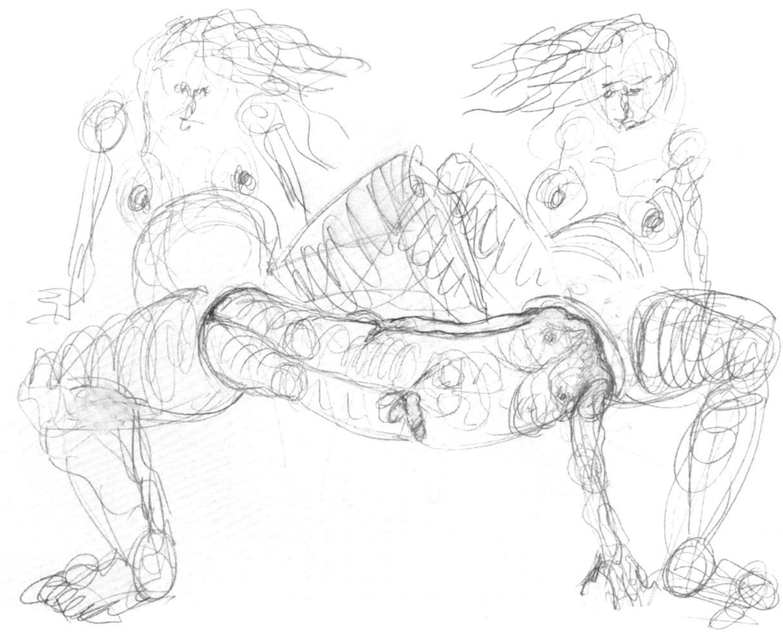

Theme 60:
Giving birth to a dying man.

Thema 60:
Bevallen van een stervende man.

40 × 50 cm

Noa Zuidervaart

A Cyclical Longing

Een cyclisch verlangen

151

When I die my body will become part of something much larger. It will break down into countless elements that disperse through the soil by way of an elaborate process of decomposition. Flesh and muscle tissue disintegrate into fertile humus, bones into dust and minerals. On average, this decay takes less than half of a human lifetime, I read in a Wikipedia article on corpse decomposition. The dead vanish in less time than the living are alive.

I imagine my cells, my hair, and my skin slowly dissolving, blending with the groundwater, and ultimately ending up in the root system of a young tree, or serving as a feast for a group of hungry earthworms. What remains of me will feed the earth and make it fertile. What I leave behind will form the basis of new matter, new life.

Seen from this perspective, a lifeline can be curved until the two ends touch and form a circle. Existence as a closed circuit: conception, reproduction, and decay are repeated in endless cycles. I am deeply struck by that awareness when I look at the work of Pieter Slagboom. In his drawings, the beginning and the end of a human life exist not in opposition to but rather *alongside* each other. Birth and death hold a macabre celebration together.

Since the start of this century, Slagboom has focused consistently on making large-scale drawings. In his recent work, existential themes such as physicality, sexuality, and mortality play an increasingly central role. He approaches these subjects with a shrewd eye, meticulously fine-tuning choices related to color, line, and scale. This gives rise to a sensuous world by which we are gradually entranced.

Taking place in this world are rituals that shirk conventional morality. The meaning of these actions is known only to insiders. The figures seem to be unaware of social conventions or taboos; their behavior follows an alternative logic that clashes with our typical notions of shame and morality. Sex is pervasive here, manifesting itself as a compelling instinct that generates new life or brings the dead back to the domain of the living.

In one drawing I see a child being born, while elsewhere on the linen surface a man dies. There is intimacy in a coffin, as it were. When I stand in front of the work, I imagine how the figures shut their eyes. Impassively they touch each other, press their bodies together, skin to skin. They keep on pressing until a new generation comes into the world. And that's how the process begins all over again.

What Slagboom portrays touches on that which we, in our world, all too willingly suppress. Although we're inundated with images of sex, birth, and death in our daily reality, these themes rarely merge in one and the same context. For this reason, it is easy to forget just how closely connected they actually are. And when they do converge visually, as in Slagboom's work, it often leads to conversations that are more awkward and constrained than the observation itself, precisely because we seldom speak openly about this. The drawings force us to face the facts: everyone dies, and yet we hardly utter a word about it. Nonetheless, we cling to our mortality for dear life.

I believe that is why, after seeing Slagboom's work for the first time, at Office Baroque in Antwerp in 2022, I couldn't stop thinking about the images. There was something perverse about the way Slagboom had strung together the most profound moments in a human life. His images settled into my thoughts and inhabited them persistently. Am I just as relentlessly vulnerable?

The incantatory effect of the drawings is, as I understand it, actually part of how they have come about. Slagboom draws in order to liberate himself from the images in his mind, to become aware of his subconscious. He sets this process in motion by making black-and-white drawings with graphite pencil. Usually, a large work follows dozens of studies. He emphatically refers to these drawings not as sketches but as investigations that allow him to fathom the themes in his work.

For his exhibition *Scent of Hypnosis* at Drawing Centre Diepenheim, Slagboom used this method to work toward a new, coherent whole. He gathered a selection of 170 studies and placed them together in one of the building's spaces, making the individual images seem like fragments of a larger narrative. As my gaze glides from one study to the next, associations and rhythms arise. It feels as though I'm following the course of an action or thought. Slagboom continues that same sequential approach in a series of diptychs and triptychs. In these multipart drawings, the depicted acts unfold almost cinematically before our eyes.

It is not only the succession of images that creates the illusion of movement, but the way in which Slagboom executes his lines across the paper. He builds forms by repeating individual gestures that become one big tangle. The lines have an intense palette, which comes across at varying speeds. Bright red, orange, and yellow pierce the retina, while cooler hues of blue and green present themselves in a more controlled manner. The colors and lines move through the figures and build up these bodies from the inside out. They are channels of energy, conductors allowing life to circulate like a whirling current. Slagboom also deliberately plays with scale in his drawings, both in terms of what he depicts and in the format of the work. Abdomens, torsos, and genitals are enlarged and compressed within the framework of the canvas until they surpass human proportions. This enlargement forces us to relate to the depicted bodies, and thus to our own bodies, in a different way. In combination with the execution of line and the use of color, it leads to an experience that not only takes place in the mind, but also becomes physically palpable.

That physical sensation is, in my view, a key to understanding the exhibition at the Drawing Centre. *Scent of Hypnosis* evokes a state of surrender, of being carried away into something not entirely comprehensible, something which is imposed on us via the senses. Slagboom's drawings seduce us with their evocative visual language. Due to their size, the scenes unfold slowly but inescapably. And when the complete image reveals itself to us, there is no way back. We're seized by our own humanity.

Wanneer ik sterf, wordt mijn lichaam onderdeel van iets veel groters. Het ontbindt in talloze bestanddelen die zich via een uitgebreid afbraak- en rottingsproces verspreiden in de grond. Vlees en spieren vergaan tot voedzame humus, botten tot stof en mineralen. Gemiddeld duurt dit nog geen half mensenleven, lees ik via Wikipedia (zie artikel: *Corpse decomposition*). De doden verdwijnen sneller dan de levenden levend zijn.

Ik stel me voor hoe mijn cellen, mijn haren en mijn huid langzaam oplossen, zich vermengen met bodemwater en uiteindelijk terechtkomen in het wortelnetwerk van een jonge boom, of als feestmaal dienen voor een groep hongerige dauwpieren. Wat van mij overblijft, voedt de aarde en maakt haar vruchtbaar. Wat ik achterlaat, vormt de basis voor nieuw leven en nieuwe materie.

Vanuit dit perspectief kun je een levenslijn kromtrekken, tot de twee uiteinden elkaar raken en samen een cirkel vormen. Het bestaan als gesloten circuit: ontstaan, voortplanting en vergaan volgen elkaar op in eindeloze cycli. Dat besef dringt diep tot me door wanneer ik kijk naar het werk van Pieter Slagboom. In zijn tekeningen staan begin en einde van een mensenleven niet tegenover, maar juist naast elkaar. Geboorte en dood vieren samen een macaber feestje.

Sinds het begin van deze eeuw richt Slagboom zich consequent op grootschalige tekeningen. In zijn recente werk nemen existentiële thema's als lichamelijkheid, seksualiteit en sterfelijkheid een steeds centralere plaats in. Hij benadert deze onderwerpen met een scherpzinnige blik, waarbij keuzes rondom kleur, lijn en schaal zorgvuldig op elkaar worden afgestemd. Zo ontstaat een zinnelijke wereld waarin je als toeschouwer geleidelijk wordt meegevoerd.

In deze wereld vinden rituelen plaats die zich aan de conventionele moraal onttrekken. Van de handelingen kennen alleen ingewijden de betekenis. De figuren lijken zich niet bewust van sociale conventies of taboes; hun gedragingen volgen een alternatieve logica die botst met onze opvattingen over schaamte en zedelijkheid. Seks is er alomtegenwoordig en manifesteert zich als dwingend instinct dat nieuw leven opwekt of doden terugleidt naar het domein van de levenden.

Op een van de tekeningen zie ik een kind geboren worden, terwijl elders op het linnen een man sterft. Er is intimiteit tussen vier planken. Wanneer ik voor het werk sta, beeld ik me in hoe de ingewijden hun ogen sluiten. Onbewogen raken ze elkaar aan, drukken hun lichamen samen, huid op huid. Ze persen, persen, persen, net zo lang tot er een nieuwe generatie ter wereld komt. En zo begint het proces van voren af aan.

Wat Slagboom verbeeldt, raakt aan wat we maar al te graag onderdrukken. Hoewel we in onze dagelijkse werkelijkheid worden overspoeld met beelden van seks, geboorte en dood, komen deze thema's zelden samen in één en dezelfde context. Daardoor is het makkelijk om te vergeten hoe nauw ze in wezen met elkaar verbonden zijn. En wanneer ze wél samenkomen, zoals in Slagbooms werk, leidt dat vaak tot gesprekken die pijnlijker en weerbarstiger zijn dan het kijken zelf, juist omdat we er zelden open over spreken. De tekeningen drukken ons met de neus op de feiten: iedereen sterft, maar er wordt nauwelijks over gesproken. Toch houden we krampachtig vast aan onze vergankelijkheid.

Volgens mij is dat waarom ik, nadat ik het werk van Slagboom in 2022 voor het eerst zag bij Office Baroque in Antwerpen, maar aan de beelden bleef denken. Het voelde pervers hoe Slagboom de meest ingrijpende momenten uit een mensenleven aan elkaar had geknoopt. Zijn beelden nestelden zich tussen mijn gedachten en hielden zich daar hardnekkig op. Ben ik net zo venijnig kwetsbaar?

Het bezwerende effect van de tekeningen is, als ik het goed begrijp, ook onderdeel van hoe ze tot stand komen. Slagboom tekent om zichzelf te bevrijden van de beelden in zijn hoofd, om zich bewust te worden van zijn onderbewuste. Hij brengt dit proces op gang door het maken van zwart-wittekeningen in grafietpotlood. Daarbij volgt een groot werk doorgaans op tientallen studies. Hij noemt deze tekeningen nadrukkelijk geen schetsen, maar onderzoeken, waarmee hij de thema's in zijn werk probeert te doorgronden.

Voor zijn tentoonstelling *Scent of Hypnosis* bij Drawing Centre Diepenheim werkte Slagboom volgens deze werkwijze toe naar een nieuw, samenhangend geheel. Hij verzamelde een selectie van 170 studies en bracht ze samen in een ruimte van het gebouw. Daardoor lijken de losse beelden fragmenten van een grotere vertelling. Terwijl mijn blik van de ene studie naar de andere glijdt, ontstaan er verbanden en ritmes. Het voelt alsof ik het verloop van een handeling of gedachte volg. Diezelfde sequentiële benadering zet

Slagboom voort in een reeks diptieken en triptieken. In deze meerdelige tekeningen ontvouwen de afgebeelde handelingen zich haast als een film voor je ogen.

Niet alleen de opeenvolging van beelden wekt de illusie van beweging, ook de manier waarop Slagboom zijn lijnen over het papier voert. Met herhalende gebaren bouwt hij vormen op, die zich als een kluwen met elkaar verstrengelen. De lijnen hebben een intens palet, dat in verschillende tempo's op je uitwerkt. Fel rood, oranje en geel priemen in het netvlies, terwijl koelere tinten als blauw en groen zich beheerster aandienen. De kleuren en lijnen bewegen door de figuren heen en lijken hun lichamen van binnenuit op te bouwen. Het zijn energiebanen, geleiders die het leven als een wervelende stroom door het lichaam laten circuleren.

In zijn tekeningen speelt Slagboom ook bewust met schaal, zowel in wat hij afbeeldt als in het formaat van het werk. Buiken, rompen en geslachtsdelen worden uitvergroot en samengeperst binnen de kaders van het canvas, tot ze de menselijke proporties overstijgen. Deze vergroting dwingt je om je op een andere manier tot de afgebeelde lichamen, en daarmee tot je eigen lichaam, te verhouden. In combinatie met de lijnvoering en het kleurgebruik ontstaat zo een ervaring die zich niet alleen in het hoofd afspeelt, maar ook fysiek in je lichaam voelbaar wordt.

Die lichamelijke gewaarwording vormt volgens mij een sleutel tot het begrijpen van de tentoonstelling bij het Drawing Centre. *Scent of Hypnosis* roept een toestand op van overgave, van meegevoerd worden in iets dat je niet volledig kunt bevatten en dat zich via de zintuigen aan je opdringt. Slagbooms tekeningen verleiden met hun virtuoze beeldtaal. Door hun omvang ontvouwen de scènes zich traag maar onafwendbaar. En wanneer de volledige voorstelling zich dan uiteindelijk aan je openbaart, is er geen weg meer terug. Je bent bevangen door je eigen menszijn.

Noa Zuidervaart is a visual artist and cultural programmer based in Arnhem. As an artist, he works from a desire to comprehend the unexplained or inexplicable, exploring the manifold ways in which humanity has ascribed meaning to such phenomena throughout history. Since 2023 he has been the artistic director of Drawing Centre Diepenheim, where he develops and coordinates the exhibition and residency program. In this role, he collaborates with artists and curators with curiosity and personal engagement, connecting the medium of drawing to broader contemporary issues.

Noa Zuidervaart is beeldend kunstenaar en programmamaker uit Arnhem. Als kunstenaar werkt hij vanuit een behoefte om duiding te geven aan het onverklaarde of onverklaarbare, en onderzoekt hij hoe we daar als mensheid door de eeuwen heen betekenis aan hebben gegeven. Daarnaast is hij sinds 2023 werkzaam als artistiek leider bij Drawing Centre Diepenheim, waar hij het tentoonstellings- en residentieprogramma ontwikkelt en coördineert. In deze rol werkt hij met nieuwsgierigheid en persoonlijke betrokkenheid samen met kunstenaars en curatoren, en trekt hij lijnen tussen tekenkunst en actuele vraagstukken.

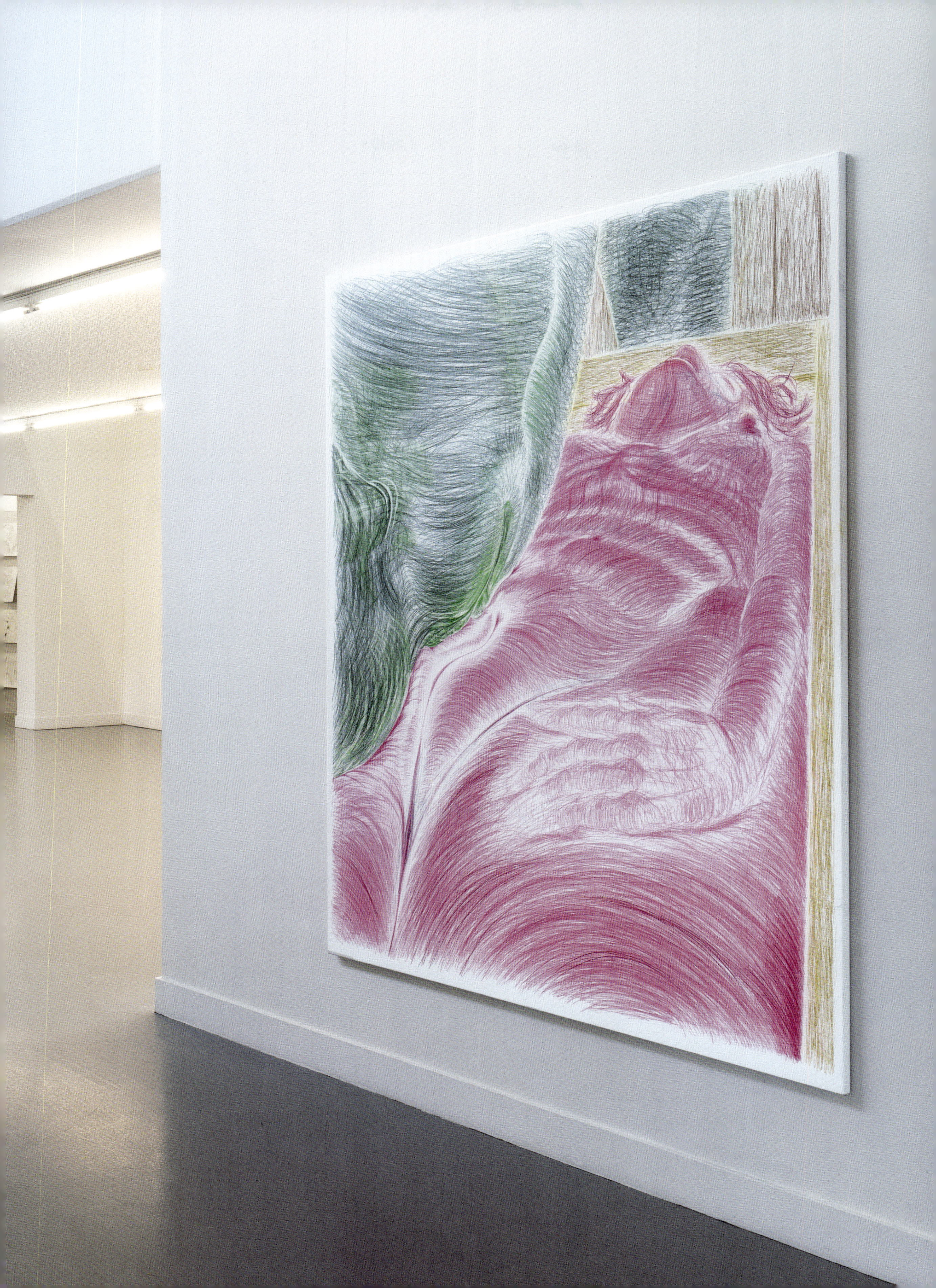

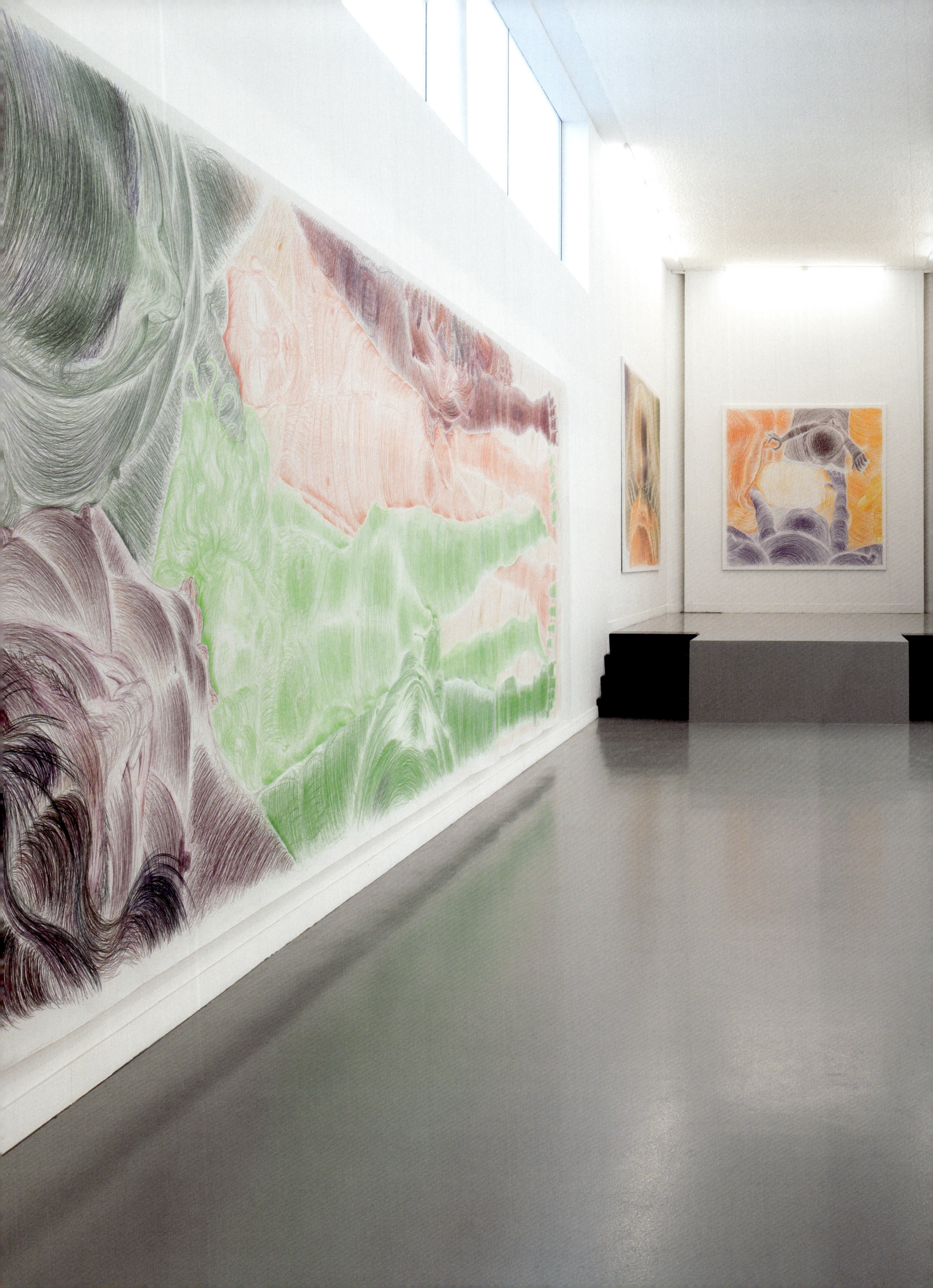

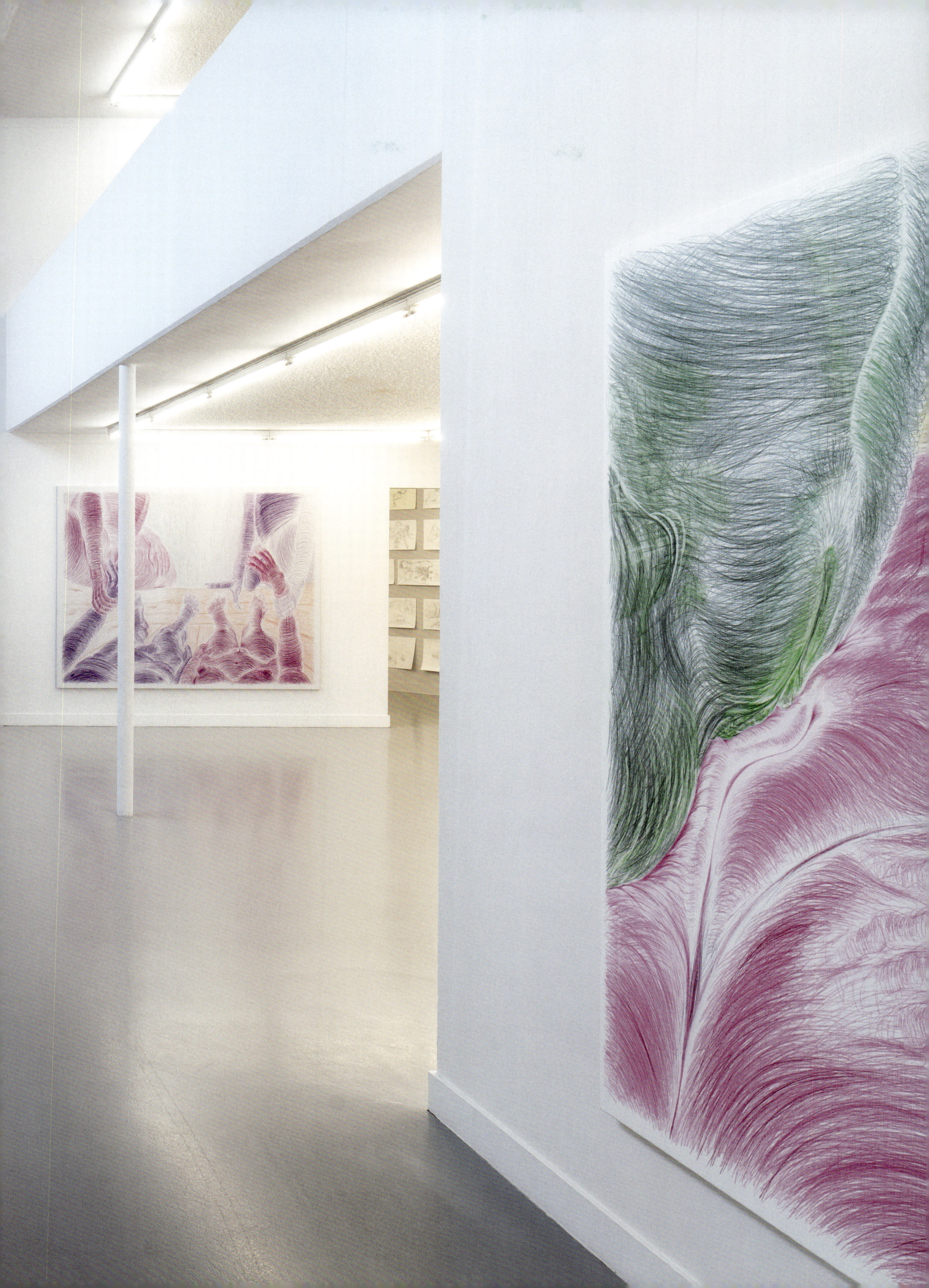

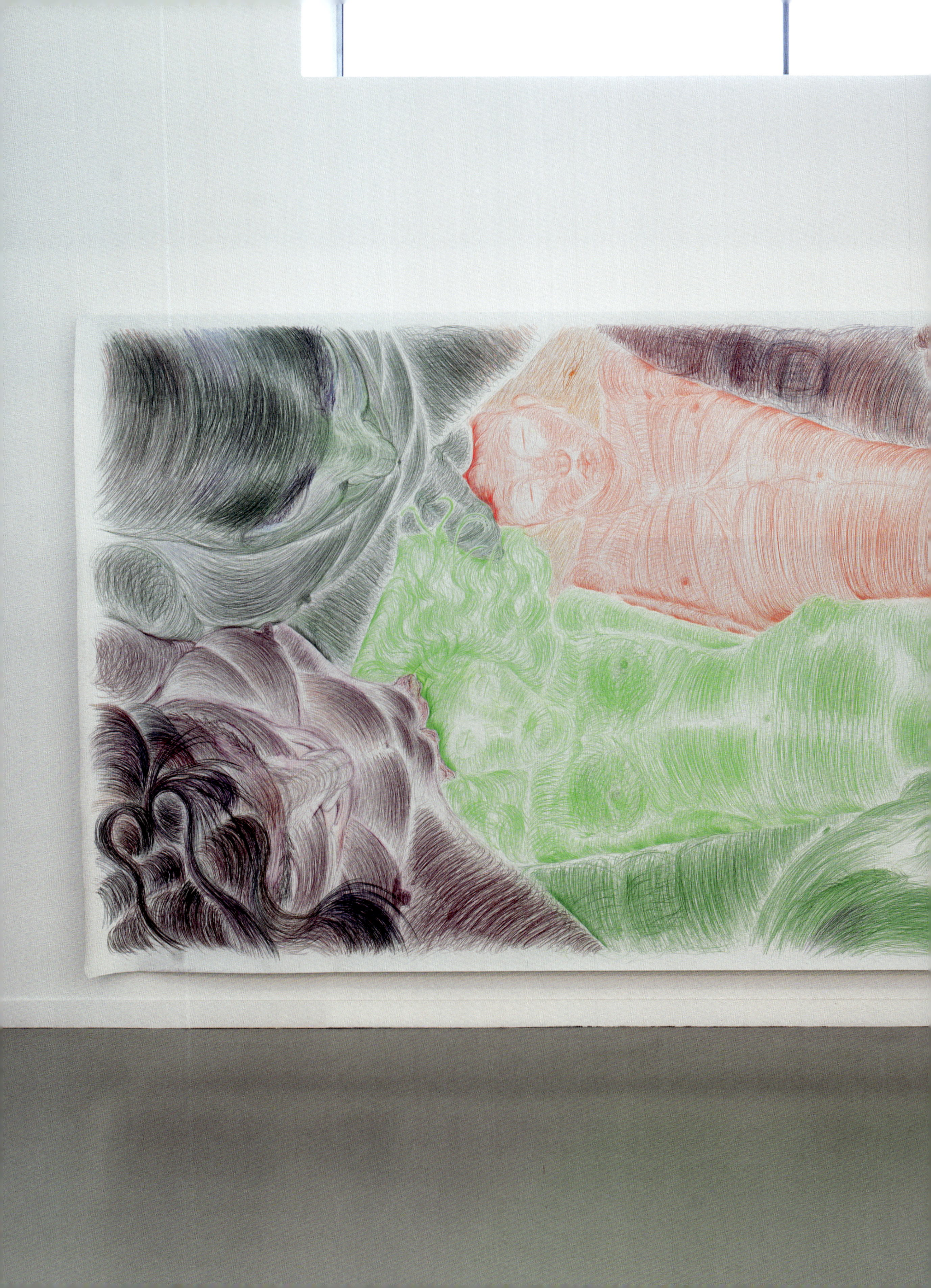

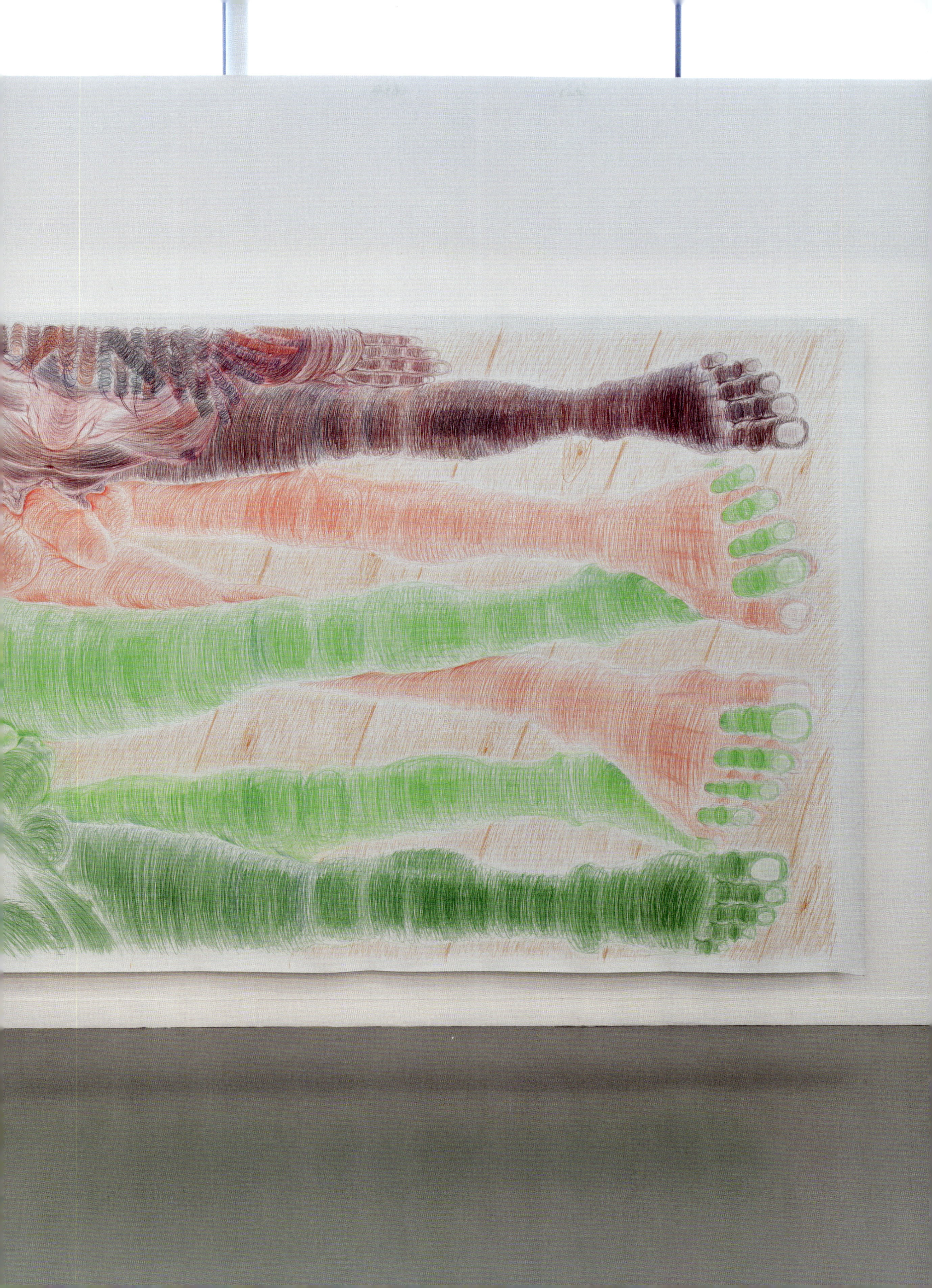

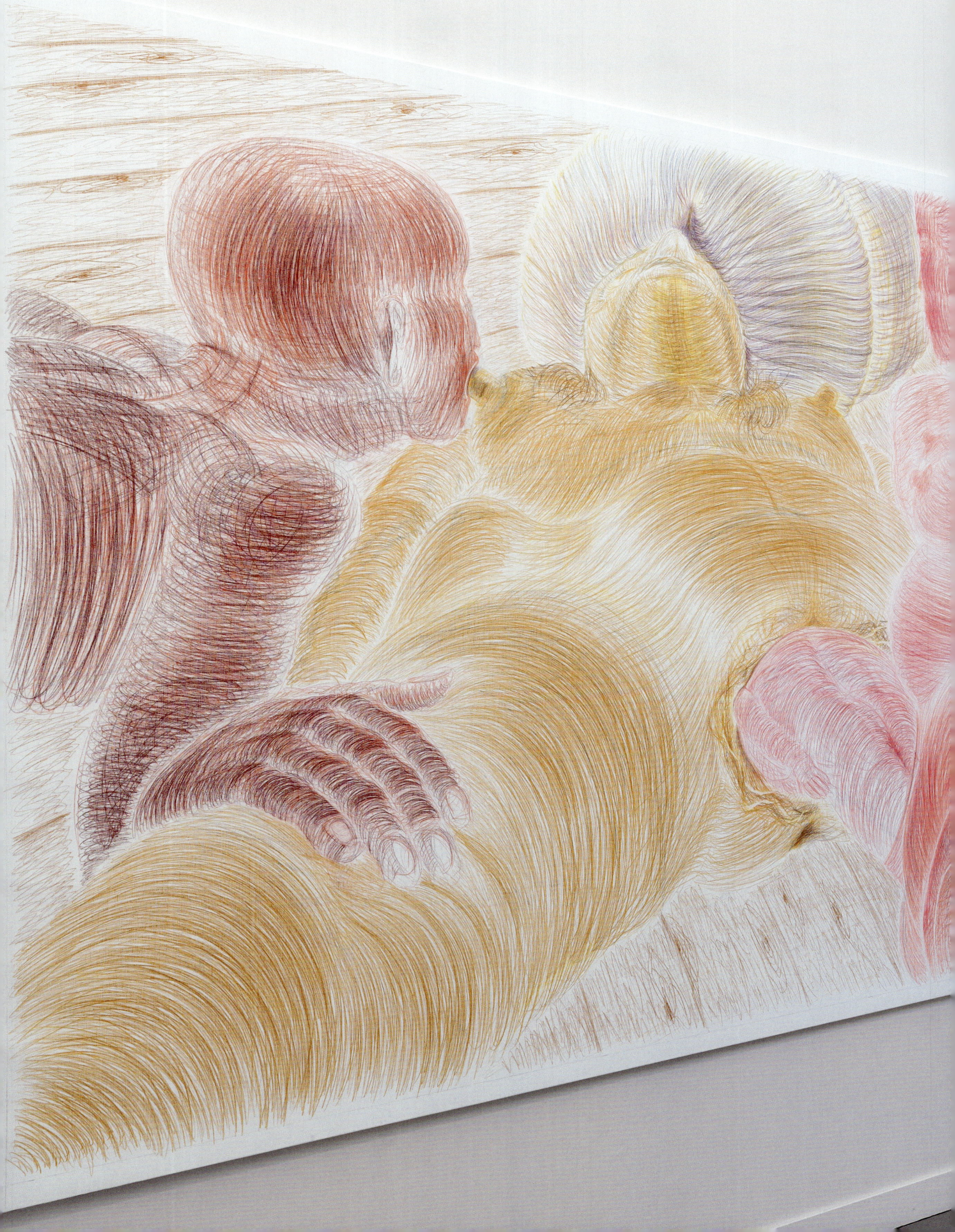

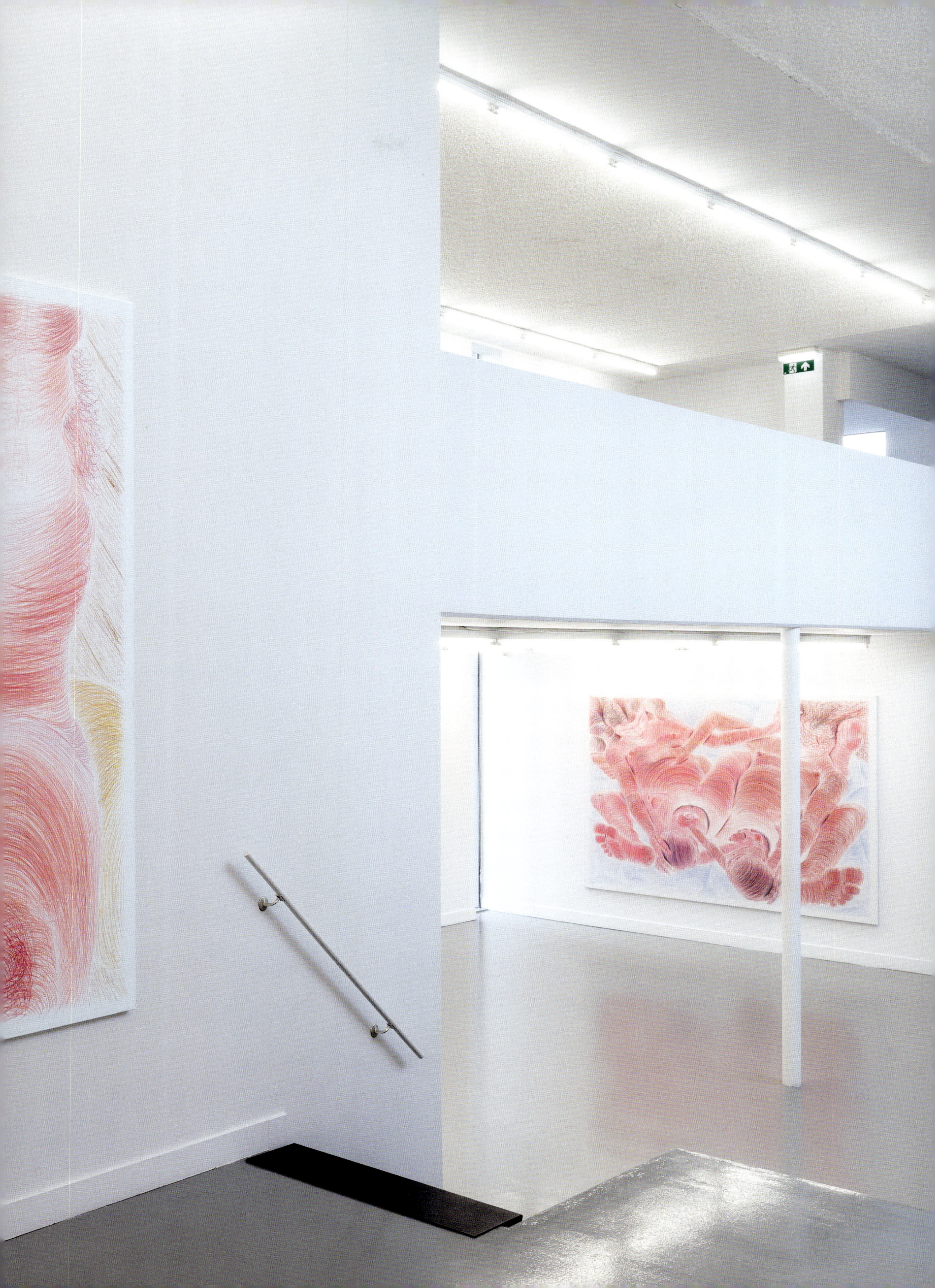

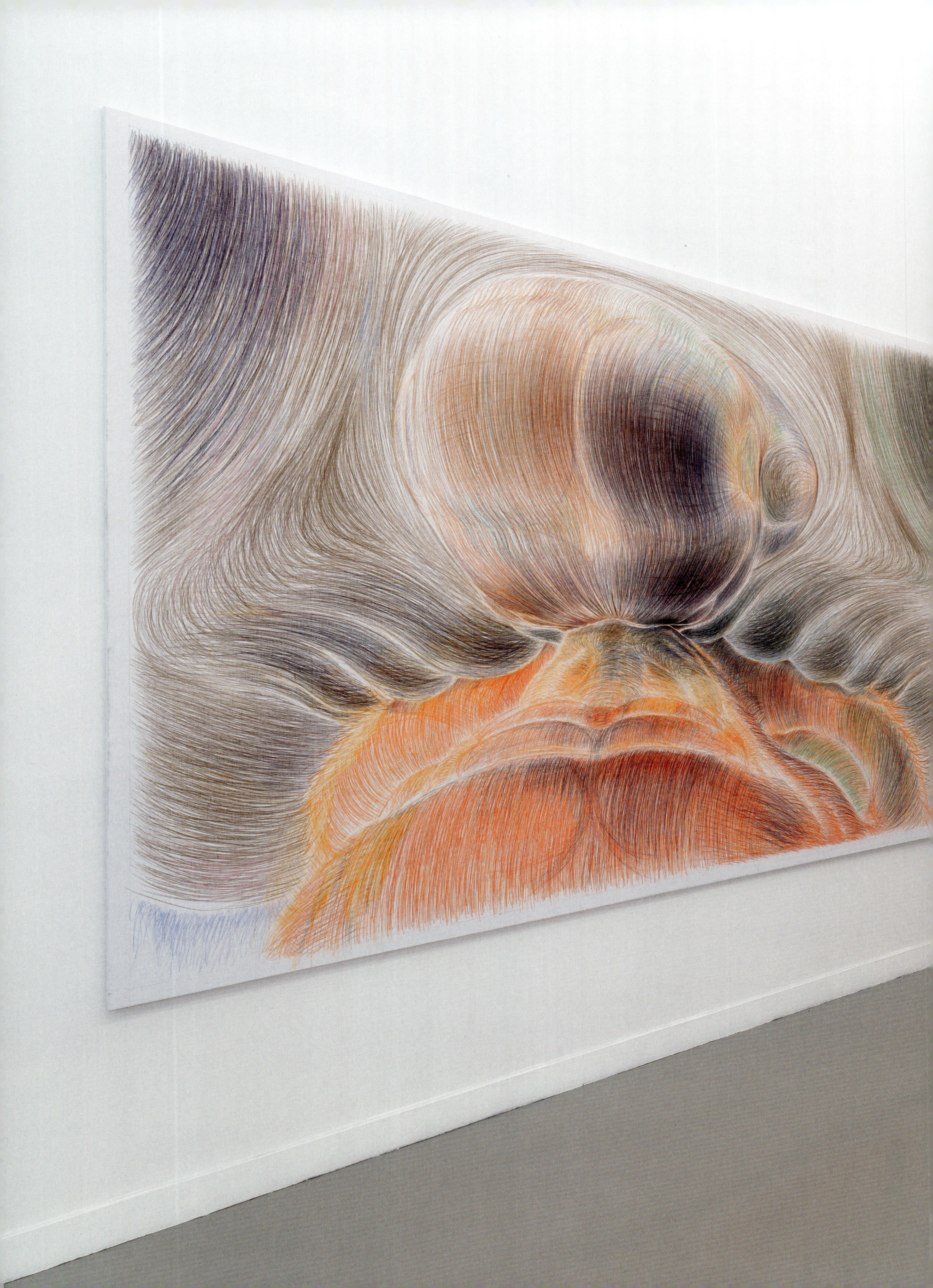

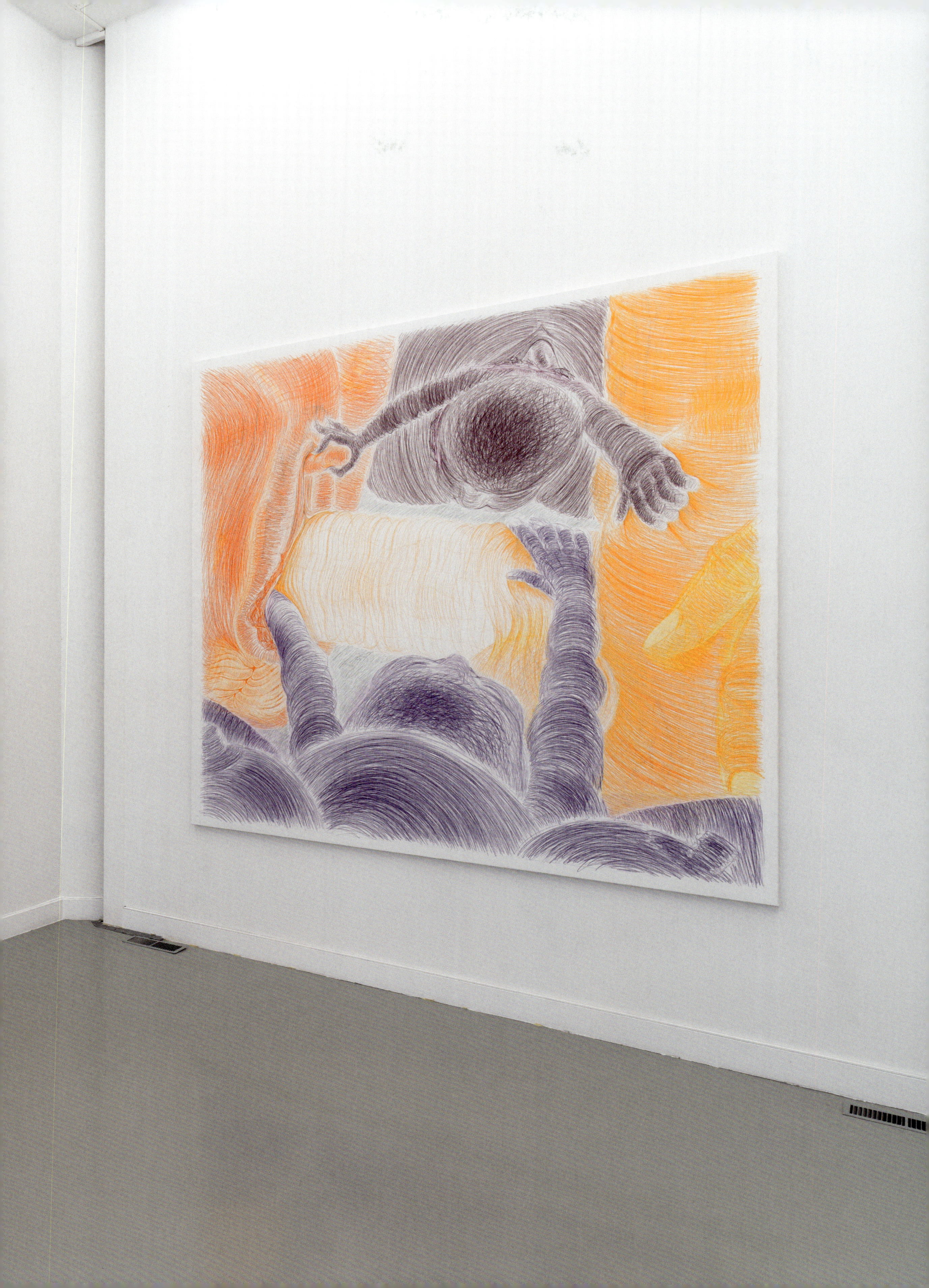

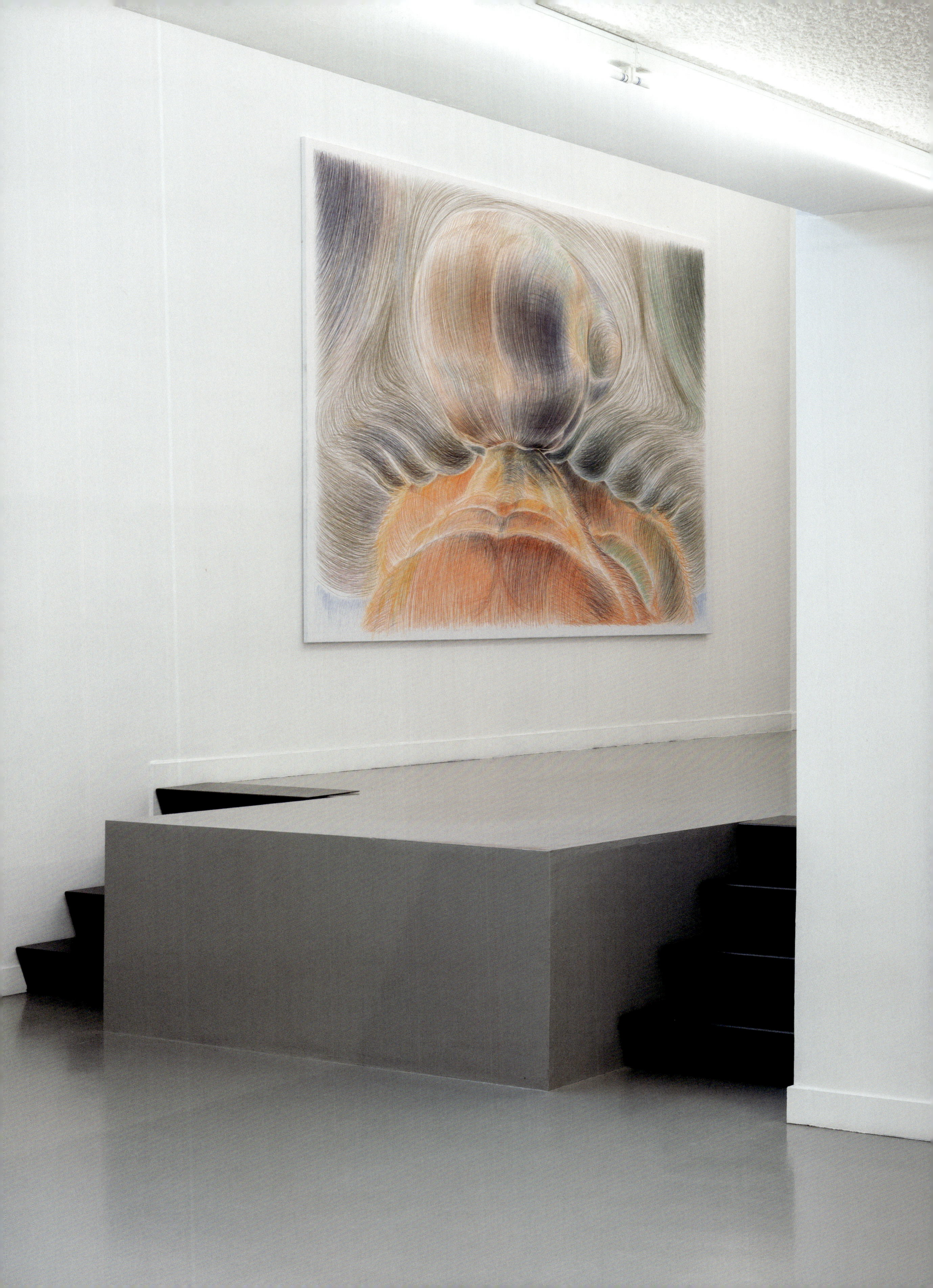

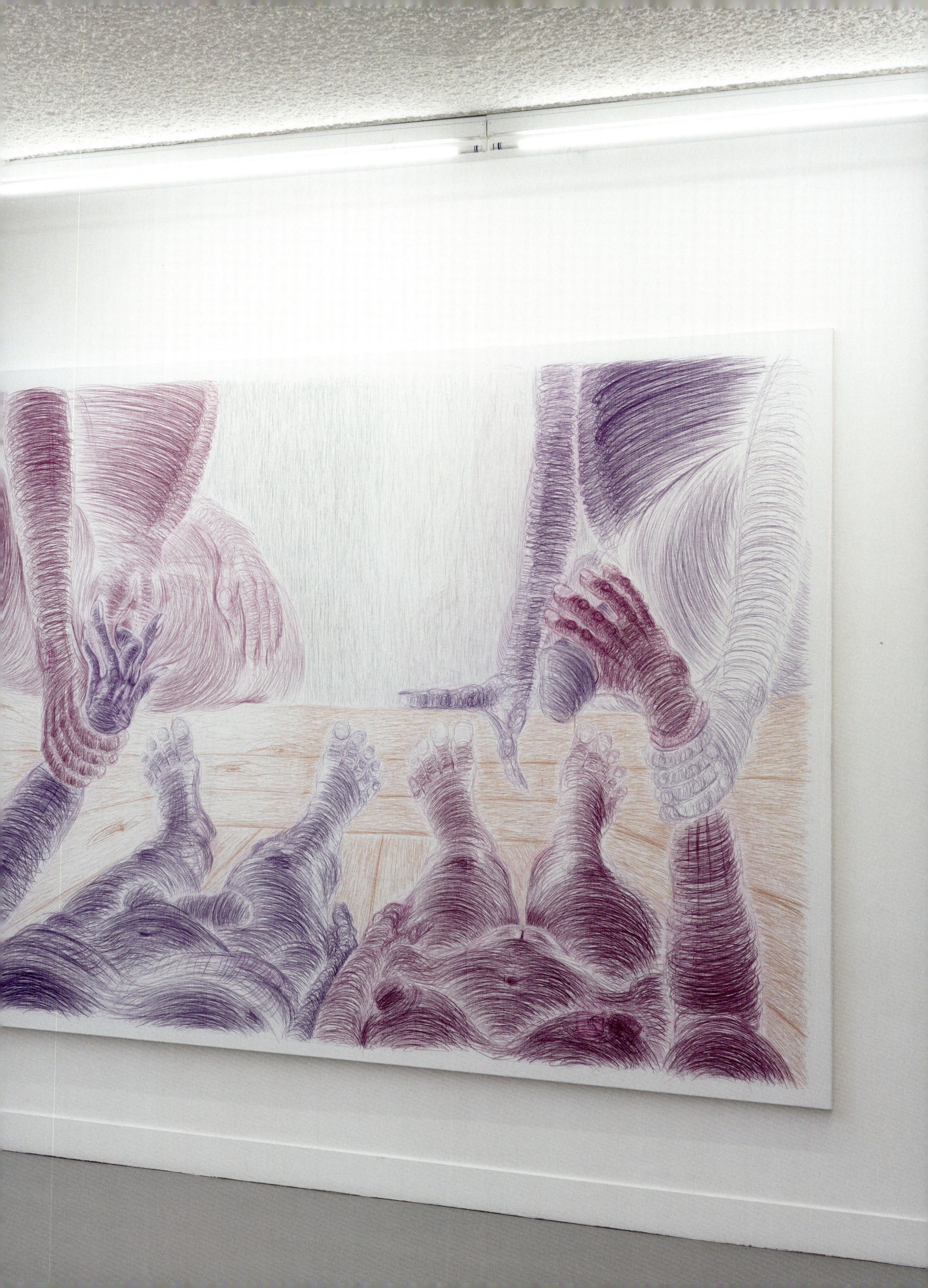

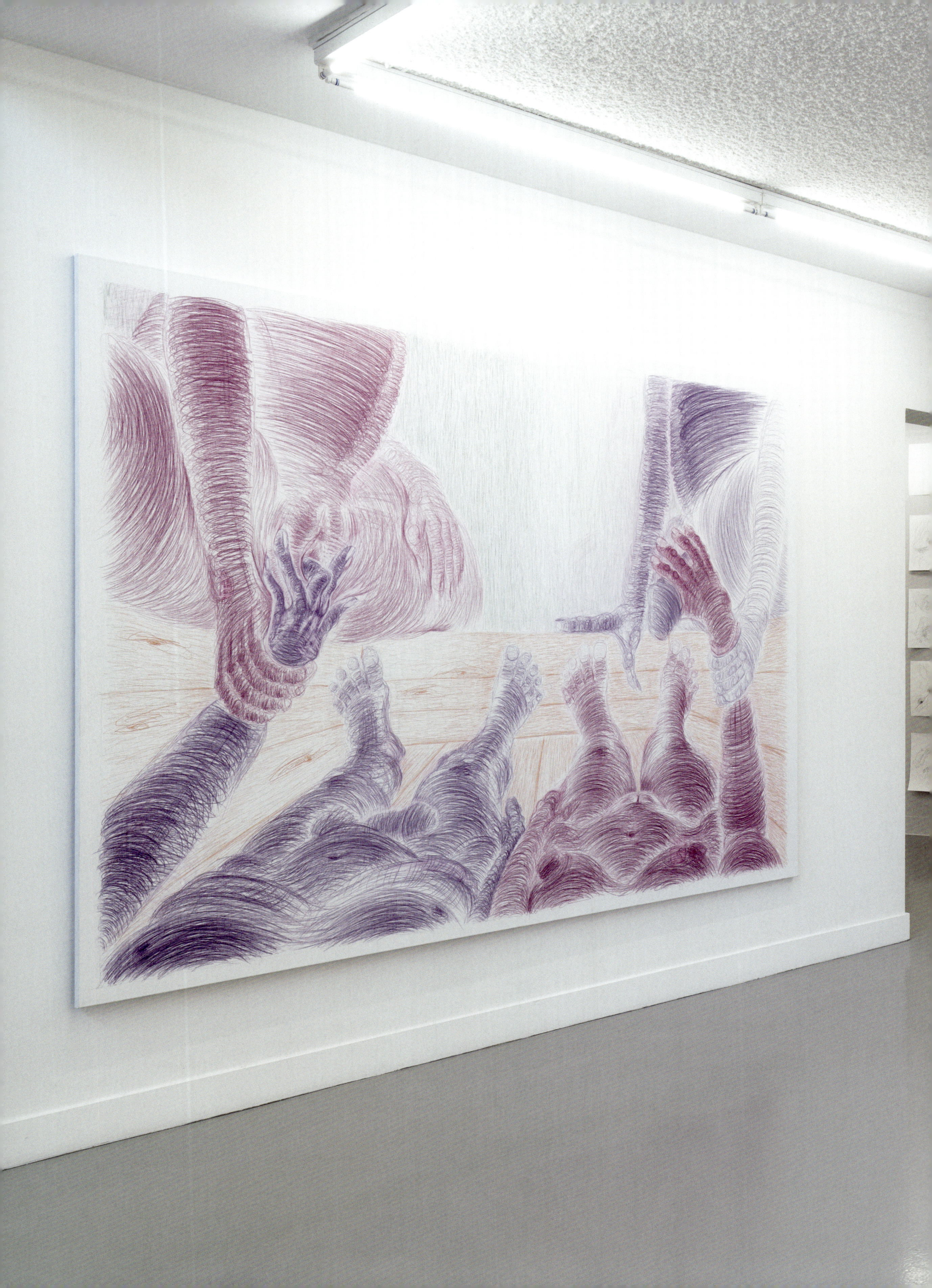

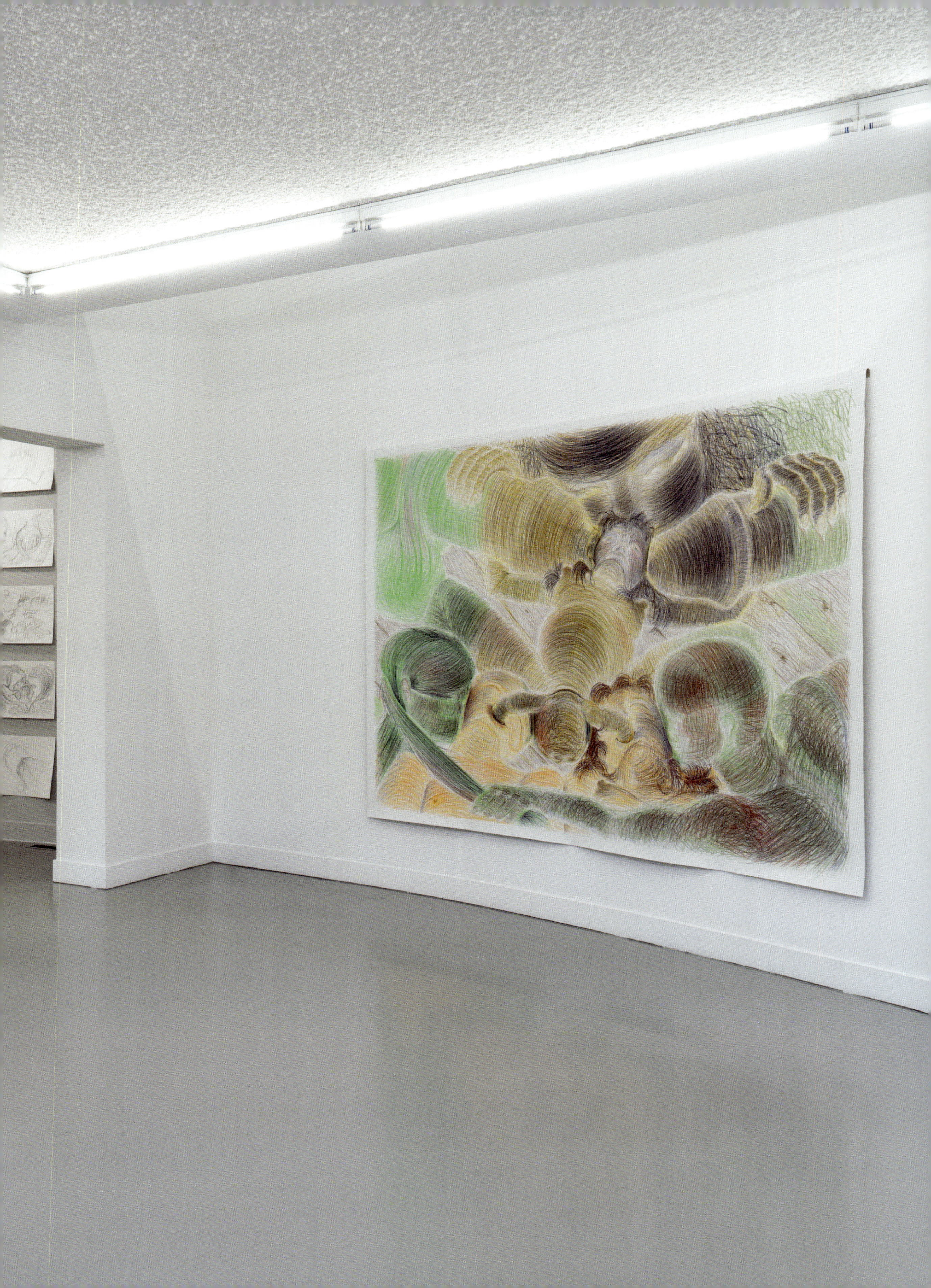

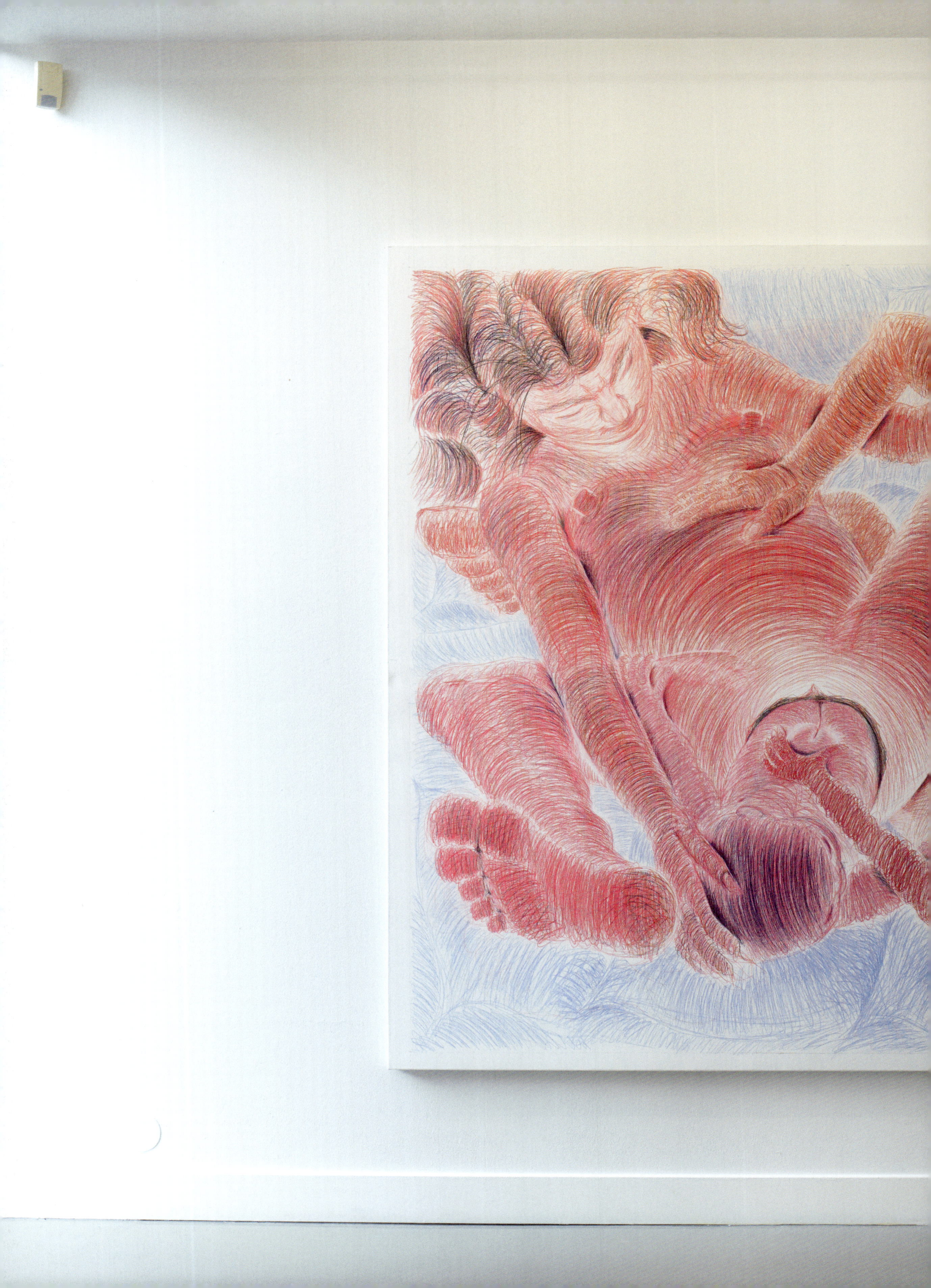

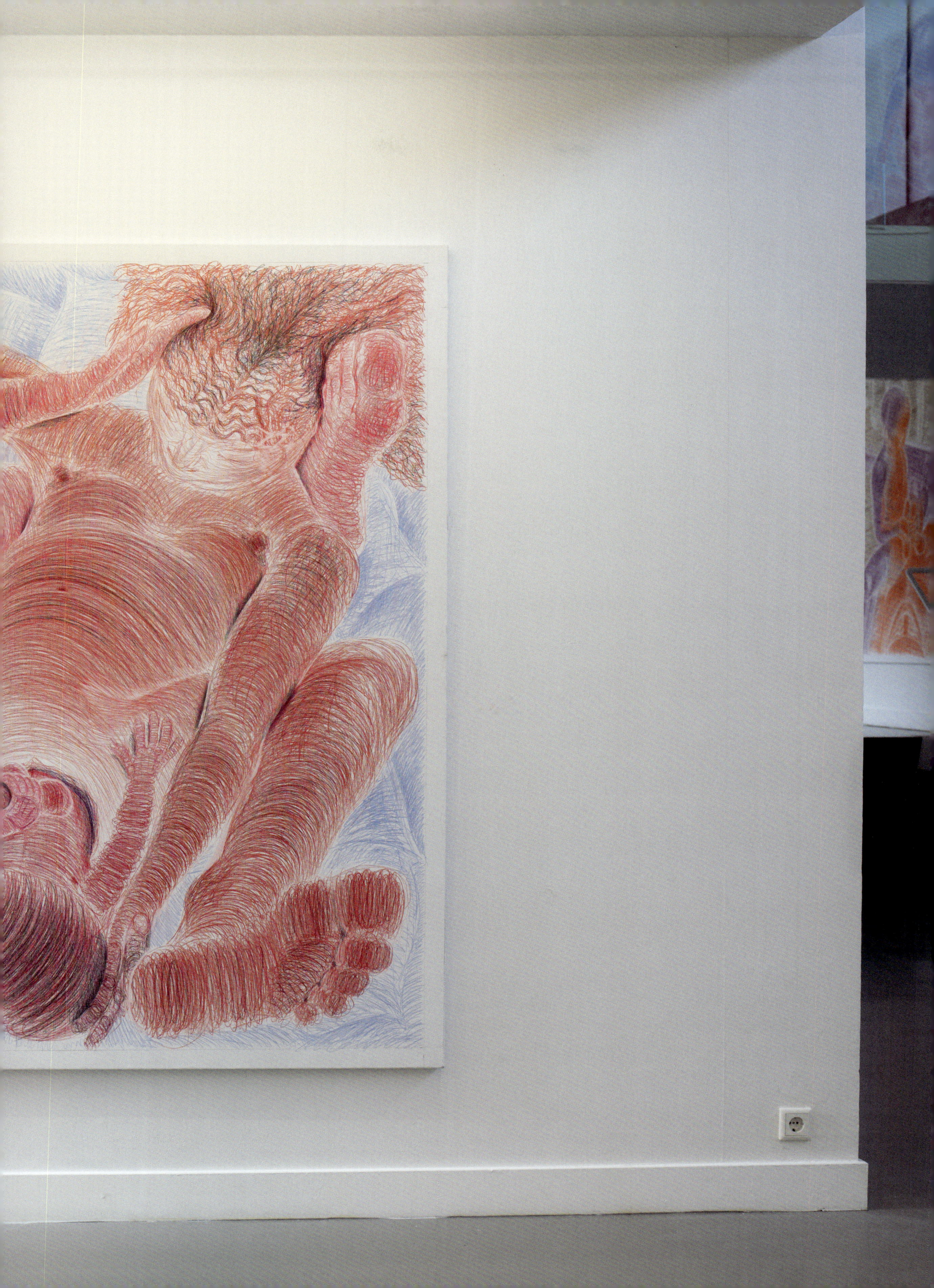

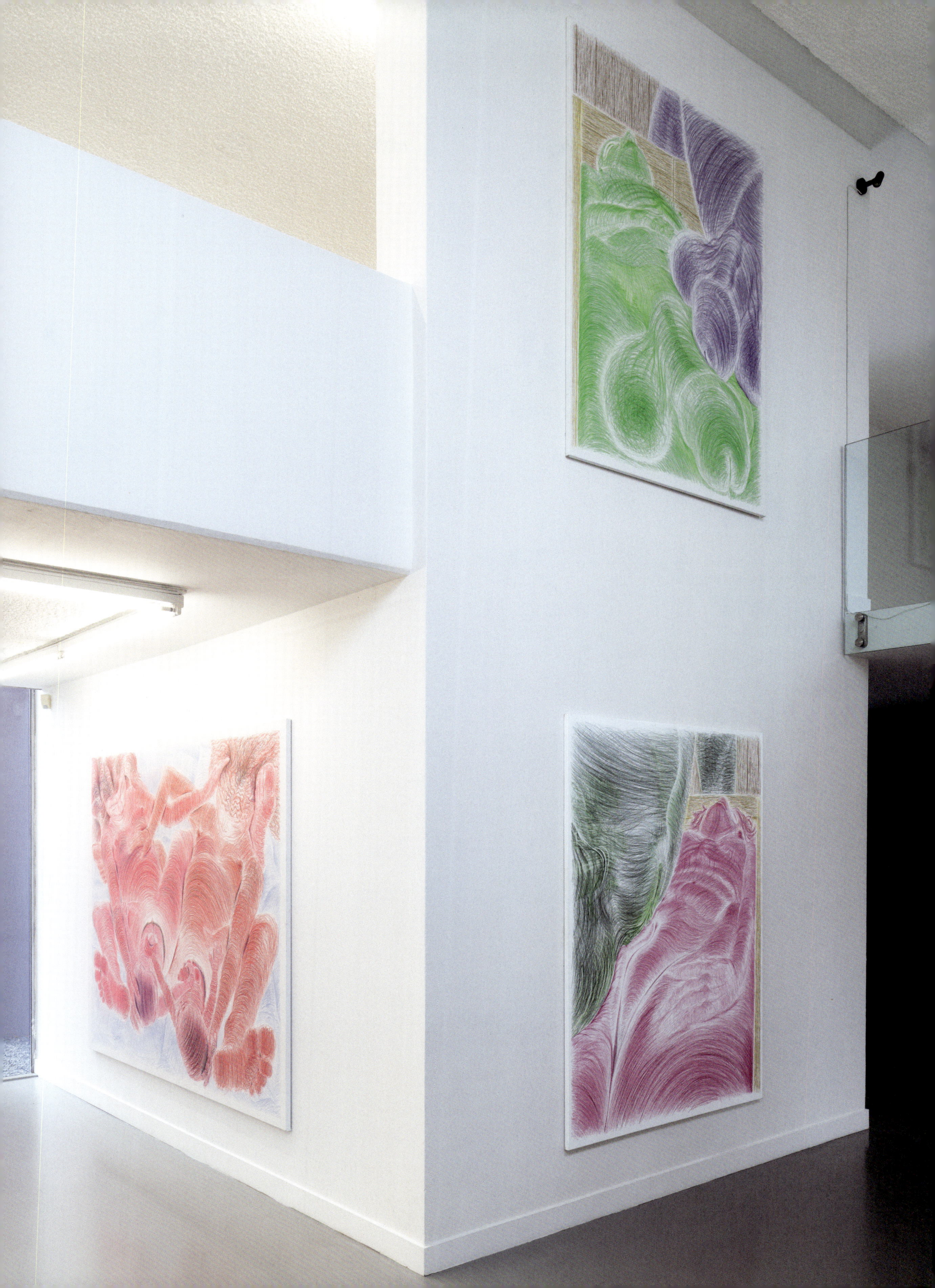

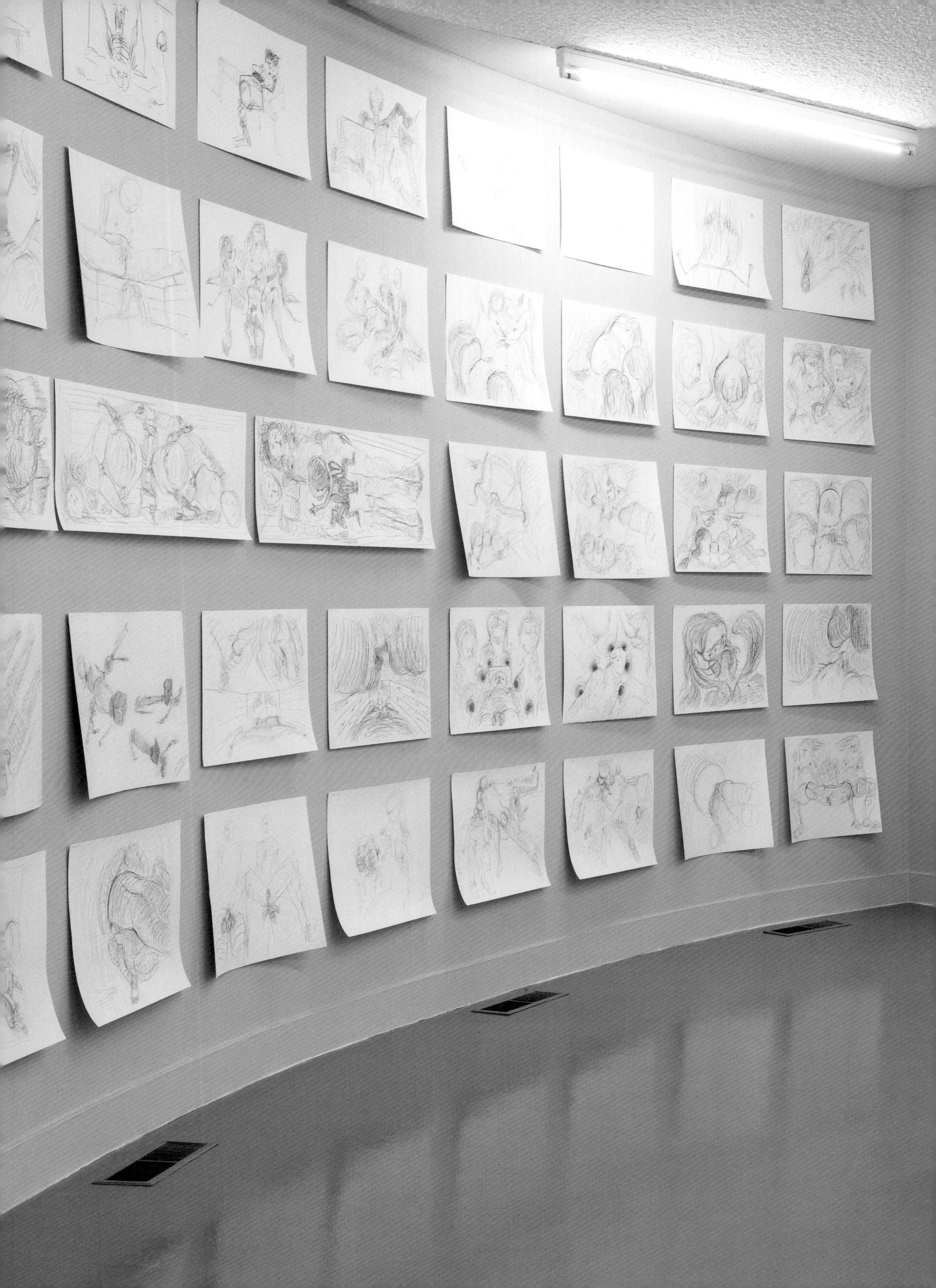

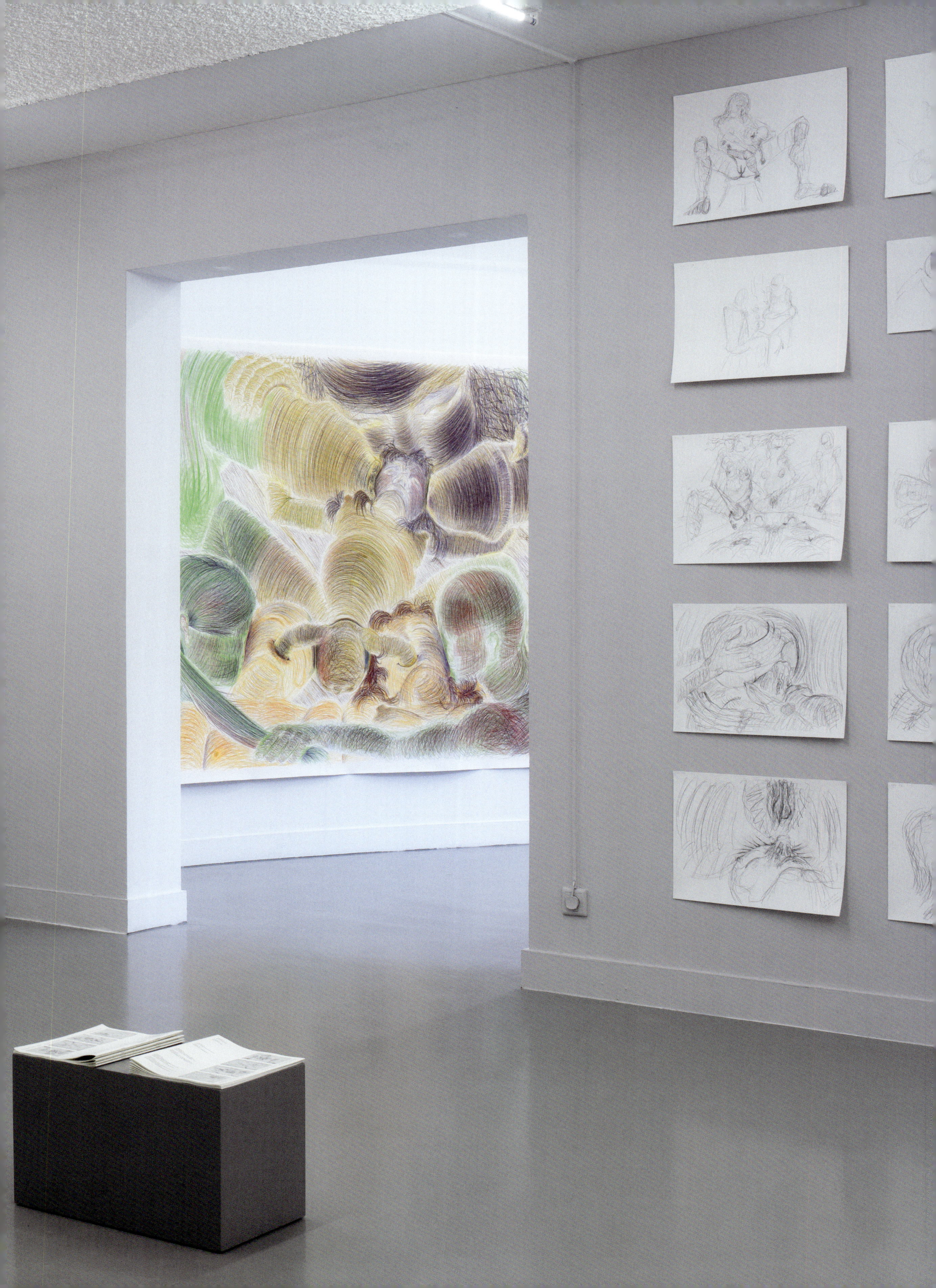

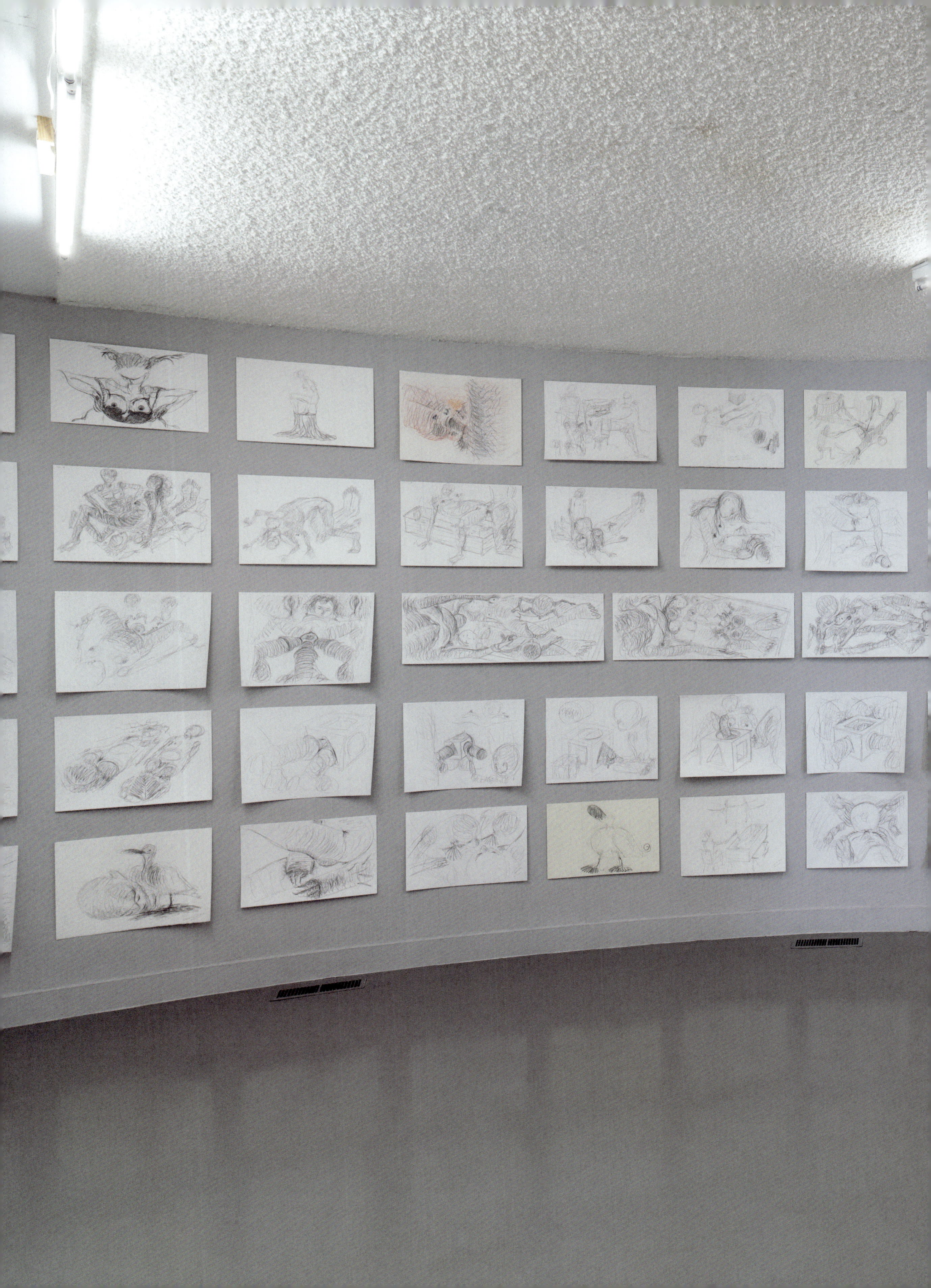

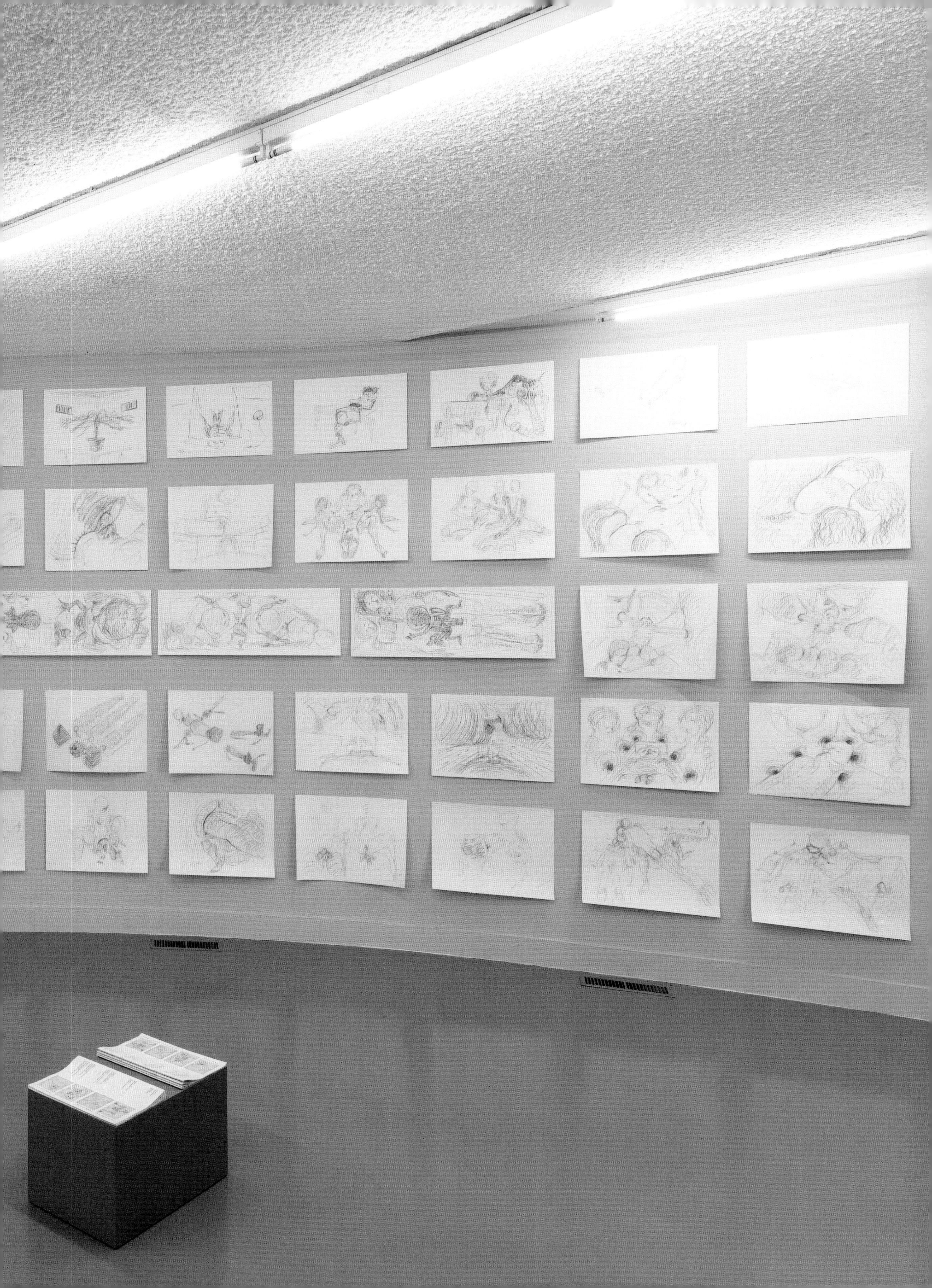

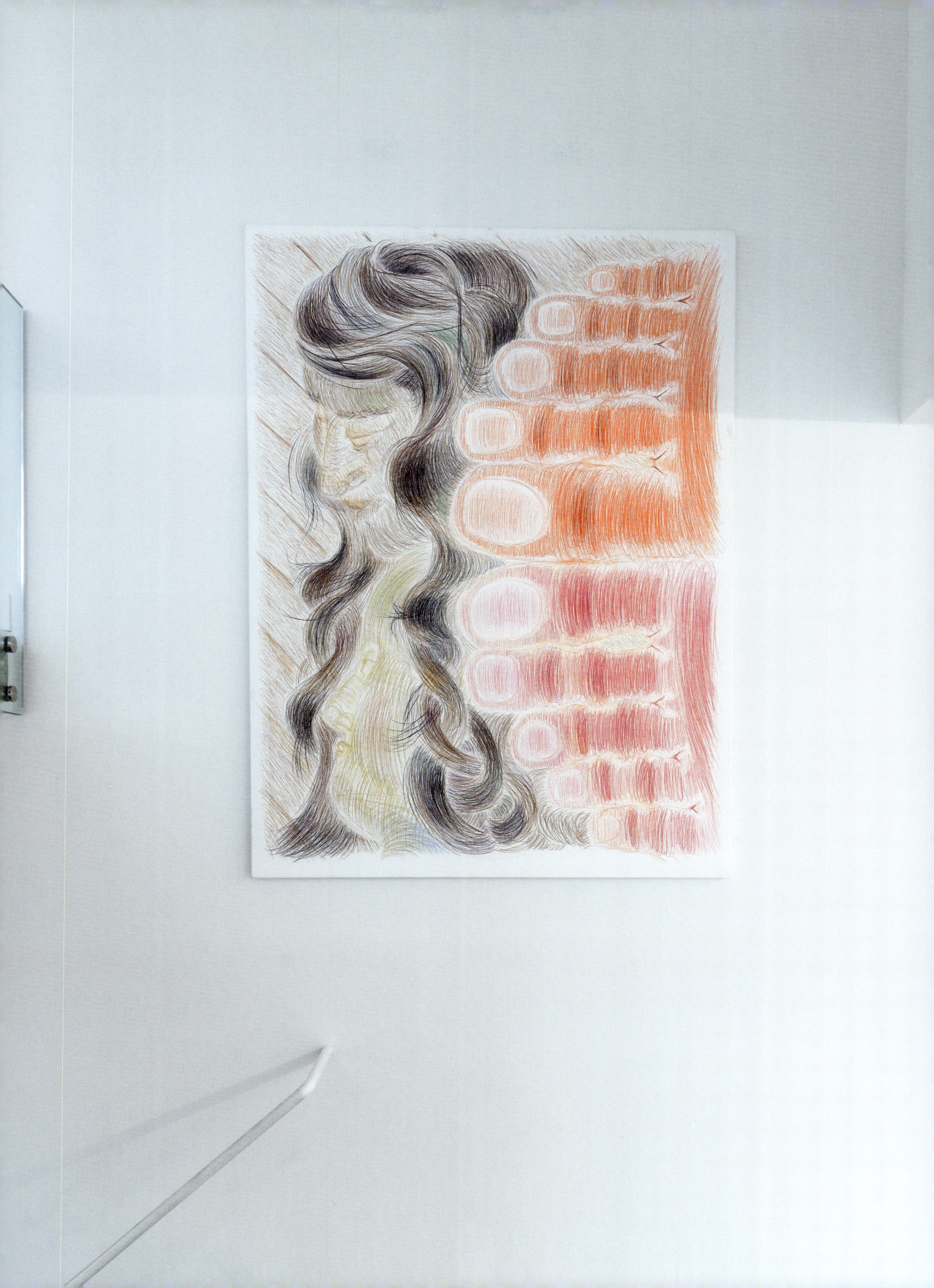

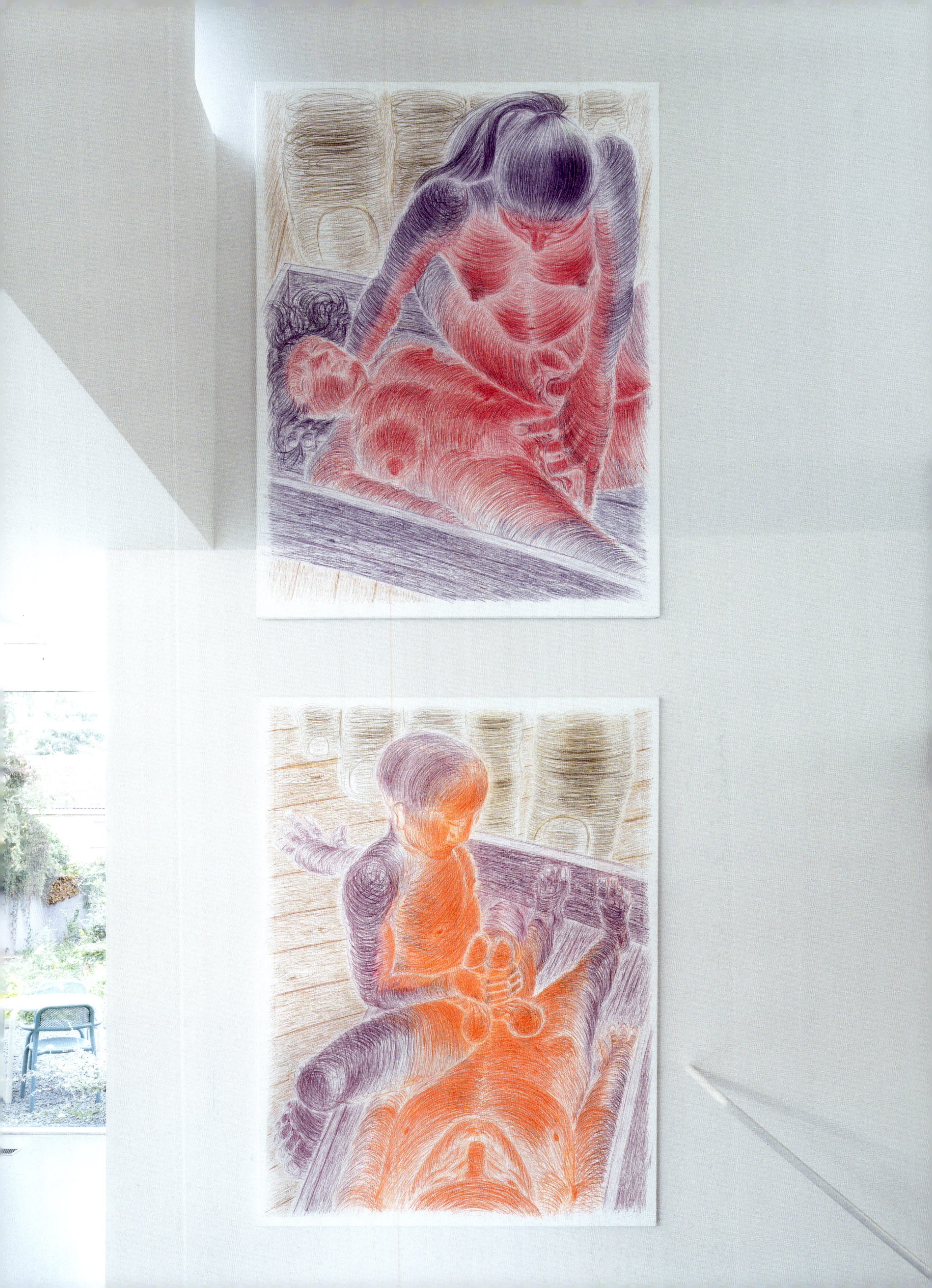

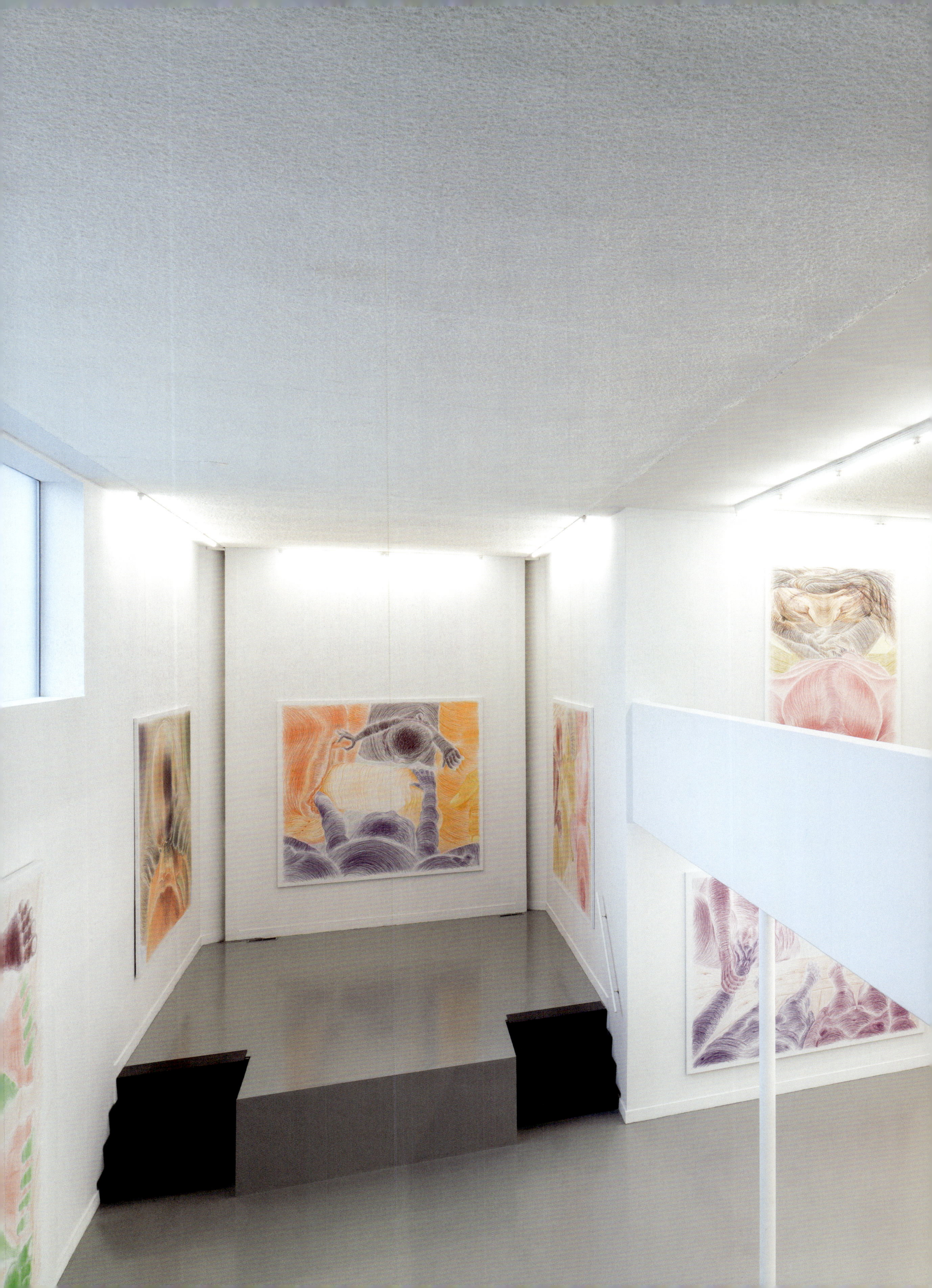

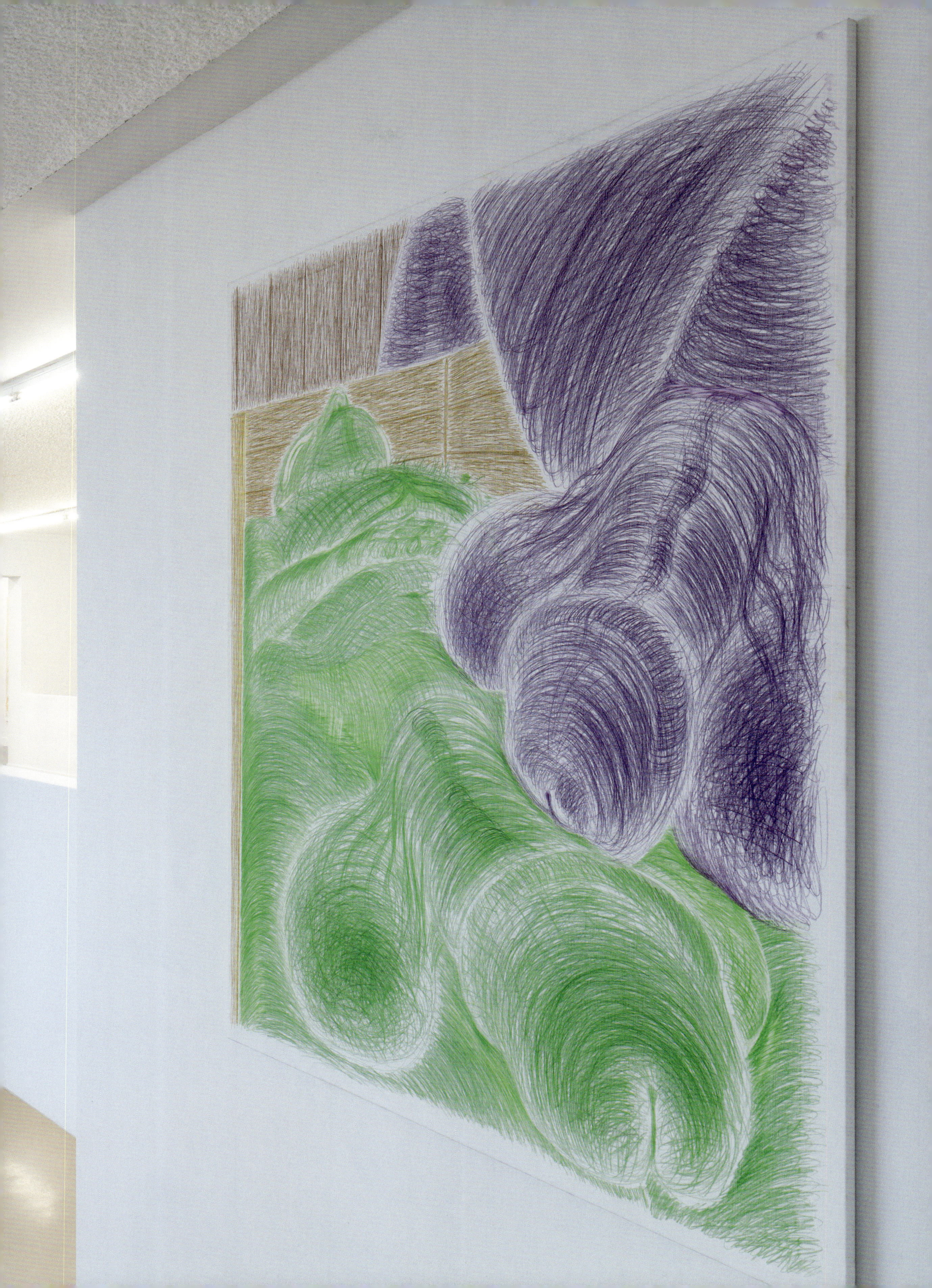

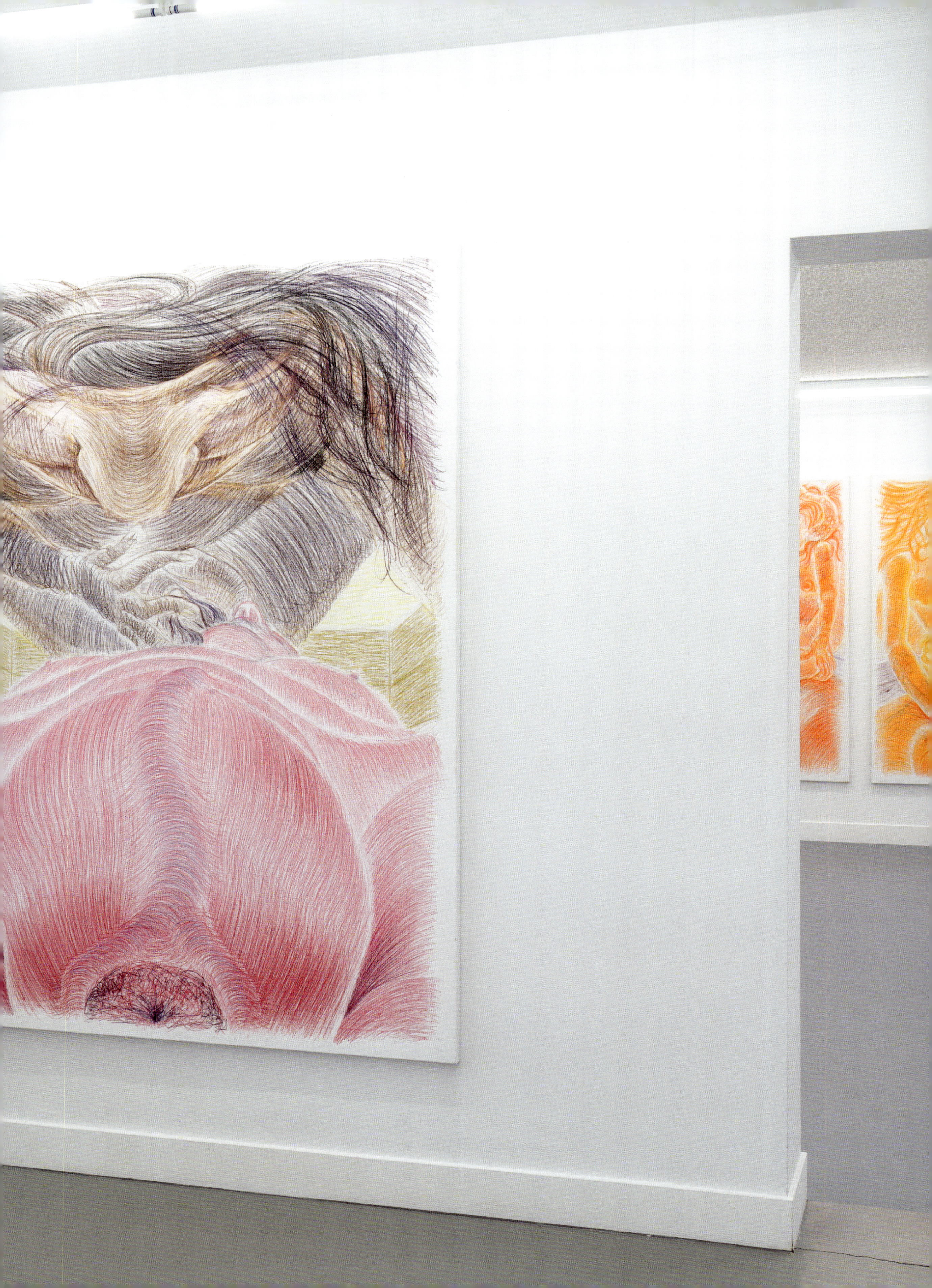

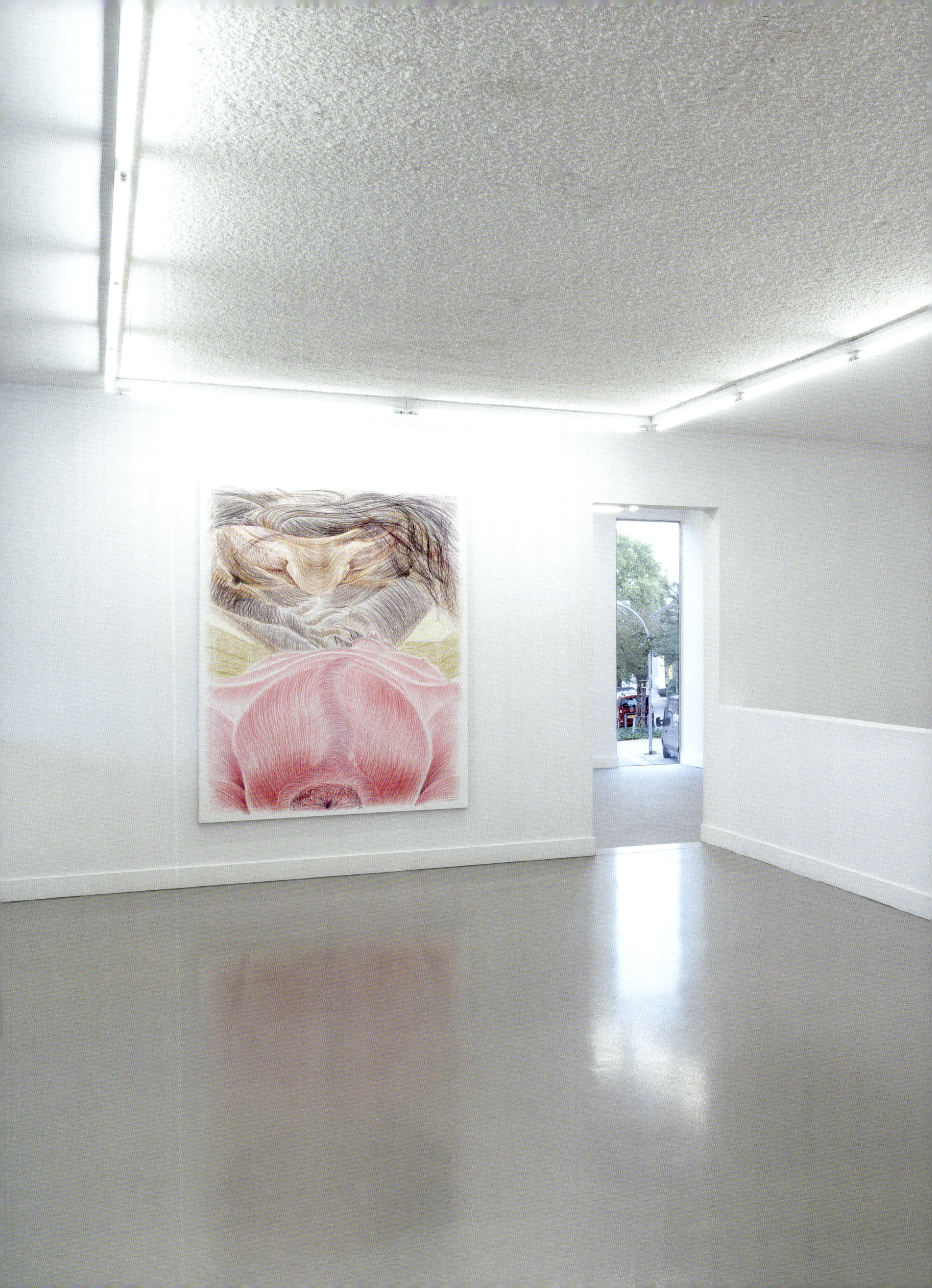

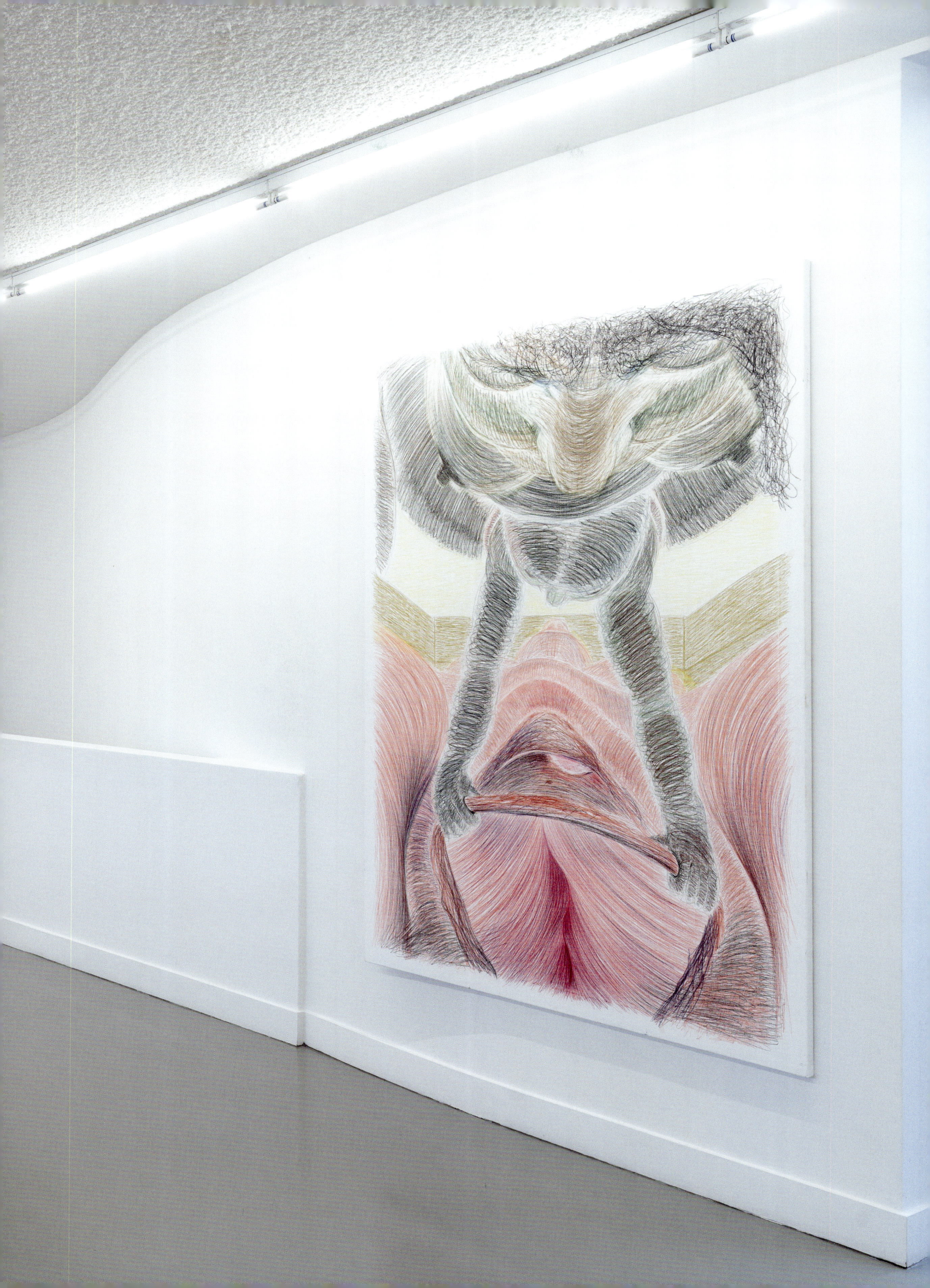

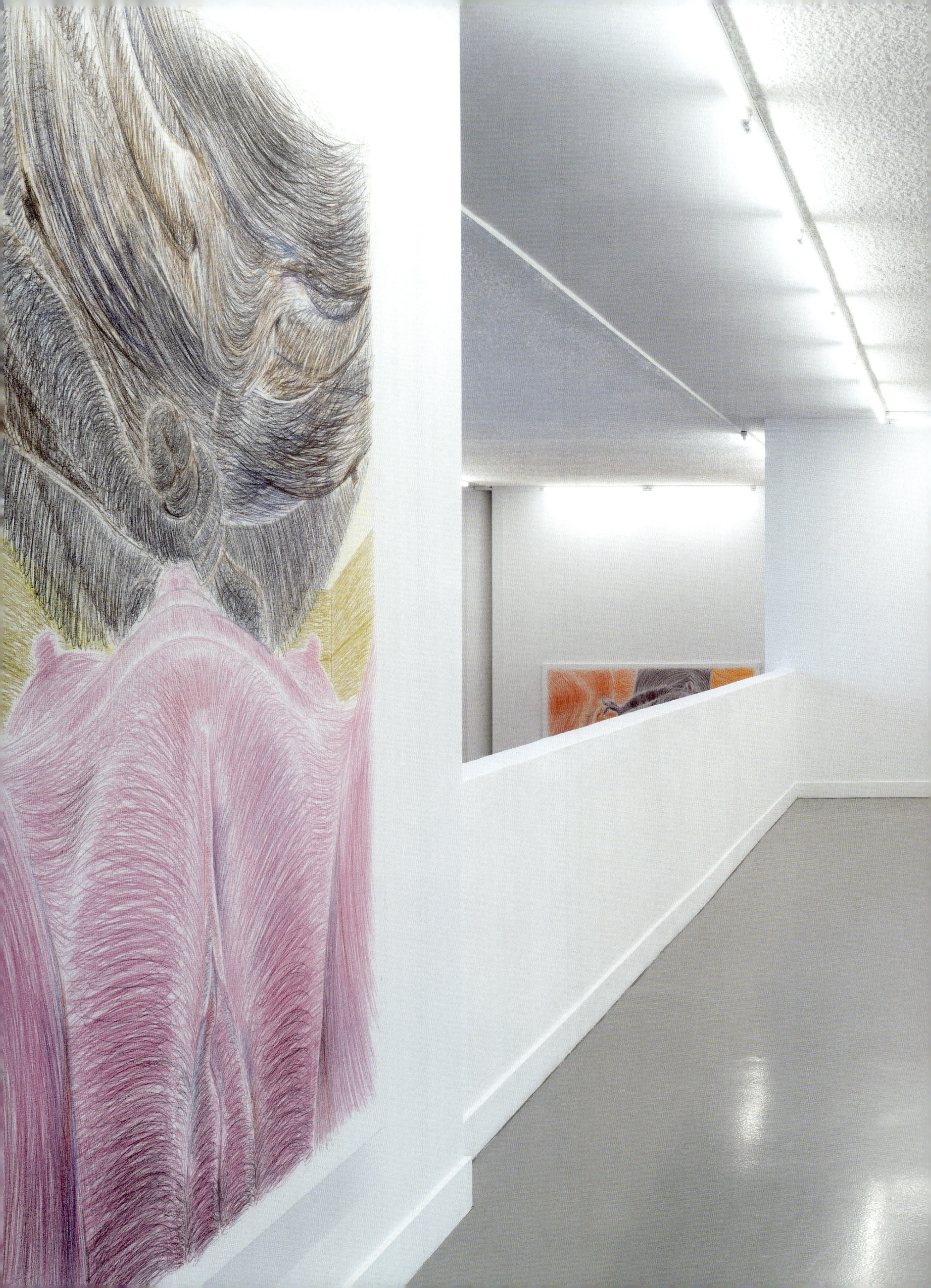

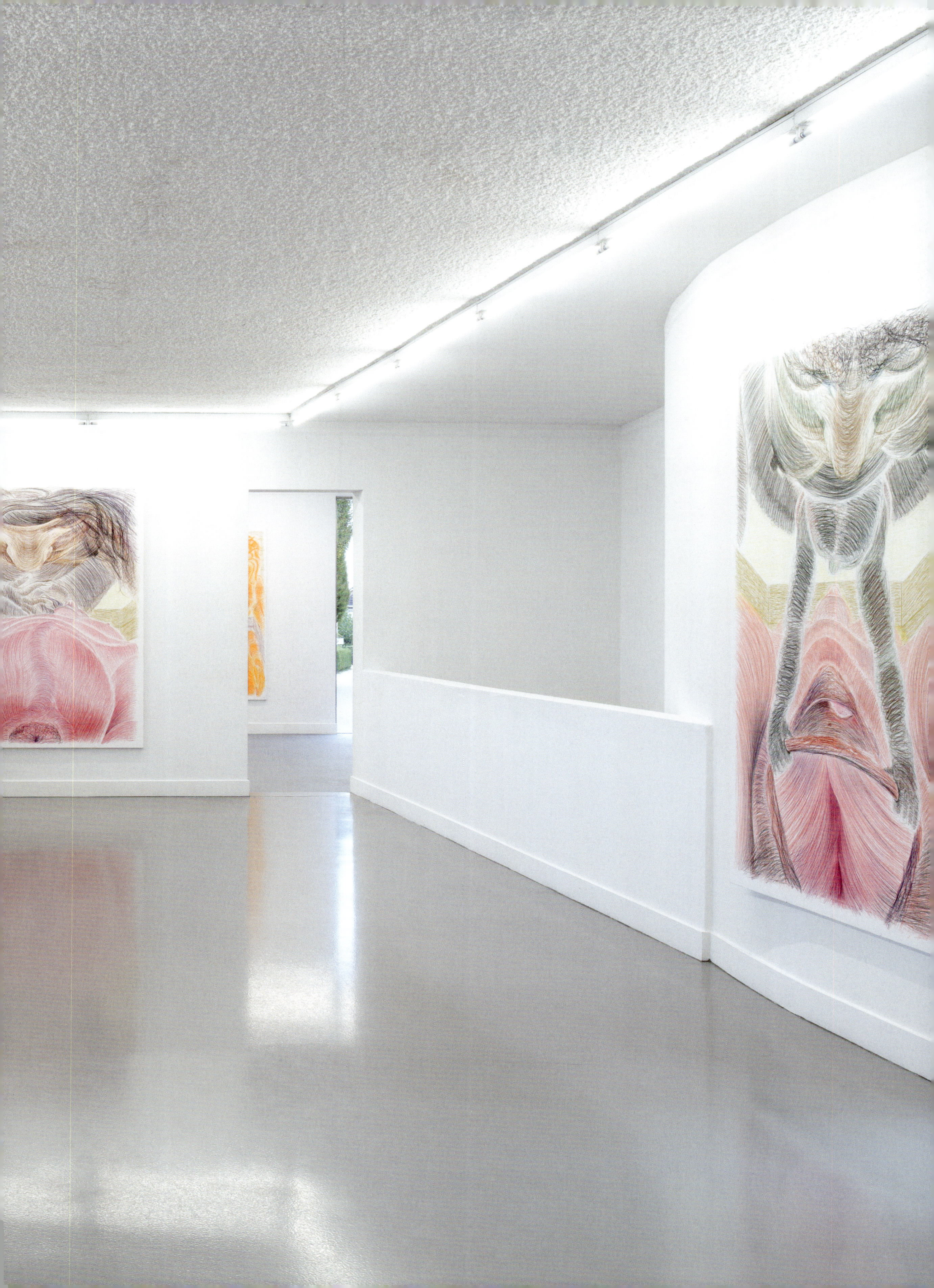

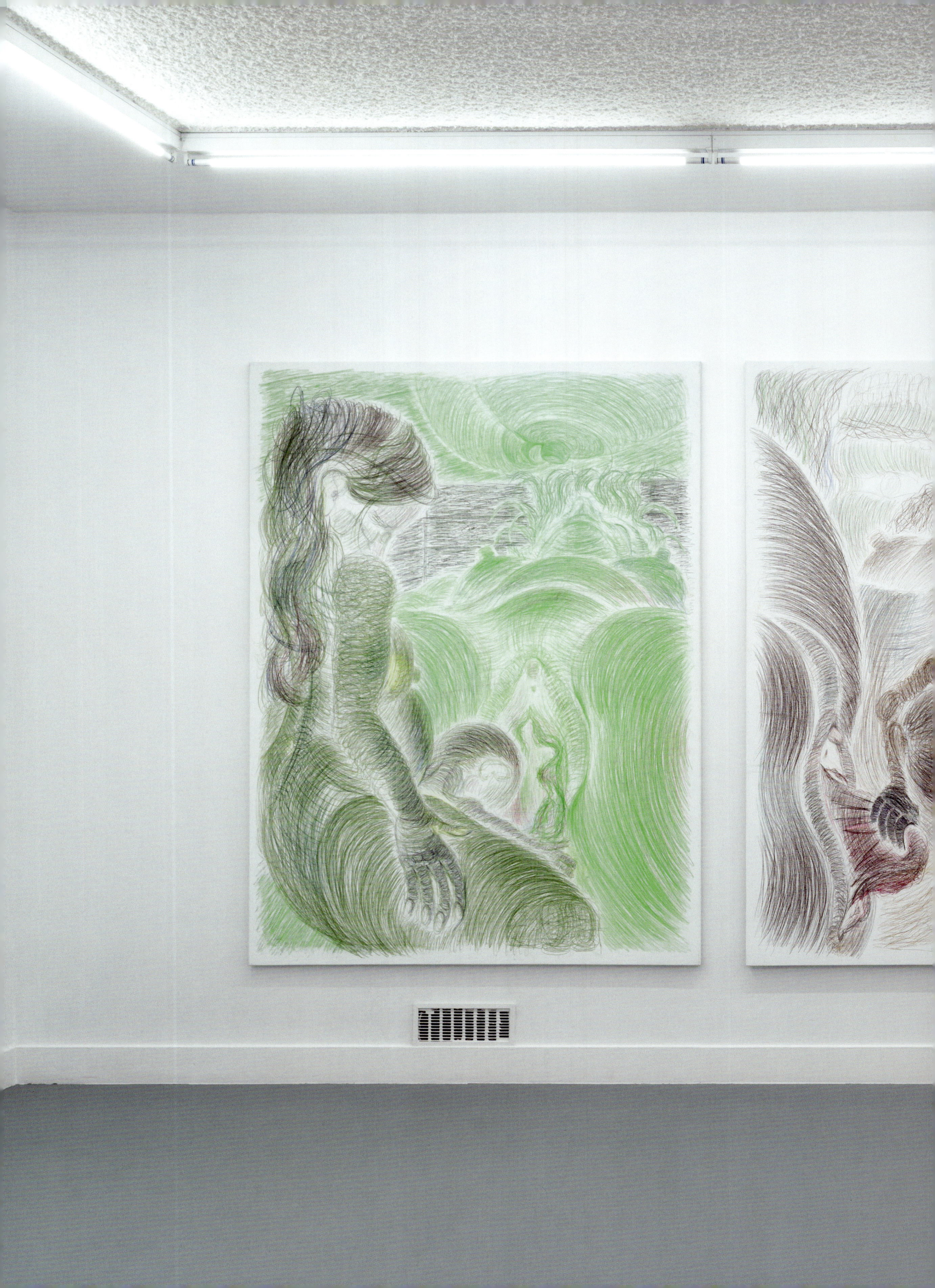

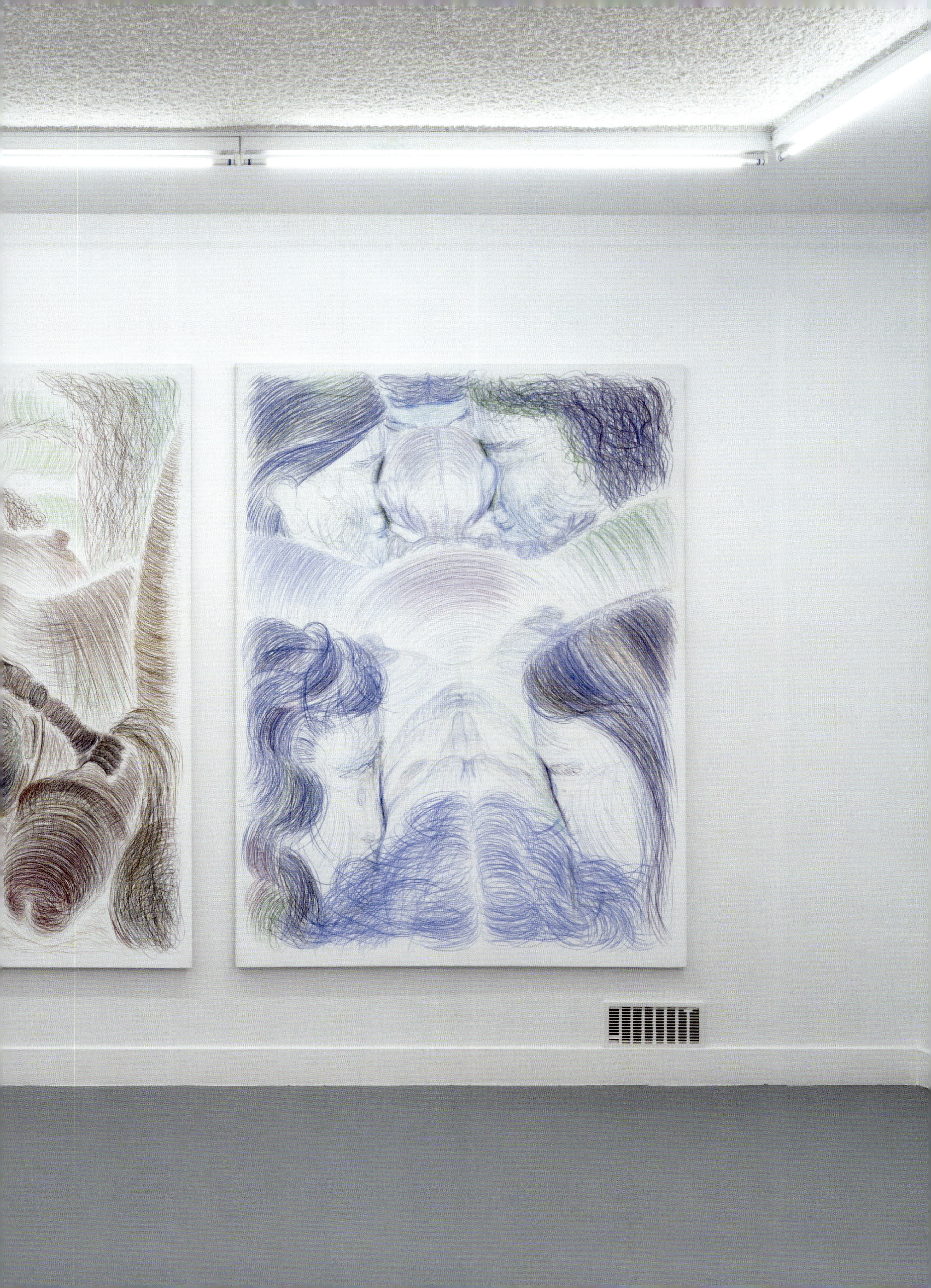

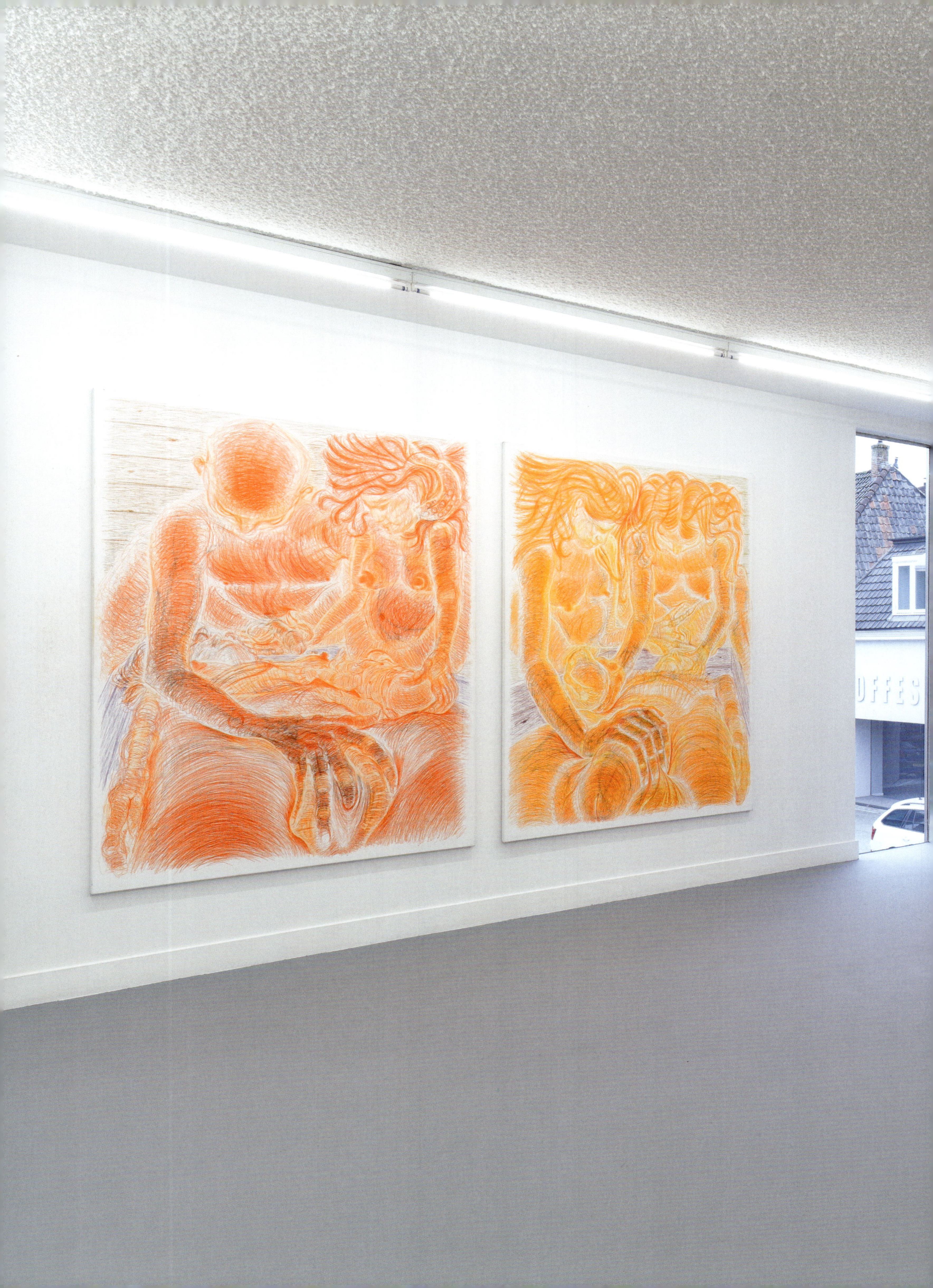

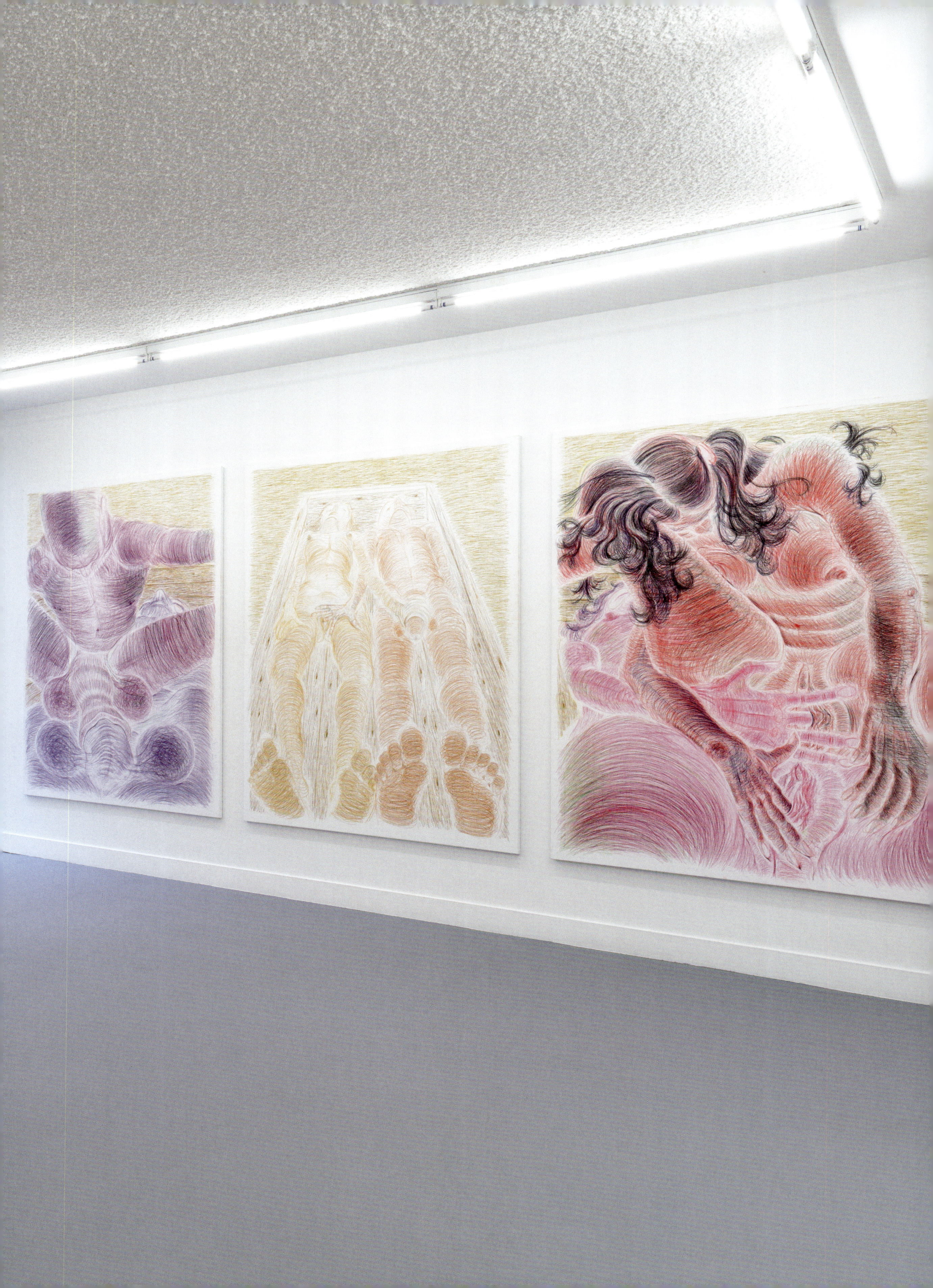

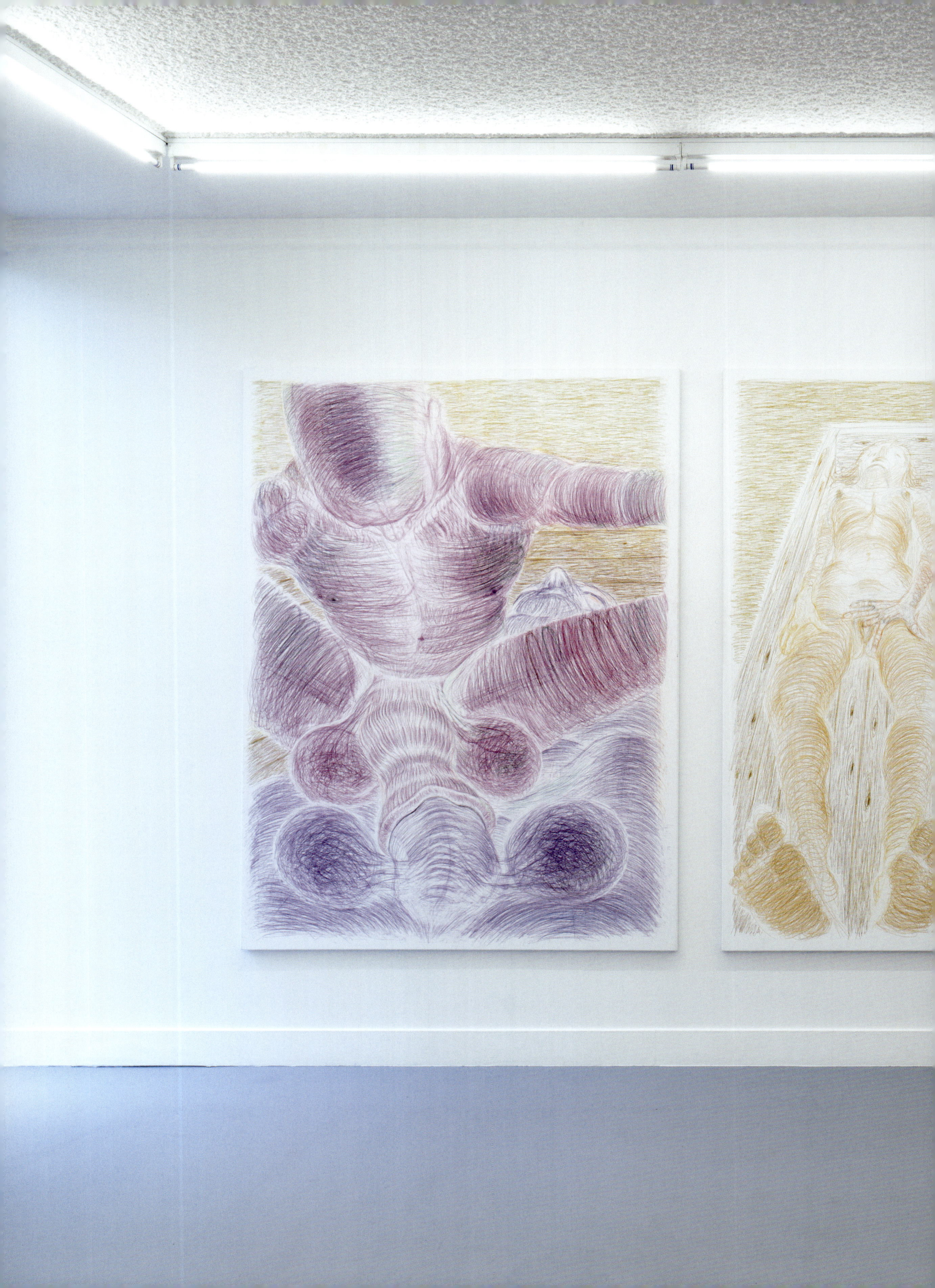

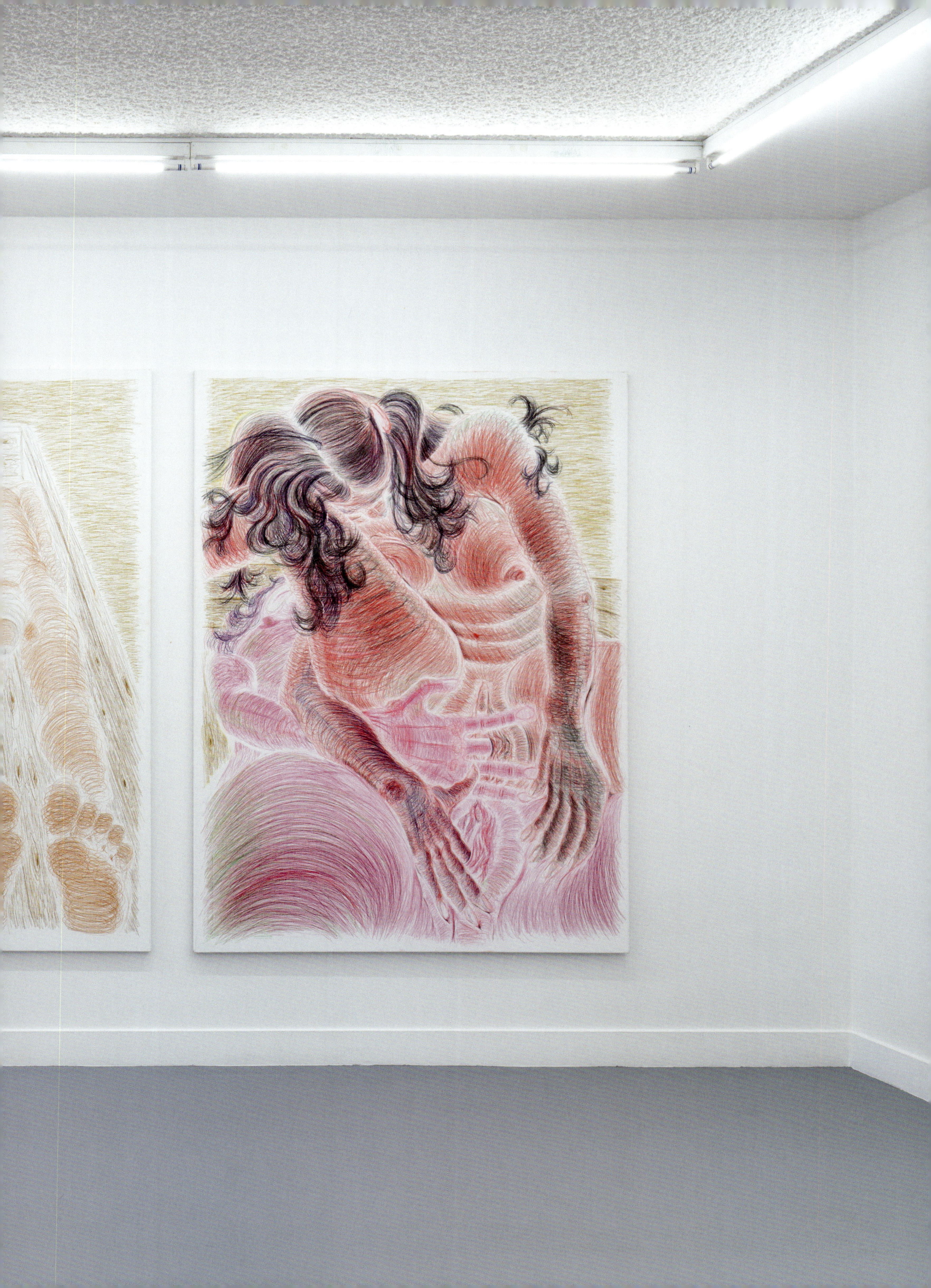

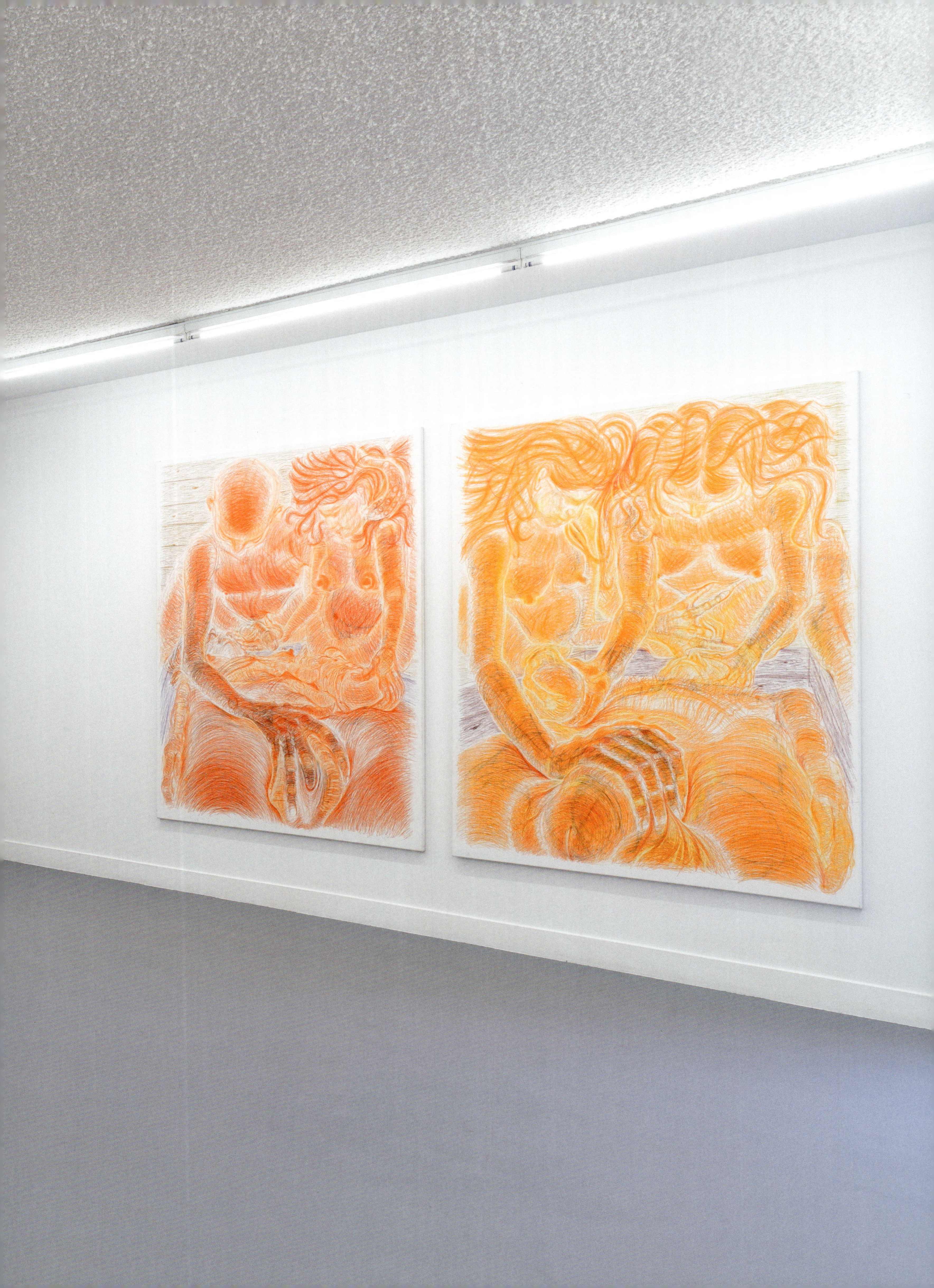

Floor Plan
Plattegrond

Ground Floor
Begane grond

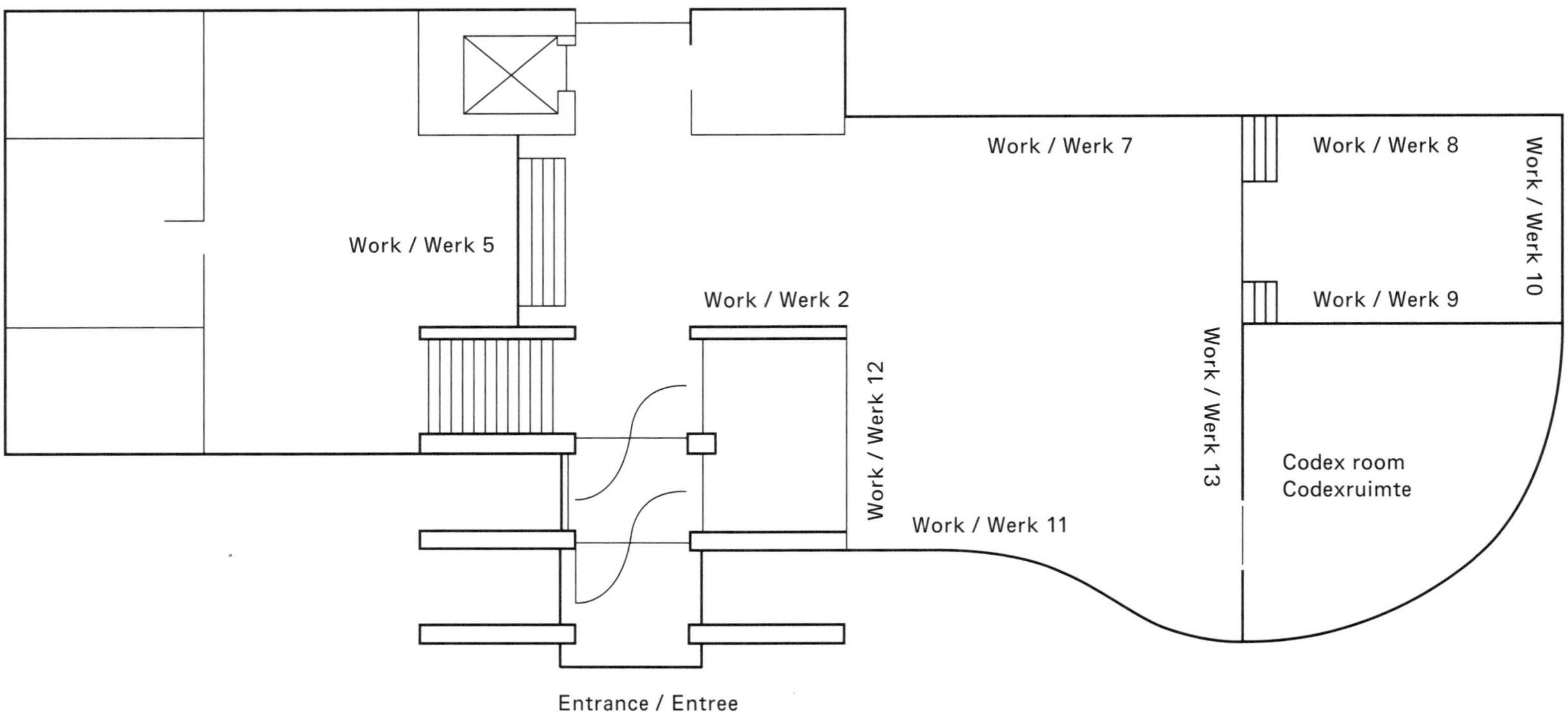

First Floor
Eerste verdieping

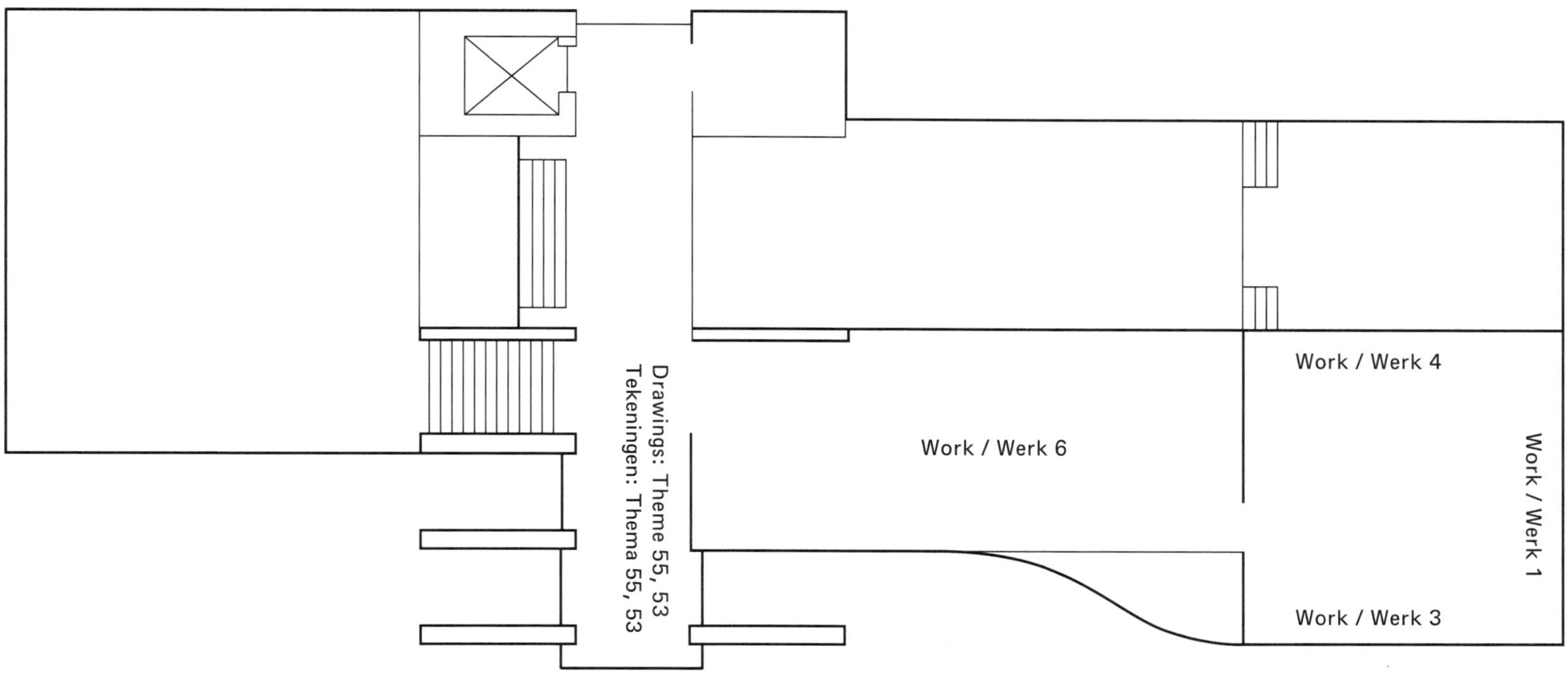

200

List of works
Lijst van werken

Ground floor
Begane grond

p. 13: *Work 5. Scent of Hypnosis.*
Triptych. Colored pencil on linen.
200 × 470 cm total. 2024.

Werk 5. Scent of Hypnosis.
Triptiek. Kleurpotlood op linnen.
Totaal 200 × 470 cm. 2024.

p. 21: *Work 2. Scent of Hypnosis.*
Diptych. Colored pencil on linen.
200 × 310 cm total. 2023.

Werk 2. Scent of Hypnosis.
Diptiek. Kleurpotlood op linnen.
Totaal 200 × 310 cm. 2023.

p. 27: *Work 7. Scent of Hypnosis.*
Colored pencil on linen.
300 × 800 cm. 2025.

Werk 7. Scent of Hypnosis.
Kleurpotlood op linnen.
300 × 800 cm. 2025.

p. 39: *Work 8. Scent of Hypnosis.*
Colored pencil on linen.
250 × 350 cm. 2025.

Werk 8. Scent of Hypnosis.
Kleurpotlood op linnen.
250 × 350 cm. 2025.

p. 40: *Work 10. Scent of Hypnosis.*
Colored pencil on linen.
250 × 250 cm. 2025.

Werk 10. Scent of Hypnosis.
Kleurpotlood op linnen.
250 × 250 cm. 2025.

p. 43: *Work 9. Scent of Hypnosis.*
Colored pencil on linen.
250 × 350 cm. 2025.

Werk 9. Scent of Hypnosis.
Kleurpotlood op linnen.
250 × 350 cm. 2025.

p. 51: *Work 11. Scent of Hypnosis.*
Colored pencil on linen.
200 × 260 cm. 2025.

Werk 11. Scent of Hypnosis.
Kleurpotlood op linnen.
200 × 260 cm. 2025.

p. 52: *Work 13. Scent of Hypnosis.*
Colored pencil on linen.
200 × 260 cm. 2025.

Werk 13. Scent of Hypnosis.
Kleurpotlood op linnen.
200 × 260 cm. 2025.

p. 55: *Work 12. Scent of Hypnosis.*
Colored pencil on linen.
200 × 260 cm. 2025.

Werk 12. Scent of Hypnosis.
Kleurpotlood op linnen.
200 × 260 cm. 2025.

First floor
Eerste verdieping

p. 65: *Work 6. Scent of Hypnosis.*
Triptych. Colored pencil on linen.
200 × 470 cm total. 2024.

Werk 6. Scent of Hypnosis.
Triptiek. Kleurpotlood op linnen.
Totaal 200 × 470 cm. 2024.

p. 81: *Work 3. Scent of Hypnosis.*
Triptych. Colored pencil on linen.
200 × 470 cm total. 2024.

Werk 3. Scent of Hypnosis.
Triptiek. Kleurpotlood op linnen.
Totaal 200 × 470 cm. 2024.

p. 89: *Work 4. Scent of Hypnosis.*
Triptych. Colored pencil on linen.
200 × 470 cm total. 2024.

Werk 4. Scent of Hypnosis.
Triptiek. Kleurpotlood op linnen.
Totaal 200 × 470 cm. 2024.

p. 97: *Work 1. Scent of Hypnosis.*
Diptych. Colored pencil on linen.
200 × 310 cm total. 2023.

Werk 1. Scent of Hypnosis.
Diptiek. Kleurpotlood op linnen.
Totaal 200 × 310 cm. 2023.

Front and back cover:
detail of Work 3, *Scent of Hypnosis*

Voor- en achteromslag:
detail van Werk 3, *Scent of Hypnosis*

Colophon
Colofon

Exhibition
Tentoonstelling

Pieter Slagboom
Scent of Hypnosis
Drawing Centre Diepenheim, Netherlands

September 27, 2025–January 3, 2026
27 september 2025–3 januari 2026

Drawing Centre Diepenheim
Grotestraat 17
7478 AA Diepenheim
Nederland / Netherlands
www.drawingcentre.nl

Curator
  Àngels Miralda

Team Drawing Centre Diepenheim:
Director
Directeur
  Marlies Leupen

Artistic Director
Artistieke leiding
  Noa Zuidervaart

Community Program
Community Progamma
  Susanne Dolman

Communication and Marketing
Communicatie en Marketing
  Noortje Rap

Reception and Floor Management
Ontvangst en Floormanagement
  Gerry Voskamp

Technician
Techniek
  Frits Rietman

Financial Administration and Advice
Financiele administratie en advies
  Ellen Snellenberg

The exhibition has been made possible by the financial support of the Mondriaan Fund.

De tentoonstelling is mede mogelijk gemaakt door de financiele bijdrage van het Mondriaan Fonds.

Publication
Publicatie

Published in 2025 on the occasion of the exhibition *Scent of Hypnosis*

Verschenen in 2025 ter gelegenheid van de tentoonstelling *Scent of Hypnosis*

Authors
Auteurs
Estelle Hoy
Travis Jeppesen
Àngels Miralda
Noa Zuidervaart

Translation
Vertaling
Niels Bekkema (en > nl)
Beth O'Brien (nl > en)

Copy editing
Tekstredactie
Harriet Foyster, English / Engels
Milou van Lieshout, Dutch / Nederlands

Photography
Fotografie
Art in Print
Gijs Haak
Gunnar Meier
Jeffrey van Houten (p.170–171)

Design
Ontwerp
Dongyoung Lee

Print
Druk
Wilco Art Books

Lithography
Lithografie
Gaëlle van den Dool
(Wilco Art Books)

Edition
Oplage
500

Paper
Papier
Magno Matt 170g/m²
Munken Polar Rough 120g/m²

Publisher
Uitgever
Dr. Cantz'sche Verlagsgesellschaft
DCV books
Prinz-Eugen-Strasse 17A
13347 Berlin
Germany
www.dcv-books.com

ISBN 978-3-96912-250-1

DCV

The artist would like to thank (alphabetical):
De kunstenaar bedankt (alfabetisch):

Art in Print, Artheon Productions, Niels Bekkema, Onno Broeksma, Leendert Buth, DCV Books, Co Dubbeldam (mother / moeder), Harriet Foyster, Gijs Haak, Martin Holz, Jeffrey van Houten, Estelle Hoy, Jaap Harten Fonds, Maxime Janssen, Travis Jeppesen, Aylin Kowalewsky, Dongyoung Lee, Marlies Leupen, Milou van Lieshout, Gunnar Meier, Àngels Miralda, Mondriaan Fonds, Geeske Pluijmers, Beth O'Brien, Noortje Rap, Frits Rietkamp, Nanda Runge, Anton Slagboom (father / vader), Bruno Slagboom, Noèe Slagboom, Tijl Slagboom, Ben Sleeuwenhoek, team Drawing Centre Diepenheim, Gerry Voskamp, Lisha Westerhout, Marenne Welten, Noa Zuidervaart.

This book has been made possible with the financial support of the Mondriaan Fund and Jaap Harten Fund.

Dit boek is mede mogelijk gemaakt door de financiële bijdragen van het Mondriaan Fonds en het Jaap Harten Fonds.

mondriaan fonds

JHF Jaap Harten Fonds